La Teoría de la Completud Hunyuan

EL FUNDAMENTO DE LA CIENCIA DEL QIGONG

DR. PANG MING

Traducido por Teresa Berumen

La teoría de la completud Hunyuan
El fundamento de la ciencia del qigong

Autor: Dr. Pang Ming
ISBN: 978-607-8688-22-7
Primera edición en México: Aroha, 2019

© Dr. Pang Ming
© Teresa Berumen (traducción)
© Aroha
© Grupo Editorial Neisa

> Publicado originalmente en 1994 con el título *Hunyuan Entirety Theory*.
> La edición del chino al inglés se tradujo a partir de la edición original de agosto de 1994.
> La edición del inglés al español se tradujo a partir de la edición de Harmonious Big Family, Teaching Book No. 3.
> Esta traducción está protegida por la Ley Federal del Derecho de Autor.

© 2019 NUEVA EDITORIAL IZTACCIHUATL, S.A. de C.V.
Fuente de Pirámides No. 1, Int. 501-B,
Lomas de Tecamachalco, Naucalpan de Juárez,
53950, Estado de México, México
www.neisa.com.mx

Revisión y corrección: Fátima Fernández Christlieb, Mariana de la Vega y Adriana Pineda
Corrección de estilo: Gustavo Delgado
Maquetación: Cecilia Neria

Impresión: Litográfica Ingramex S. A. de C. V.

Queda prohibida la reproducción parcial o total de esta obra por cualquier medio o procedimiento sin la autorización del titular.

Impreso en México

Contenido

Prefacio de los traductores (del chino al inglés) 11
El doctor Pang Ming 17
Los traductores (del chino al inglés) 18
Prefacio a la traducción (del inglés al español) 19
Sobre el equipo editorial 21

CAPÍTULO I. INTRODUCCIÓN A LA TEORÍA DE LA COMPLETUD HUNYUAN 23

- ¿De qué trata la teoría de la completud Hunyuan? 23
- La teoría de la completud Hunyuan y las teorías holísticas de la ciencia moderna 24
- La teoría de la completud Hunyuan como visión del mundo, su ontología, epistemología y metodología 25
- La teoría de la completud Hunyuan aborda la necesidad humana última: la evolución hacia seres libres y conscientes 26

CAPÍTULO II. LA TEORÍA DEL HUNYUAN 29

Sección uno. La teoría del Hunyuan qi 29
- ¿Qué es el hunyuan qi? 29
- Distintos niveles de hunyuan qi 31
- Las características del hunyuan qi 34

Sección dos. La teoría del hunhua 35
- La teoría del hunhua de la materia 35
- La teoría del hunhua del tiempo-espacio 43

CAPÍTULO III. LA TEORÍA DE LA COMPLETUD 47

Sección uno. Resumen de la teoría de la completud 47
- ¿Qué es una completud y cómo se forma? 47
- Características de la teoría de la completud 50

Sección dos. El universo visto como una completud 55
- La completud del tiempo en el universo 56
- La completud del espacio en el universo 56
- La completud de la sustancia, o todo cuanto existe en el universo 57

Sección tres. Los individuos, la sociedad y el mundo natural como una completud 60
- La vida humana y el mundo natural como una completud hunyuan 61
- La humanidad y la sociedad son una completud 65

Sección cuatro. La completud humana 69
- El ser humano como una completud de jing, qi y shen 69
- La relación entre las partes y la completud del cuerpo humano 75
- La formación de la completud humana y cómo mantener su balance 76

CAPÍTULO IV. EL HUNYUAN QI HUMANO 83

Sección uno. La completud hunyuan humana 84
- El hunyuan qi de los seres humanos 84
- La distribución del hunyuan qi humano 91

Sección dos. El desarrollo del hunyuan qi humano 96
- El hunyuan qi del óvulo fertilizado 96
- El hunyuan qi del embrión 99
- El hunyuan qi del feto 101
- El hunyuan qi del bebé 103
- El hunyuan qi de los adultos 108
- Ling tong hunyuan qi 109

Sección tres. El movimiento del hunyuan qi humano 110
- Los movimientos de abrir/cerrar, salir/entrar, reunir/dispersar del hunyuan qi humano 110
- El movimiento hunhua del hunyuan qi humano 113

Sección cuatro. La formación del hunyuan qi humano 117
- La formación del hunyuan qi a nivel biológico 117
- La formación del hunyuan qi humano 120
- Más acerca de la unidad de jing, qi y shen 122

CAPÍTULO V. LA TEORÍA DE LA CONSCIENCIA 127

Sección uno. La consciencia es materia 127
- La consciencia tiene características de energía 127
- La consciencia tiene las funciones de sustancia 127
- La materialidad de la consciencia y el monismo idealista 129
- La materialidad de la consciencia y el dualismo 129
- La materialidad de la consciencia y el materialismo vulgar 130
- ¿Qué clase de movimiento como sustancia es la consciencia? 130

Sección dos. Yiyuanti 131
- Las características de yiyuanti 132
- Las funciones de yiyuanti 136
- La formación y transformación de yiyuanti 139
- El marco de referencia de yiyuanti 145
- La aparición de yiyuanti creó el universo autoconsciente 148

Sección tres. La actividad de la consciencia 150
- La consciencia, como se entiende en el Zhineng Qigong 150
- Clasificaciones de las actividades de la consciencia 151
- La formación de la consciencia 157
- Niveles de consciencia 163
- Cómo se produce la actividad de la consciencia 165
- La actividad de la consciencia es una forma única de movimiento 172

Sección cuatro. Las funciones de la consciencia 175
- Cómo la consciencia guía la vida humana 175
- El efecto de la consciencia en la materia externa 184
- Cómo la consciencia trabaja con la materia 186

Sección cinco. Los aspectos de la teoría de la consciencia Hunyuan 187
- La teoría de Yiyuanti es un desarrollo de la teoría del Hunyuan qi 188
- La habilidad normal y la habilidad especial 190
- El mayor desarrollo de la consciencia humana 192
- La consciencia humana se forma a través del proceso de hunhua 195
- La consciencia es la esencia humana 196

CAPÍTULO VI. LA TEORÍA DEL DAO DE 201

Sección uno. Resumen del Dao De 201
- El Dao De en la cultura tradicional china 201
- El significado del Dao De en el Zhineng Qigong 202
- Clasificación del Dao De 204
- Distintos tipos de Dao De en el proceso de la vida humana 208
- La formación de Dao De 209

Sección dos. El punto de vista básico del Dao De 211
- Virtudes y vicios 211
- Punto de vista de la consciencia 212
- El requisito Dao De de la teoría de la completud Hunyuan 213

Sección tres. Cómo influye el Dao De en el movimiento de la vida 217
- La relación entre el Dao De y las emociones 218
- La relación entre el Dao De y el hunyuan qi humano 219
- La relación entre el Dao De y la práctica de qigong 221

Sección cuatro. Dao De, ser verdadero y esencia humana 223
- ¿Qué es el ser verdadero? 223
- La relación entre el ser verdadero y el individuo 224

- El ser perfecto 225
- La condición actual de la existencia humana 227
- Dao De es la base interna de la esencia humana 230
- Liberación de la esencia humana 235

CAPÍTULO VII. LA TEORÍA DE LA OPTIMIZACIÓN DE LA VIDA Y LA TEORÍA MÉDICA HUNYUAN 239

Sección uno. Introducción a la teoría de la optimización de la vida 239
- Las posibilidades para la optimización de la vida 240
- El proceso del desarrollo individual 242
- Optimizar cada etapa de la vida 245
- Resumen 251

Sección dos. La teoría médica Qigong Hunyuan 252
- Tres sistemas médicos diferentes 252
- La medicina Qigong Hunyuan 254
- La teoría fisiológica de la medicina Hunyuan 255
- La teoría patológica Hunyuan (o por qué las personas se enferman) 257
- Curar con medicina Hunyuan 261

DAOHEART (CORAZÓN DAO) 267
- El corazón de Harmonious Big Family 267

Breve cronología 269

Prefacio de los traductores (del chino al inglés)

La teoría de la completud Hunyuan es, ante todo, un libro científico. Esta teoría ve la vida desde dos perspectivas: la que se percibe o comprende comúnmente y otra que no es común que se conozca. Este libro está escrito desde esta última perspectiva, que podemos llamar el estado de completud del doctor Pang. Esto hace que este sea un libro científico que naturalmente va más allá de los alcances de la ciencia moderna. Partiendo de un principio central que no se puede definir con facilidad ni percibir a través de medios ordinarios, la teoría de la completud Hunyuan afirma que todo en el universo es una manifestación del *hunyuan qi* (混元气), que las transformaciones del qi son leyes naturales que gobiernan todas y cada una de las vidas y que esas leyes pueden conocerse.

Sin embargo, solo es difícil conocerlas si se las ve desde una perspectiva limitada. El mismo doctor Pang reconoce que es complicado lograr expresar un concepto de totalidad que incluya tanto al mundo invisible como al visible en el lenguaje científico moderno. Este tipo de retos forman parte de la traducción, donde lo informe se presenta sin un sustento lingüístico ni filosófico. El *Dao De Jing* comienza diciendo: "El Dao que se puede expresar no es el Dao eterno". La teoría del Zhineng Qigong puede decir exactamente lo mismo acerca del hunyuan qi. No obstante, sigue siendo qi. Practicar Qigong implica comprender a cabalidad que la falta de habilidad común para explicar el qi no altera, por ningún motivo, su existencia; aún más, esa existencia no es un fenómeno fortuito que podamos tomar o dejar, sino la esencia fundamental de todas y cada una de las cosas. Cuando se tiene presente este estado unificador se alcanza a comprender lo que una completud es realmente.

El Zhineng Qigong (智能气功) se desarrolló en China hace treinta años y diez años después llegó a Occidente, donde la enseñanza se ha enfocado principalmente en la práctica de los métodos. Esto ha enriquecido muchas vidas, pero también ha tenido limitaciones. Como una ciencia de vida, si bien el Zhineng Qigong incluye niveles de técnica, también incluye *gungfu* (功夫) y *dao* (道). Así que practicar los métodos sin un entendimiento de la teoría es recibir un beneficio limitado. Esto dista del propósito del Zhineng Qigong, que es el de proveer herramientas que promuevan la salud real y que permitan alcanzar un nivel de autoconsciencia. El apegarse a las técnicas del movimiento hace que la gente solo se esfuerce por mejorar su nivel de práctica –o *gungfu*– y, por esta razón, sentimos que era nuestra responsabilidad aportar una traducción de la teoría base del Zhineng Qigong: la teoría de la completud Hunyuan. Ahora hemos cumplido ya con esta responsabilidad. Esperamos que traiga mucho crecimiento para los practicantes occidentales.

Este no es un libro sobre métodos. Para los métodos, el practicante puede consultar el libro del doctor Pang *Los métodos de la ciencia del Zhineng Qigong*, traducido por Harmonious Big Family. *La teoría de la completud Hunyuan* es un libro sobre principios, es un texto lleno de información y de erudición y está hecho con gran entrega, desde el corazón. Es un libro que se ocupa de las leyes universales y su efecto en la vida humana, especialmente de la esencia de la consciencia humana: qué es y cómo interactúa con todas las formas de hunyuan qi en el universo. Estos principios son clave para entender la condición y la evolución de la vida humana. La teoría de la completud Hunyuan sienta las bases para que el ser humano mejore; no es una teoría que se aplique solo a un pequeño campo de práctica, sino una teoría a partir de la cual se construye una visión avanzada de la cultura humana. Como tal, puede ser usada para guiar cualquier práctica enfocada en la salud del cuerpo y de la mente, ya sea qigong, taiji, yoga o cualquier otra.

La ciencia moderna observa la vida desde un punto de vista externo. La teoría de la completud Hunyuan la observa desde dentro, a través del uso directo de la consciencia. Como una nueva ciencia de vida, la teoría de la completud Hunyuan se debe ver con el corazón abierto y no a partir de juicios provenientes de viejos sistemas de conocimiento. El alcance de este libro es vasto, tanto, que no siempre está conectado de manera evidente con la vida diaria. Esto es algo que el lector puede hacer al elegir aplicar conscientemente estos principios a las situaciones de la vida. Conforme los hábitos fijos de pensamiento se superen, la vida mejorará paso a paso hasta que se eleve a un nivel más alto, al evidenciarse la verdad de la teoría de la única manera significativa posible: a través de una experiencia de vida profundamente mejorada. Con un estándar de práctica más profundo, la sabiduría se despertará, lo que naturalmente promoverá nuestra habilidad de convertirnos en practicantes con una consciencia real.

Todas las teorías religiosas –budistas, daoístas u otras– son tan solo herramientas. Son un dedo que apunta hacia la luna. La práctica del qigong y la teoría de la completud Hunyuan son exactamente lo mismo. La herramienta debe usarse sin apego –ya sea al conocimiento o al lenguaje–. El principal propósito de la práctica siempre es obtener un estado real de salud tanto en el cuerpo como en el espíritu, y eso se obtiene a través de una fluidez que no está fija en ningún lugar. La fuente del conocimiento aquí presentado es el estado de práctica de alto nivel derivado de la experiencia de vida del doctor Pang. Para poder compartir esta experiencia, se usa un lenguaje científico y el pensamiento lógico para tratar de expresar un entendimiento que los sobrepasa a ambos. El libro está escrito a partir de un estado de completud y las frases contienen información que penetrará en todos los niveles de consciencia y que trabajará en todos los niveles de la vida. En relación con las palabras, los practicantes necesitan experimentar directamente la realidad de su vida interna y también cómo ocurre el cambio, lo que incluye las sensaciones en el cuerpo, la energía y la experiencia consciente. Si los practicantes aprenden de esta manera, no se apegarán a ciertas palabras y la teoría de la completud Hunyuan seguirá siendo una herramienta para el mejoramiento continuo y directo de su vida.

En la clase del doctor Pang que se impartía en el centro Huaxia y que duraba dos años, él mismo les decía continuamente a los estudiantes que leyeran la teoría de la completud Hunyuan una y otra vez. "Si la leen una vez —decía—, la información trabajará en lo más profundo de su vida y se conectará con ella. Si la leen diez veces, será diferente de cuando la leen cinco veces. Si la leen cincuenta veces, seguirá siendo diferente. Y si la leen cien veces, estoy seguro de que su vida tendrá una mejora notable". En un alto nivel de práctica, la teoría también es una especie de método: uno que se ocupa de alterar directamente la consciencia. A esto se le llama *yishi hunyuan* (意识混元) o hunyuan de la consciencia. Las palabras aportan información que se convierte en pensamiento, en movimiento, lo que produce cambios en la consciencia, en el qi y en el cuerpo. Así que les recomendamos mucho a los practicantes occidentales que lean la teoría de la completud Hunyuan muchas veces. No necesitan preocuparse de recordar la información, solo necesitan vivir la experiencia de leerla. Esto también es una forma de práctica.

El Zhineng Qigong tiene muchos métodos, pero la teoría de la completud Hunyuan es la base de todos ellos. La práctica real se da una vez que se logran dominar y usar estos principios para guiar los métodos. Practicar sin tener un entendimiento de la teoría puede simplemente terminar fortaleciendo un viejo marco de referencia. No obstante, a la inversa, leer la teoría de la completud Hunyuan, sin lograr el tipo de integración de sus principios provista por la práctica de qigong, es perderse de su valor real. Por eso la práctica de los principios junto con los métodos implica un mejoramiento mucho más rápido. El "estado del ser" del que se ocupa la teoría de la completud Hunyuan se puede aplicar en todos los aspectos de la vida diaria. Esta práctica de la mente se realiza para ir directamente a un estado de completud consciente y armonioso, ya sea al trabajar, dormir, comer, caminar... Permitamos que esta teoría se convierta en nuestro estilo de vida. Usémosla para manejar nuestras relaciones con todas las personas y con el mundo natural. De esta manera, todo se convierte en práctica. Como dice el doctor Pang, el Zhineng Qigong es una manera de cambiar nuestra vida y la teoría de la completud Hunyuan es el fundamento teórico para ese cambio.

En lo que se refiere a nuestro método de traducción, aunque hemos sido estrictos con el texto, al mismo tiempo hemos sido libres con éste, al enfocarnos todo el tiempo en lograr un entendimiento completo que fuera lo suficientemente extenso para incluso abarcar la contradicción. Toda traducción es una transformación de palabras y significados y, como parte de ese proceso, nuestros ojos de traductores se han dirigido constantemente hacia la preservación y la comunicación del significado del doctor Pang. Así, aun cuando el lenguaje ha cambiado, la información no ha sufrido cambios. En ocasiones, hemos usado nuestras propias palabras para realmente expresarnos con claridad y, en otras ocasiones, hemos parafraseado y reordenado las ideas para evitar la repetición y consolidar el significado. También hemos omitido o condensando algunas partes del texto que se desviaban de la idea principal. Esto incluye resúmenes del estado del conocimiento en varios campos, algunas listas de procedimientos científicos y las referencias a trabajos daoístas o budistas más citadas.

En términos de la romanización del chino original, se ha adoptado el propio pinyin de China, en lugar del antiguo sistema Wade/Giles. Esto hace más clara la pronunciación, pero cambia los títulos de los libros publicados. El caso más notable es el de *Tao Te Ching* que ahora se convierte en *Dao De Jing*, así como el cambio de Lao Tzu que se convierte en Lao Zi y el de Chuang Tzu que se convierte en Zhuang Zi. Así pues, el Tao que se introdujo en Occidente a través del sistema Wade/Giles ahora se convierte en el Dao del sistema Pinyin.

Las palabras en pinyin aparecen con tanta frecuencia en algunas partes del libro que ponerlas en cursivas hubiera interrumpido el flujo del texto. Para evitar interrumpir la lectura fluida del mismo, solo hemos utilizado las cursivas cuando una palabra se presenta por primera vez o cuando se vuelve a presentar más adelante; el resto de las palabras las escribimos con una fuente normal. Con las mayúsculas tuvimos el mismo problema, que resolvimos de manera similar. Al final, hemos usado la menor cantidad posible de mayúsculas iniciales. Por lo tanto, mientras en inglés, la "Teoría de la Completud Hunyuan" se escribe con mayúsculas iniciales, el término "completud hunyuan" e incluso el término "hunyuan qi" no se escribe así[1].

Es probable que el lector ya esté familiarizado con un gran número de términos chinos; otros, en cambio, no tienen un equivalente en inglés (ni en español) y varios de ellos fueron acuñados por el mismo doctor Pang, quien creó una nueva nomenclatura junto con esta nueva ciencia de vida. Algunos de estos términos se traducen de una manera extraña, otros no se traducen. Finalmente, podíamos elegir entre pulir el lenguaje de manera precisa o acercarnos a éste de manera diferente. La primera opción parecía conllevar el riesgo de perder información y, por eso, decidimos adoptar la segunda, por lo que terminamos siguiendo lo que el mismo doctor Pang tiende a hacer cuando reitera la misma información de diferentes maneras a lo largo del libro al describir los conceptos y al retomar y volver a revisar los principios esenciales, desde perspectivas más elevadas y amplias.

Esta fusión y transformación del lenguaje nos parecen apropiadas y, en última instancia, de mucha utilidad. Uno de los gozos de aprender con un maestro chino consiste en la manera como fluye el lenguaje entre el maestro y el estudiante, como si estuviera vivo. En China, puedes desprenderte de las palabras habituales y luego recuperarlas completamente nuevas, totalmente limpias, libres de su polvo mental. Cuando las definiciones estáticas cambian, las perspectivas también cambian y esto, a su vez, genera cambios internos en lo más profundo. Como todo en el universo, el lenguaje se encuentra en un proceso de fusión y transformación constantes. Así que en consonancia y por lógica, este texto se ha encontrado en un proceso largo y constante de *hunhua* (混化) en manos de los traductores.

---

[1] N. de la t.: En la traducción del inglés al español se siguieron las reglas de redacción de la RAE y, por lo tanto, se escribe solo con mayúscula inicial la palabra Hunyuan en "teoría de la completud Hunyuan".

La teoría de la completud Hunyuan es un texto profundamente científico y, como tal, incluye todo tipo de inferencias que rara vez se exploran. Normalmente, la ciencia afirma los hechos y deja que la gente haga las inferencias. Con el fin de ser claros, le hemos echado un vistazo a unos cuantos de esos caminos, pero hemos resistido la gran tentación de desarrollarlos con nuestras propias palabras. Por lo tanto, el texto aún conserva cierto misterio, al tiempo que favorece que el tipo de inversión que representa la práctica profunda y dedicada de qigong tenga un gran alcance.

Desde el fondo de nuestro corazón, queremos expresar nuestra gratitud, primero al doctor Pang, por compartir sus conocimientos para ayudar a otros. Así mismo, estamos muy agradecidos con Chen Jue Lei, quien nos ayudó con la traducción de muchos de los capítulos del chino original. Gracias también a Alexis Reed quien revisó un borrador del capítulo cuatro y nos hizo sugerencias. Finalmente, ambos queremos agradecer a nuestras familias y a todos aquellos que nos ayudaron a lograr la publicación de este libro: ¡gracias!

El doctor Pang Ming

El doctor Pang Ming es el fundador del Zhineng Qigong y de la ciencia del qigong. Es un gran maestro de qigong y un renombrado doctor de medicina tradicional china. Estudió budismo, artes marciales y el qigong daoísta tradicional bajo la dirección de diecinueve distintos maestros. Dejó la medicina para hacer investigación sobre el qigong durante la década de los ochenta, por lo que rompió con la tradición y creó una nueva forma abierta que se podía enseñar a un gran número de personas.

Para finales del siglo XX, el Zhineng Qigong ya se consideraba como el sistema de qigong más efectivo en China, con alrededor de diez millones de practicantes. Esta fue la primera forma basada en una teoría sistemática y en investigación científica y la primera en adoptar el uso del campo de qi para la enseñanza y la sanación.

El doctor Pang es un hombre extraordinario con un alto nivel de *gungfu*, es el creador de las tres capas de la teoría de la materia, ha fundado numerosos centros de investigación, entrenamiento y curación y se ha dedicado de lleno al avance de la cultura humana.

Los traductores
(del chino al inglés)

Wei Qi Feng ha dedicado su vida al Zhineng Qigong desde que tomó el curso de dos años en el Centro Huaxia de Zhineng Qigong con el doctor Pang. En 1995, se convirtió en miembro del *staff* y pasó los siguientes tres años haciendo una compilación de textos sobre el qigong en la casa editorial de Huaxia, antes de cambiarse al centro de curación donde trabajó por otros dos años. Desde entonces, se ha dedicado a la enseñanza en el ámbito internacional al continuar con la promoción de los principios del Zhineng Qigong por todo el mundo y con el sueño de Harmonious Big Family.

Steve Merrick hizo la carrera de Estudios Culturales, de la que se recibió con honores (esto es, para la cual obtuvo un *First Class Degree*), y después se dedicó a viajar durante trece años. Cuando estuvo en Nueva Zelanda, fundó una biblioteca de libros sobre el Zhineng Qigong. Más adelante, en 2005, se convirtió en el primer extranjero que visitó el centro de Liu Jianshe en la Isla Hainan, en China. Dos años después, regresó y conoció a Wei Qi Feng, pero no fue sino hasta después, cuando viajó a Hubei, otra provincia china, que los dos comenzaron con la traducción de *La teoría de la completud Hunyuan*, misma que terminaron cuatro años después en la región de Guangxi, en 2014. Steve Merrick es el autor de un trabajo previo de ficción titulado *El monje y la oruga*.

Prefacio a la traducción
(del inglés al español)

En el mundo de la traducción es universalmente sabido que lo mejor es pasar del idioma original en que se escribió un texto a un segundo idioma y nada más. Eso es lo óptimo, pero no siempre es lo posible.

En el caso del libro que el lector tiene en sus manos, se hubieran requerido muchos años más para lograr una traducción directa del chino al español. Afortunadamente, Wei Qi Feng y Steve Merrick se abocaron a traducir *La teoría de la completud Hunyuan* al inglés y eso nos permite ahora abrir el panorama de nuestra práctica con este escrito del doctor Pang Ming en un tiempo mucho más breve. Queremos dar las gracias a estos dos traductores, primero, por darnos a los practicantes occidentales la oportunidad de conocer más a fondo la teoría del Zhineng Qigong y, también, por permitirnos utilizar su trabajo como base del nuestro.

Ofrecemos al público lector algunas precisiones sobre la forma en que trabajamos. Acordamos que la traducción sería literal, sin el parafraseo de frases ni modificaciones a la estructura de las ideas o de la sintaxis, en la medida de lo posible. No agregamos nada que no viniera en el escrito original. Investigamos, eso sí, el significado de algunas palabras, para no traicionar el sentido con el que fueron traducidas del chino al inglés.

Discutimos la pertinencia de cada término que presentó dificultades. Un caso fue precisamente el del título del libro. ¿Cómo traducir la palabra "entirety"? En inglés, tiene varias acepciones que rondan la idea de totalidad o integridad, pero a la luz de la práctica del Zhineng Qigong y, sobre todo, al comenzar a comprender lo que el maestro Pang explica en este libro, nos percatamos de que la totalidad buscada se integra con elementos de naturaleza distinta, se compone de diversos tipos de qi que, en el caso de los seres humanos, se complementan para formar la unidad. Complementar es la tarea que como seres conscientes tenemos delante. "Completud" fue la palabra que nos pareció más precisa.

Hubo otra palabra que generó reflexiones e intercambios de opiniones en relación con las habilidades del ser humano: "paranormal". Para traducirla correctamente, nos remitimos al uso que tiene no solo en español sino también en Occidente. Los fenómenos paranormales no suelen distanciarse del paradigma de la psicología del siglo XX europeo. Diccionarios y tratados sobre esta materia afirman que lo paranormal se relaciona con fenómenos que no corresponden a principios admitidos por la ciencia. Para el maestro Pang, no solo existe la ciencia occidental; él articuló la teoría de la completud Hunyuan con sabiduría oriental probada. Él afirma, a lo largo de este libro, que un practicante de alto nivel de Zhineng Qigong llega, tarde o temprano, a despertar habilidades que el común de las personas tiene dormidas y que son necesarias para percibir directamente la completud de los fenómenos. Se trata de "habilidades especiales" y con este nombre quedaron traducidas.

Creemos conveniente mencionar que las cuatro personas que estuvimos involucradas en esta traducción, somos practicantes de Zhineng Qigong desde hace varios años y que las cuatro hemos enriquecido nuestra vida y nuestra comprensión de la misma a través de nuestra práctica. Consideramos que para que la traducción de un texto de esta naturaleza se haga con respeto y aprecio por su esencia, tenía que ser hecha por personas que tienen la experiencia de la profundidad y la belleza de la práctica de Zhineng Qigong. En ese sentido, el trabajo en equipo con el que hicimos esta traducción fue hecho con las mismas características de la práctica: con el corazón, con alegría, con dedicación y comprometidas con lo mejor.

A lo largo de los meses que transcurrieron mientras se llevaba a cabo tanto la traducción como las precisiones, nuestra práctica, ahora complementada con esta teoría, se enriqueció y evolucionó; comenzó a ser más clara, hubo mucho mayor consciencia de lo que sucede en cada uno de los niveles del Zhineng Qigong y esto es algo que no nos cansaremos de agradecer al maestro Pang y a la comunidad de practicantes. Siempre nos sentimos contenidas por un campo consistente y muy real.

Deseamos que esta versión en español apoye la práctica de tantos hispanohablantes que hoy forman una comunidad amplia, a juzgar por lo que sucede en México: cada vez hay más instructores certificados y grupos entregados al Zhineng Qigong. No dudamos que en América Latina y en España esta sabiduría se expandirá con la misma fuerza con que fue concebida.

Sobre el equipo editorial

Traducción: María Teresa Berumen Ortega.

Revisión y corrección: Fátima Fernández Christlieb, Mariana de la Vega V. y Adriana Pineda.

María Teresa Berumen. Practicante de Zhineng Qigong desde 2009. Certificada como instructora en 2015 en el Beijing Wisdom Healing Center bajo la enseñanza de Qiu Fu Chun LaoShi y Zhang Qing LaoShi. También es arquitecta y colabora en uno de los principales despachos de arquitectos de México.

Fátima Fernández Christlieb. En 2013, obtuvo la certificación en Hunyuan Qi Healer, primer nivel, en Meishan, China. En 2018, cursó el Teacher Training, impartido por DaoHearts durante tres meses, en Qingcheng Shan, Sichuan, y obtuvo el certificado como maestra internacional en los tres niveles de Zhineng Qigong. También es doctora en sociología y académica de tiempo completo en la Universidad Nacional Autónoma de México.

Mariana de la Vega V. Practicante y apasionada del Zhineng Qigong desde el 2014. Fungió como intérprete del maestro Wei Qi Feng en un retiro celebrado en Teotihuacán, México, en octubre de 2018. Es profesora de traducción de la Escuela Nacional de Lenguas, Lingüística y Traducción de la UNAM.

Adriana Pineda. Practicante de Zhineng Qigong, profesora de traducción en la ENALLT de la UNAM y profesora de inglés académico del Colmex.

Para cualquier duda o comentario estamos a sus órdenes en la siguiente dirección: completudhunyuan@gmail.com

Hun Yuan Ling Tong

CAPÍTULO I
Introducción a la teoría de la completud Hunyuan

La teoría de la completud Hunyuan representa la manera en la que el Zhineng Qigong ve el mundo, presenta su metodología y constituye la base de su epistemología y ontología. Tiene que ver con la manera en que el Zhineng Qigong investiga las formas del conocimiento y la naturaleza del ser. La teoría de la completud Hunyuan ha incorporado otras teorías del qi y sus transformaciones, mismas que forman las bases del qigong tradicional y de la medicina tradicional china. También ha retomado algunas lecciones de la ciencia y la filosofía modernas. La teoría de la completud Hunyuan se basa en el uso total de las habilidades de la consciencia para observar e investigar el mundo de manera sistemática. Es la base de la ciencia del qigong.

¿De qué trata la teoría de la completud Hunyuan?

La teoría de la completud Hunyuan se ocupa de aquello que realmente es la completud de una sustancia, de cómo se forma y de cuál es la naturaleza de su ser que nos revela esto a nosotros. ¿Cuál es la esencia característica de la completud y cómo podríamos entender esto para usarlo conscientemente? Tanto en forma como en contenido, esta teoría difiere mucho de lo que se piensa comúnmente que es una completud y tampoco ofrece simplemente un mayor desarrollo de las teorías sistemáticas de la ciencia moderna.

En general, el concepto de una completud se forma a través del procesamiento mental de los aspectos parciales de un objeto, percibidos a través de los órganos sensoriales. Por lo tanto, cuando pensamos en algo en su totalidad, no percibimos esa totalidad directamente a través de los sentidos, sino que lo deducimos indirectamente a través del pensamiento. De alguna manera, esto, en efecto, refleja la completud del objeto, pero sigue siendo una reflexión compuesta de aspectos parciales.

La ciencia moderna ve el mundo como un sistema de materiales, en el que todos forman diferentes niveles de interacción: las relaciones entre ellos definen los contenidos del mundo. En el microcosmos, esto incluye la clasificación progresiva del *quark*, la partícula, el átomo y la molécula. En el macrocosmos, está la tierra, el sistema solar, la galaxia y el universo. Y en el mundo biológico, hay macromoléculas, células, tejidos, órganos, organismos, individuos y especies. Estos son los sistemas de la ciencia moderna: en cada nivel, el objeto está compuesto de aquellos objetos en el subnivel anterior. Es por esto que la ciencia moderna concibe la materia del mundo principalmente desde el aspecto de la estructura. Por otro lado, la ciencia sistemática también reconoce que la estructura es el fundamento de la función y que es a través de la función que un objeto se presenta al mundo y cumple con sus propósitos. Sin embargo, ninguno de estos dos aspectos nos revela aquello que hay en una completud y que unifica la estructura y la función como uno solo. Una completud descrita por la ciencia moderna está formada tan solo por los aspectos parciales del objeto, no por su totalidad absoluta.

En la teoría de la completud Hunyuan, una completud se refiere al estado especial de transformación que resulta de la mezcla de la estructura y la función de un objeto. Es esta mezcla de completud y su esencia característica lo que puede ser percibido directamente por un estado avanzado de consciencia o lo que se conoce como "habilidad especial". Podríamos decir que la verdadera naturaleza de una completud es algo que solo emerge cuando se ve desde un nivel de percepción más incluyente que el pensamiento lógico. A esto nos referimos cuando la teoría de la completud Hunyuan usa los términos "habilidad normal" y "habilidad especial". Ambos reflejan el uso avanzado de una misma consciencia. Es difícil, sin embargo, comprender la cualidad fundamental que unifica la completud en el nivel de la habilidad denominada como especial si no se cuenta con la experiencia directa de este nivel de consciencia.

La teoría de la completud Hunyuan y las teorías holísticas de la ciencia moderna

La teoría de la completud Hunyuan refleja el punto de vista de completud del monismo materialista. Afirma que todo cuanto existe es una manifestación de una única sustancia y que el principio unificador es el *hunyuan qi* universal. De acuerdo con la teoría de la completud Hunyuan:

1. Cada objeto es su propia completud hunyuan, cuya naturaleza esencial puede ser percibida mediante la habilidad especial. La estructura holística

y la función de una sustancia, como las describe la ciencia moderna, son tan solo aspectos parciales de una completud hunyuan.

2. La consciencia humana es la manifestación de la actividad avanzada del hunyuan qi humano. La consciencia es el mundo subjetivo humano, pero también es un tipo objetivo de existencia que se puede percibir y comprender directamente mediante las habilidades especiales. La ciencia y la filosofía modernas no aceptan esto.

3. La teoría de la completud Hunyuan afirma que la consciencia y la materia se unifican en el proceso de cognición y que el sujeto y el objeto también se unifican. El conocer ocurre entonces a través de la unidad con la sustancia (con la consciencia como una parte de ella), en lugar de como resultado de una comprensión separada de la sustancia. La ciencia moderna ve los procesos cognitivos como procesos duales, en los que la consciencia y la materia se estudian de manera separada y se comprenden ya sea a través del análisis o la síntesis.

4. La teoría de la completud Hunyuan se desarrolla a partir de las habilidades especiales y se ocupa ampliamente del desarrollo y la puesta en práctica de las habilidades especiales humanas. De esta manera, puede aportar una visión creativa a la ciencia moderna. Las teorías holísticas de la ciencia se pueden utilizar en muchos campos, pero no para el estudio de la consciencia. Estas dos teorías de completud pueden, en cierto grado, complementarse entre sí.

La teoría de la completud Hunyuan como visión del mundo, su ontología, epistemología y metodología

La teoría de la completud Hunyuan afirma que el universo es una completud hunyuan formada por la fusión y la transformación de la materia visible e invisible. Esto también es cierto para cada objeto en el universo. Una sustancia orgánica, por ejemplo, es una completud hunyuan formada por el *hunhua* –fusión y transformación– de su estructura y sus funciones. Una sustancia inorgánica es una completud hunyuan formada por el hunhua de su estructura material y su carga eléctrica. Un cuanto es una completud hunyuan formada por la fusión y la transformación de sus propiedades ondulatorias y sus propiedades corpusculares. Un campo electromagnético es una completud hunyuan formada por el hunhua de su energía y su información. La ciencia del Zhineng Qigong ve todo el mundo y cada objeto en él como una completud. La teoría de la completud Hunyuan es, entonces, un estudio ontológico relativo a la naturaleza de la existencia.

La teoría de la completud Hunyuan afirma que la verdadera existencia de una completud no puede percibirse en un nivel común de consciencia, sino solo en el nivel de la habilidad especial. En realidad, no hay una división entre estos estados, ya que ambos son parte del desarrollo de la consciencia humana. La habilidad especial es una inteligencia humana natural que difiere del nivel normal de habilidad, pero que sigue los mismos principios en su comprensión y uso de los objetos: práctica-cognición-repráctica-recognición. La habilidad normal también puede examinar y probar las habilidades especiales, como, por ejemplo, cuando se realizan pruebas para saber si se pueden diagnosticar y tratar enfermedades con las habilidades especiales. La consciencia común no puede comprender cómo funciona la habilidad especial, pero aun así puede ver los resultados objetivos en la vida diaria. El uso de ambas habilidades, la normal y la especial, para reconocer y crear el mundo, son funciones humanas naturales. Ambas siguen los principios de una práctica epistemológica. Por lo tanto, la teoría de la completud Hunyuan ha integrado metodología y epistemología al aportar una serie de prácticas pertenecientes al estudio del conocimiento.

La teoría de la completud Hunyuan aborda la necesidad humana última: la evolución hacia seres libres y conscientes

La ciencia moderna, la ciencia médica y la filosofía están de acuerdo con que el ser humano es la criatura más avanzada en el planeta. La diferencia esencial entre los humanos y los animales es que la consciencia humana es capaz de regir las actividades de la vida tanto internas como externas. Esto quiere decir que los procesos internos son una ruta para manifestar la voluntad y el propósito subjetivo. La humanidad ya ha alterado ampliamente el mundo objetivo de acuerdo con sus designios, pero, aun así, las personas todavía no han desarrollado conscientemente su cuerpo y su espíritu. El Zhineng Qigong es una ciencia acerca de cómo usar activamente la consciencia para cambiar la vida humana. El qigong tradicional no puede proveer una base teórica para esto, ya que las fuentes tradicionales simplemente no se han enfocado en el uso activo del gran poder de la consciencia. El desarrollo de la teoría de la completud Hunyuan ha resuelto este problema.

La ciencia moderna y la ciencia médica están de acuerdo con que los huesos rotos no se pueden curar inmediatamente y que la recuperación toma al menos cien días. La ciencia moderna entiende que la carga electromagnética interna y externa de los huesos sanos es distinta, y que una vez que ocurre una fractura la parte previamente interna del hueso se externaliza cambiando la carga de negativa a positiva. Así, al compartir los extremos del hueso roto la misma carga, se repelen entre sí, haciendo que la recuperación sea lenta y difícil. Desde el punto de vista de las características naturales de un objeto, esto es completamente cierto; pero en la ciencia del Zhineng Qigong los huesos rotos pueden curarse rápidamente, puesto que la consciencia es capaz de alterarlos. Hay, de hecho, muchos maestros de qigong que pueden curar al instante los huesos rotos, pero no ha habido sustento teórico para esto, puesto que las teorías del qigong tradicional han estado ocupadas principalmente con el qi de la naturaleza en lugar de con el hunyuan qi humano y su relación con la consciencia.

La teoría de la completud Hunyuan enfatiza que el hunyuan qi humano es consciencia y, por lo tanto, la consciencia es el aspecto fundamental del hunyuan qi humano. La consciencia contiene toda la información del universo junto con toda la información de la vida humana. En consecuencia, puede usarse para cambiar el mundo objetivo, así como la actividad de vida interna de las personas. Este es el propósito de la práctica del Zhineng Qigong. La teoría de la completud Hunyuan se ocupa de la consciencia humana: de su importancia, su contenido, sus leyes, su cualidad fundamental y su función. Desde que apareció la humanidad, el mundo natural ha cambiado de acuerdo con la consciencia humana, el universo mismo ha tenido un largo proceso de fusión y transformación con la información humana. En su desarrollo futuro, los seres humanos pondrán en uso su consciencia amplia y conscientemente, usando tanto las habilidades normales como las especiales para servirse a sí mismos y a su mundo de acuerdo con las leyes naturales y, al hacer esto, podrán manifestar la naturaleza esencial de su propia autoconsciencia.

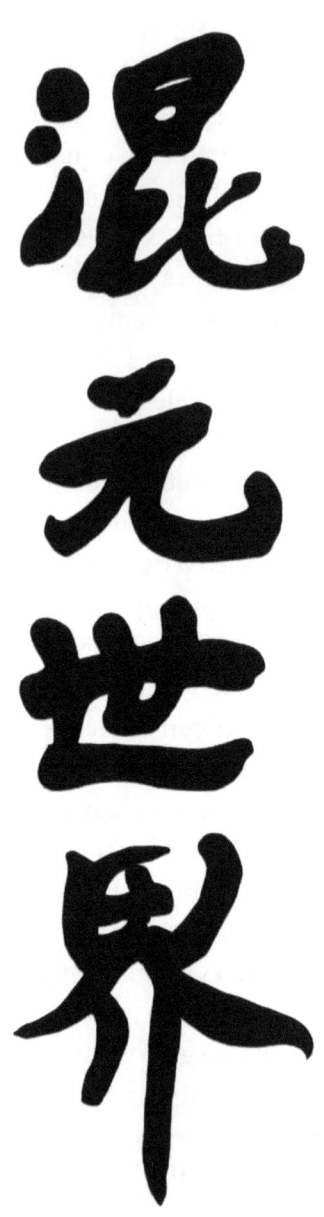

*Armonizar el mundo
para volverse uno solo*

CAPÍTULO II
La teoría del Hunyuan

La teoría del Hunyuan es el fundamento de la teoría de la completud Hunyuan. Consiste en dos partes: la teoría del Hunyuan qi y la teoría del hunhua.

Hunyuan (混元) es un término específico de la ciencia del Zhineng Qigong. Se refiere a la existencia de completud objetiva de una sustancia vista desde el estado de consciencia llamado habilidad especial. O reformulándolo, hunyuan quiere decir la totalidad natural de una cosa que es en realidad la esencia de su ser. Todo en el universo existe en este estado de completud. El pensamiento lógico puede entender el hunyuan como una completud formada por el *hunhua* (混化) de dos o más sustancias. Hunhua quiere decir fusionar y transformar. Nada de lo que existe en el universo es puramente individual ya que todo está formado a través de este proceso de al menos dos cosas fusionándose y transformándose. Por dar algunos ejemplos: el universo es la completud hunyuan de la fusión y transformación de las sustancias visibles e invisibles; el campo electromagnético de la tierra es una completud hunyuan formada por el hunhua de la energía y la información; y las cosas materiales y los organismos son completudes hunyuan conformadas de materia, qi e información.

El hunyuan, como palabra, contiene dos significados. El primero se refiere a la completud formada por esta fusión y transformación de la sustancia. A esto se le llama *hunyuan qi* (混元气). El segundo significado se refiere al proceso de esta transformación. A esto se le denomina *hunhua*. Abordaremos la teoría de ambos significados en dos secciones diferentes.

SECCIÓN UNO
La teoría del Hunyuan qi

¿Qué es el hunyuan qi?

El hunyuan qi es una existencia de completud que expresa la cualidad fundamental de una sustancia vista desde el espectro de las habilidades especiales.

El hunyuan qi está formado por el hunhua de la materia, la energía y la información. Existe en dos formas. La primera es una existencia invisible que en la teoría del Hunyuan se denomina hunyuan qi: es informe, invisible e indivisible y está distribuida en todo el universo. La segunda existencia del hunyuan qi es visible y tiene fisicalidad, energía e información evidentes. En la teoría del Hunyuan a esto se le denomina materia o sustancia; es la forma reunida y condensada del hunyuan qi invisible.

Toda materia tiene hunyuan qi dentro y alrededor de ella. A la capa de qi invisible que rodea a la materia se le denomina campo de qi (qi chang, 气场). Mientras más grande o denso sea el volumen de la materia, más grande y más concentrado será el campo de qi de la misma. La composición de la materia junto con los cambios en sus propiedades alterará el campo de qi circundante que impregna su estructura. Cuando el campo de qi sufre alteraciones en un grado crítico, se puede condensar en la materia correspondiente. El campo de hunyuan qi siempre está íntimamente relacionado con su materia y ésta siempre tiene su correspondiente campo de hunyuan qi. Los intercambios entre ambos requieren tiempo y, por lo tanto, sus transformaciones no siempre corresponden.

Si la materia cambia primero, desde dentro, entonces su campo de qi permanecerá inalterado hasta que el qi transformado en el interior se extienda hacia afuera para cambiar el campo de qi externo. Y si el campo de qi cambia primero, entonces la materia permanecerá inalterada por un periodo de tiempo. Si el cambio en el campo de qi es grande, ocurrirá una transformación esencial en la materia y se transformará en otra materia. Toda materia y su campo de hunyuan qi son una completud. A esto se le llama *hunyuan ti* (混元体). Montañas, ríos, mares, flores, pasto, árboles, animales y humanos somos todos y cada uno un hunyuan ti. Distintos hunyuan ti pueden interactuar unos con otros y fusionarse y transformarse para formar un hunyuan ti más o menos avanzado. Esto quiere decir que pueden ya sea evolucionar a formas de vida más complejas o descomponerse en formas de vida más sencillas.

Las habilidades especiales humanas pueden percibir las características de completud de un hunyuan ti aun cuando la tecnología moderna no puede hacerlo. Las técnicas de la ciencia moderna niegan la completud de una sustancia porque estudian aspectos parciales de ésta, de manera que la ciencia puede dar a conocer los atributos físicos y químicos de una sustancia, pero no la totalidad de su actividad de vida, que solo se vuelve aparente cuando se le ve como una completud hunyuan.

Las dos existencias del hunyuan qi se intercambiarán bajo ciertas condiciones. La sustancia material se puede disolver en hunyuan qi invisible y el hunyuan qi se puede condensar y tomar forma visible. El universo es una completud hunyuan formada por la transformación y la evolución de estas dos existencias.

Distintos niveles de hunyuan qi

Todo en el universo tiene su propio hunyuan qi que representa sus propios aspectos de completud. Para describir esto, podemos decir que el hunyuan qi tiene ciertos niveles. Cinco de ellos se enlistan a continuación:

1. Hunyuan zi

El *hunyuan zi* (混元子) se refiere a la intersección de un punto tridimensional en el espacio y un punto dimensional en el tiempo. Es un estado absoluto e indiferenciado: un hunhua inmensamente sutil de todo en el universo. El hunyuan zi es demasiado sutil para ser dividido y, por lo tanto, uno es muchos y muchos es uno y el uno y los muchos son inseparables. La producción y transformación del hunyuan qi y de todo en el universo toma lugar en el contexto del hunyuan zi.

2. Hunyuan qi original

Es el nivel primigenio del hunyuan qi y, por lo tanto, se le denomina *hunyuan qi original* (原始混元气). Es un todo uniforme y equitativamente distribuido, una totalidad indivisible. El universo y todo cuanto existe en él está impregnado de hunyuan qi original, que puede evolucionar para formar distintos niveles de hunyuan qi invisible o condensarse en materia visible. Es la base y el origen de nuestro universo.

3. Hunyuan qi de la materia

También podemos llamar a éste el hunyuan qi de todo cuanto existe. Se refiere al hunyuan qi de la materia visible. La materia tiene una cierta estructura junto con los aspectos físicos y químicos que hacen que pueda ser comprendida por la inteligencia común. El hunyuan qi de este nivel es el estado de completud formado por el hunhua de la materia, qi e información. Todas y cada una de las cosas son la forma condensada de su propio hunyuan qi, la materia permeada internamente y bañada externamente con hunyuan qi. El hunyuan qi material viene del hunyuan qi original. Como una constante, los procesos universales de hunhua suceden entre dos o más sustancias, el qi de estas sustancias también se fusionará y transformará con el ambiente circundante. Entonces, de la simplicidad del hunyuan qi original, el hunyuan qi material crecerá aún más complejo, ya que el entorno es un factor mutacional que constantemente cambia la información. Este es el proceso del universo y el camino hacia la evolución.

El hunyuan qi es una existencia de completud que puede interactuar con la habilidad especial, ya sea como materia visible o invisible. Desde el punto de vista de la habilidad normal, el hunyuan qi es muy distinto de los aspectos que usualmente conocemos de la materia, aunque es en realidad la esencia de la materia. Los atributos de las cosas materiales vistos por la inteligencia común son tan solo aspectos parciales de una totalidad más grande. Cuando se logra ver una completud de hunyuan qi a través de un nivel de consciencia más alto, esos atributos parciales se absorben en el todo. La habilidad especial solo interactúa con la completud del hunyuan qi y, por lo tanto, los aspectos parciales no pueden revelar la verdadera esencia de la sustancia. Cuando la habilidad especial afecta la materia, las propiedades físicas y químicas de la materia conocidas en el espectro de la habilidad normal desaparecen. En algunos experimentos realizados con habilidades especiales, al mover un imán a través de una habitación tan solo con el uso de la consciencia, sus propiedades magnéticas no pudieron detectarse por los equipos habituales durante este tránsito. El magnetismo es una propiedad parcial del metal percibida por las habilidades normales, pero una vez que el metal se ha trabajado y fusionado con la consciencia de la habilidad especial, las propiedades o aspectos parciales desaparecen. Hay un dicho para los recién iluminados en el budismo Zen (禅宗): "La montaña no es la montaña, el agua no es el agua". La teoría de la completud Hunyuan está de acuerdo con esto, ya que, si las personas iluminadas continúan practicando y mejorando, la habilidad normal y la especial se fusionarán y podrán percibir el estado común y el súper estado de la sustancia al mismo tiempo. Esta es la razón por la que el Zen también tiene otro dicho: "La montaña sigue siendo la montaña, el agua sigue siendo el agua".

El mundo de las sustancias visibles puede dividirse en mundo orgánico e inorgánico, y el hunyuan qi de cada uno es diferente. Las sustancias inorgánicas, por ejemplo, no necesitan interactuar con el mundo alrededor de ellas para mantener su existencia. En movimiento sutil de hunhua, pero en general su hunyuan qi permanece en el estado original que las formó. El mundo orgánico es distinto, ya que los organismos biológicos tienen que intercambiar materiales con el mundo exterior para poder sobrevivir. El hunyuan qi del organismo, por lo tanto, está formado por una combinación del hunyuan qi que lo formó y el hunyuan qi recibido a través de la interacción de sus propios procesos de vida con el mundo externo. El hunyuan qi del mundo biológico, por lo tanto, incluye dos partes: la primera es el hunyuan qi inherente del organismo llamado qi innato, y el segundo, el qi obtenido durante el crecimiento del organismo, llamado qi adquirido.

El mundo orgánico puede a su vez dividirse en los mundos de las plantas, los animales y los seres humanos. Los procesos de transformación no son los mismos en cada mundo. Una planta intercambia materia, qi e información con el mundo, pero su crecimiento es natural y espontáneo, los cambios tienen que ver principalmente con el qi y la materia. Los animales son distintos, tienen actividad tanto neuronal como física y, por lo tanto, a las principales características de éstos ya no se les llama materia, qi e información, sino cuerpo, qi y shen. En el reino animal *shen* no se refiere a consciencia como en los seres humanos, sino principalmente a las funciones del sistema nervioso.

4. Hunyuan qi humano
El hunyuan qi humano pertenece al hunyuan qi de la materia, pero puesto que la vida humana es guiada por la consciencia, el hunyuan qi humano se ha convertido en algo mucho más diferenciado y tiene funciones muy distintas. La teoría de la consciencia trata esto en detalle.

5. Yiyuanti
Yiyuanti (意元体) se refiere al hunyuan qi del cerebro que se ha desarrollado para usar el pensamiento conceptual. Yiyuanti es la forma más sutil, pura e inteligente del hunyuan qi humano. Es exclusivo del ser humano. Yiyuanti puede guiar el hunyuan qi humano y también el qi del mundo externo. La característica de pureza de yiyuanti lo hace muy similar al hunyuan qi original, aun cuando éste existe en un estado activo. Yiyuanti es el nivel más elevado de hunyuan qi desarrollado hasta ahora en el universo.

Las características del hunyuan qi

A continuación, se presenta una lista de las características generales de un amplio espectro del hunyuan qi. Las características más específicas del hunyuan qi humano y de yiyuanti se abordarán en los capítulos del hunyuan qi humano y de la teoría de la consciencia.

1. El hunyuan qi se reúne y se dispersa
El hunyuan qi de todos los niveles se reúne y dispersa. Si se reúne suficiente hunyuan qi, entonces su densidad aumentará y se convertirá en una forma visible. Bajo las condiciones correctas, la materia visible puede de la misma manera dispersarse en hunyuan qi invisible. Estos son procesos naturales y espontáneos que suceden por la interacción universal de todo cuanto existe. Todo lo que tiene vida atraviesa por un proceso transformativo a cada momento. La consciencia humana puede afectar este proceso e influenciar la manera en la que el hunyuan qi se reúne y dispersa dentro del cuerpo humano. Cuando la consciencia se conecta con el qi y se enfoca en una parte del cuerpo, el qi la seguirá y se reunirá en esa parte, incluso transformándose en materia visible. También cuando la gente usa su consciencia para penetrar la materia visible, un movimiento hacia afuera de esa consciencia puede causar que la materia se disperse y transforme en qi invisible.

2. Hunyuan qi es una completud
Todos los niveles de hunyuan qi representan las características de completud de la sustancia. El siguiente capítulo, sobre la teoría de la completud, desarrolla esto en detalle.

3. La distribución del hunyuan qi
El hunyuan qi original está distribuido por todo el espacio. Es la primera sustancia a partir de la cual todo se forma, y cambia como cambia todo en el universo. El hunyuan qi de todo cuanto existe, cuando se condensa en materia visible, permeará la materia desde dentro hacia afuera y la densidad del campo de qi externo disminuirá mientras más se aleja de la materia. El hunyuan qi dentro de la materia estará distribuido de acuerdo con la estructura de la materia, aunque en general, más hunyuan qi se reúne en el centro que en la superficie.

4. El hunyuan qi almacena información

El hunyuan qi original y el hunyuan qi material son ambos capaces de almacenar información. Cuando usamos la mente, por ejemplo, para reunir o dispersar hunyuan qi en un lugar, o si hay un conflicto en ese lugar, una persona sensible puede después todavía sentir la información de la actividad de consciencia previa, ya que se graba en el campo de qi del espacio.

5. La compatibilidad universal del hunyuan qi

El hunyuan qi es compatible a través de todos sus niveles. El hunyuan qi de una sustancia de más bajo nivel puede libremente penetrar el hunyuan qi de otra sustancia de más alto nivel. El hunyuan qi original es el hunyuan qi primigenio del universo: puede pasar a través de todos los niveles de materia, todos los niveles de hunyuan qi, y es la base original de todo hunyuan qi; los seres vivos se llenan de vitalidad cuando lo experimentan conscientemente. La actividad de la consciencia humana, siendo la actividad sistemática del hunyuan qi del cerebro en la forma de yiyuanti, puede también atravesar el hunyuan qi de todos los niveles. El ser humano puede, por lo tanto, usar su consciencia para fusionarse con distintos niveles de hunyuan qi y puede reunirlo y usarlo en su propio cuerpo.

SECCIÓN DOS
La teoría del hunhua

La teoría del hunhua se ocupa de las leyes generales del movimiento y la transformación de la materia que forma una completud hunyuan. Esto incluye dos partes: la teoría del hunhua de la materia y la teoría del hunhua del tiempo-espacio.

La teoría del hunhua de la materia

La teoría del Hunyuan qi afirma que cada cosa no es del todo una sola cosa, sino una completud formada por el *hunhua* –fusión y transformación– de dos o más sustancias. La formación de cada cosa tiene sus propios procesos de hunhua, en donde cada cosa aún sigue experimentando un continuo hunhua con el mundo exterior incluso después de que se ha formado. Dado que todo evolucionó a partir del hunyuan qi original y experimenta nueva evolución a partir de este contexto, la estructura del tiempo y el espacio en el universo cambia constantemente. La pregunta es: ¿cómo cambian los objetos? ¿Cuál es su patrón de movimiento?

En el proceso de su transformación hunhua con otra sustancia, una completud hunyuan tiene cuatro patrones básicos de movimiento, que se enlistan a continuación:

1. Abrir/Cerrar (kai he, 开合)

Este es el patrón de movimiento más básico de todas las completudes hunyuan. Los movimientos que le siguen tienen todos su base en abrir/cerrar. Abrir se refiere al punto de contacto e interacción entre la materia y el hunyuan qi que abre hacia afuera. Cerrar se refiere al punto de contacto e interacción con el hunyuan qi que cierra hacia adentro. El punto de contacto e interacción incluye tanto la superficie de la materia como también puntos de contacto internos.

2. Reunir/Dispersar (ju san, 聚散)

Cuando el hunyuan qi se reúne, incrementa en densidad y en un cierto nivel cambiará a una forma física. Con el movimiento de dispersión, la densidad del qi decrece y a un cierto nivel, la forma material se transforma a qi invisible.

3. Salir/Entrar (chu ru, 出入)

Cuando el hunyuan qi sale, lo hace desde dentro de los límites interiores de la materia. Esto se basa en los movimientos previos de abrir y dispersar. Y cuando el hunyuan qi entra, lo hace desde afuera de los límites de la sustancia basado en los movimientos previos de cerrar y reunir.

4. Transformar (hua, 化)

La transformación del hunyuan qi es producto de los movimientos de abrir/cerrar, reunir/dispersar y salir/entrar. Este es el proceso por el cual una sustancia cambia. En la transformación, la estructura de tiempo-espacio de la materia se rehace, lo cual quiere decir que la información de la materia cambia, y causa una transformación esencial en el hunyuan qi de una cierta masa crítica y, por lo tanto, la rehace, la recrea de nuevo, con características nuevas.

De todos estos movimientos, abrir/cerrar es el patrón fundamental. Reunir/dispersar y salir/entrar, ambos suceden cuando abrir/cerrar sucede. Dispersar es un corolario esencial de abrir. Reunir sigue naturalmente a cerrar. De la misma manera, cuando se deja salir el qi, el abrir y el dispersar estarán juntos, y cuando el qi se lleva dentro, el reunir y el cerrar estarán juntos.

La transformación es el propósito fundamental de todos estos movimientos y el proceso por el cual se produce una cosa nueva. Todos los movimientos causan un cierto grado de transformación. Este grado podrá variar entre diversos niveles de materia y de hunyuan qi. El hunyuan zi, por ejemplo, además del efecto de la transformación, tiene solo el patrón de movimiento de abrir/cerrar. Cuando abrió, el hunyuan qi original surgió de él y se transformó, y el movimiento de cerrar ocurrirá solo cuando todo cuanto existe regrese de nuevo al hunyuan zi.

El nacimiento y la muerte del universo es el abrir/cerrar del hunyuan zi. En el nivel del hunyuan qi original, el contenido de la transformación aumenta porque ahora aumentan dos patrones de movimiento: abrir/cerrar y reunir/dispersar. Y cuando el hunyuan qi original se reúne en un estado de energía densa, forma adicionalmente el qi de la materia, que se estabiliza en la forma de su correspondiente hunyuan ti. De modo que al nivel de la materia existen todos los patrones de movimiento: abrir/cerrar, reunir/dispersar y salir/entrar y el efecto de la transformación. Las sustancias inorgánicas son diferentes, el proceso de hunhua permanece escondido dentro de ellas, y mientras que también ocurre en grados, un hunhua completamente transformativo solo ocurre cuando se fusionan con otra sustancia. La vida orgánica, en contraste, experimenta una actividad de hunhua del hunyuan qi a cada momento, al tener constantemente procesos de apertura/cierre, reunión/dispersión y salida/entrada. La actividad hunhua ocurre tanto dentro como fuera de una completud hunyuan mientras se fusiona y transforma con el hunyuan qi externo.

Hunhua en el nivel de la materia

Todo cambio en la materia es causado por el hunhua del hunyuan qi de la materia. Esto ocurre en dos patrones: ya sea que materias simples se transformen (hunhua) en materia más compleja o materias complejas se transformen (hunhua) en materia más simple. Pareciera como si el hunhua fuera un cambio entre materias, pero el proceso es uno en el que lo visible y lo invisible cambian el uno en el otro.

Durante un proceso de hunhua, las características de una sustancia cambian y una nueva completud se forma. Mientras esto sucede, algunos materiales desaparecen y otros aparecen. En la teoría del hunhua esto no es una simple reacción química sino una transformación del hunyuan qi. También existen otros procesos a través de los cuales las existencias visibles e invisibles cambian la una en la otra: el metabolismo biológico es un ejemplo obvio, en el cual, durante el proceso de asimilación, el cuerpo cambia las características de los materiales que ha tomado y al mismo tiempo permite que estos materiales cambien una parte de la completud. Durante el proceso en el cual dos materias simples se transforman a través de hunhua en una materia más compleja, los dos materiales originales y su campo de qi se rehacen y reúnen en una sustancia con un campo de qi de completud y un centro. Cuando materias complejas se transforman en materias más simples, la materia original y su campo de qi se alteran y descomponen en subunidades más simples. La comida, por ejemplo, se rompe en sus constituyentes químicos, cada subunidad entonces reconstruye su centro y su campo de qi para formar una nueva unidad independiente. Esto se explicará a detalle en el capítulo IV, el hunyuan qi humano.

¿Cuál es el mecanismo del hunhua?

La materia tiene dos patrones de hunhua: de una forma simple a una más compleja y de una forma más compleja a una forma simple. Ambos patrones tienen el mismo mecanismo, ambos trabajan a través del hunhua de la estructura de tiempo-espacio de la sustancia, es decir, la información de esa sustancia. La información de un objeto en esencia tiene el cuándo y el dónde y la coseidad del objeto, por lo tanto, la información es la estructura tiempo-espacio del objeto. El hunyuan qi de todas las sustancias se intersecciona y se interpenetra, pero solo cuando sus estructuras tempo-espaciales se influencian una a la otra con suficiente fuerza, rompen su actual información y forman una nueva completud que se reunirá como qi y entonces aparecerá en una forma. Esta es la manera en la que el hunhua forma una nueva completud hunyuan.

Hay tres patrones de hunhua material en el universo:

1. Hunhua de la estructura tempo-espacial por energía
Este tipo de hunhua se encuentra principalmente en la materia inorgánica y es causado por el azar en el mundo natural. Una montaña que se desploma

podría ser un ejemplo. Muchos otros se encuentran en técnicas de la ciencia moderna que inducen cambios físicos a la materia. Casi todos los métodos modernos de producción pertenecen a este patrón de hunhua por energía. Durante el proceso, el estado balanceado de energía de la materia se rompe y se produce un nuevo hunhua junto con una materia nueva. De cualquier manera, la información del objeto guía la existencia de su energía y de su materia y, por lo tanto, siempre es difícil romper el estado balanceado de energía de la estructura tempo-espacial del objeto desde fuera. Normalmente, se requiere de una gran cantidad de energía. Una estación de quema de carbón puede ser un buen ejemplo, mientras que en una escala menor el proceso sigue siendo el mismo. Incluso una síntesis química sencilla ha probado ser difícil en la ciencia moderna, requiriendo grandes presiones, calor y un proceso complicado de síntesis. Un proceso de esta naturaleza puede ser factible para sustancias inorgánicas, pero no para los complejos componentes de los organismos. Entonces, ¿cómo ocurre el proceso de hunhua dentro de los organismos?

2. La información de una estructura causa que la información de otra estructura haga hunhua

Hay millones de reacciones químicas en todo momento dentro del cuerpo de un organismo, especialmente de las criaturas avanzadas. Todos estos son procesos hunhua, y todos se llevan a cabo bajo temperatura y presión reguladas. Esto quiere decir que la energía consumida en el proceso hunhua es muy pequeña. El proceso es más económico que un proceso hunhua manipulado por energía, puesto que éste se ve afectado por la información. Es el patrón básico de la vida para los procesos hunhua y puede dividirse en dos tipos:

I. Dos estructuras tempo-espaciales diferentes pero complementarias se influencian entre sí para hacer hunhua

Esto se refiere a cómo la información de una sustancia es complementaria de forma natural a la información de otra. Esto incluye al macho y la hembra, a un espermatozoide y un óvulo o sin duda a cualquier par de sustancias que tengan atracción magnética. La vida en el macrocosmos se organiza de esta manera y también es el principal patrón de producción de enzimas durante el metabolismo orgánico de la energía. La bioquímica ha demostrado que las reacciones químicas se llevan a cabo por el efecto de las enzimas y que el efecto y producción de enzimas requiere coenzimas enzimáticas. Por lo tanto, cada cambio químico en el organismo también involucra una serie de cambios y formaciones de la materia, todas las cuales se completan rápida y mucho más eficientemente que en las técnicas de síntesis artificial. En la teoría de la completud Hunyuan el cambio es resultado de una inducción complementaria tempo-espacial, o el encuentro de dos cosas que se atraen naturalmente la una hacia la otra con el propósito de fusionarse y transformarse en una nueva sustancia.

II. Inducción de estructuras tempo-espaciales similares
Esto se refiere a un organismo que se copia a sí mismo para producir otro organismo similar. El nuevo organismo se forma bajo la influencia de la estructura tempo-espacial original. En la ingeniería genética, el proceso por el cual el ADN se transcribe en ARN es un ejemplo típico.

3. Hunhua guiado por la consciencia
Los patrones hunhua mencionados anteriormente son todos procesos naturales, pero puede añadirse otro factor: la consciencia humana también puede inducir procesos hunhua. La ciencia moderna no reconoce este patrón de hunhua.

Toda actividad de la consciencia humana es una actividad hunhua. La teoría de la consciencia aborda este tema a profundidad. Aquí solo describiremos brevemente cómo el uso dirigido de la consciencia puede cambiar estructuras tempo-espaciales.

El hunhua guiado por la consciencia se refiere a la forma en la que estructuras tempo-espaciales visualizadas crean estructuras tempo-espaciales reales. Esto es, una visualización consciente de información para materializar la forma real de esa información. Es un hunhua que necesita la fuerza directora de una consciencia clara detrás. Conforme a las habilidades normales, el método usual de manufactura es el siguiente: la consciencia tiene una idea y el cuerpo la lleva a cabo. No obstante, la teoría de la completud Hunyuan afirma que a través de las habilidades especiales la consciencia puede visualizar la información, reunir energía y directamente crear la forma. Este tipo de hunhua por la consciencia se crea por información conscientemente formada y dirigida, mientras que los patrones naturales de hunhua mencionados anteriormente se crean por la información de una sustancia visible. La primera manera es más directa que la segunda y, por lo tanto, es más rápida. Todas las personas tienen la habilidad de crear cambios visibles directamente en la materia a través de su consciencia. Como ejemplos típicos del uso de la consciencia para cambiar estructuras tempo-espaciales existentes, podemos mencionar casos de tratamientos donde el qi externo se usa para desaparecer un tumor canceroso o para arreglar de manera instantánea un hueso roto.

En el proceso hunhua afectado por información, hay materia visible como la base del hunhua, pero durante el proceso hunhua de visualización consciente no hay estructura tempo-espacial visible como base. ¿Cómo puede entonces la consciencia completar el proceso hunhua? La teoría de la completud Hunyuan afirma que este proceso es posible gracias a la habilidad de la consciencia de acceder a su propia "información completa" y también a la habilidad de las actividades de la vida para acceder a su propia información de completud. Para ponerlo de otra manera, toda la información de la vida está acumulada en la vida –en el cuerpo físico, los genes y el hunyuan qi del cuerpo– y está almacenada también en la consciencia, que puede por sí misma tener acceso a la información completa del universo, ya que yiyuanti está fusionado y es compatible con el hunyuan qi original, donde se almacena la información escondida. El qi tiene la característica de almacenar información. El que alguien pueda recuperar la "información completa" depende de la habilidad y la potencia de yiyuanti. La gente practica qigong solo para mejorar su capacidad de usar la información almacenada. Cuando la gente usa la consciencia para hacer hunhua, podría no percibir el proceso de visualización dentro de la consciencia puesto que es un proceso muy rápido. Detrás de cada pensamiento hay un proceso piramidal intrincado y complicado, razón por la cual es tan rápido y por la que todos estos procesos son tan difíciles de percibir. La teoría de la consciencia hablará de esto en profundidad.

Algunas personas podrían preguntarse: si el hunhua por inducción de estructuras tempo-espaciales y el hunhua por la visualización consciente están basados en información existente, entonces, ¿cómo se completó el hunhua durante el proceso histórico del desarrollo biológico?

Hunhua es la integración de factores hereditarios y cambios ambientales

Algunos biólogos creen que el gen es la base de la evolución biológica, gracias al descubrimiento de la estructura tempo-espacial del gen en el estudio del ADN. Otros biólogos se refieren a la importancia de las circunstancias, producto del descubrimiento de cómo el entorno puede alterar la información genética. La ciencia moderna ve estos puntos de vista como contradictorios, pero en realidad reflejan dos aspectos que interactúan en el mismo proceso hunhua, que es una completud unificada tanto del material genético como de los cambios ambientales. Solo cuando ambos factores se fusionan y transforman, la evolución de las especies se puede llevar a cabo. Uno solo de estos factores no puede completar la tarea. Las vidas individuales pueden estar basadas en información genética, pero un individuo también sobrevive esa vida a través de la interacción con el ambiente. Y así los individuos continuamente cambian la estructura tempo-espacial de sus especies y la pasan —a través de sus genes y del ambiente— a la siguiente generación.

En conclusión, la existencia de cualquier cosa y los cambios por los que atraviesa están basados en su propia estructura tempo-espacial, o lo que podemos llamar la información de su propia naturaleza inherente. En la antigüedad, a la manifestación biológica de esto se le llamaba *shen ji* (神机)—la información esencial de la vida—. Esta es la base de las transformaciones internas de los organismos. Solo cuando esta información puede hacer hunhua con el hunyuan qi externo (a través de los cuatro patrones de movimiento: abrir/cerrar, reunir/dispersar, salir/entrar y transformar) el hunyuan qi independiente puede formarse. Por lo tanto, las circunstancias externas también pueden decidir la naturaleza de las transformaciones de la sustancia. En la antigüedad llamaban a esto *qi li* (气力), o información esencial externa. *Shen ji* y *qi li* son, por lo tanto, cada una la mitad de una actividad de vida completa. Solo cuando las dos hacen hunhua en una sola se forma una completud hunyuan.

La información genética y los cambios ambientales se unifican en el proceso hunhua material, y como resultado las especies evolucionan continuamente. El proceso se ha realizado espontáneamente desde mucho antes de que los humanos evolucionaran. Pero con nuestra aparición, la información humana se ha unido a la transformación. Esto se discute ampliamente en el siguiente capítulo.

El movimiento hunhua en el universo creó la unidad de los opuestos

Toda sustancia en el universo tiene su polo opuesto. En física, esta unidad de opuestos se observa en electrones positivos y negativos, o en norte y sur magnéticos. La biología tiene masculino y femenino, crecimiento y decaimiento, y en bioquímica tenemos el receptor y el ligando. Todos son pares polares, con cargas opuestas y tienen la tendencia de acomodarse en ciertas direcciones, como por atracción magnética. Los dos componentes son cada uno algo completo, pero dependen el uno del otro y también contienen dentro de sí mismos la información de la otra parte (como el simbolismo del yin y el yang), y cuando se combinan forman una unidad que es mayor y mejor que cada una de las partes. Entonces, ¿por qué cada componente tiene su igual correspondiente? La teoría del Hunyuan afirma que la unidad de los opuestos es el resultado de las transformaciones del hunyuan qi, ya que la formación de cualquier sustancia requiere del hunhua de dos o más sustancias.

La teoría del hunhua del tiempo-espacio

En la teoría de la completud Hunyuan, el tiempo y el espacio son dos componentes indivisibles de una completud hunyuan. En el lenguaje de la ciencia moderna, el tiempo es el proceso de cambio que afecta las funciones de una sustancia, y el espacio es la ubicación expandida de esa sustancia. O podríamos decir que los cambios en la sustancia son el tiempo y su existencia o su ser es el espacio. Dado que los cambios continuos en el tiempo dependen de la expansión de la sustancia en el espacio, este mismo proceso de expansión depende de un funcionamiento continuo en el tiempo. El tiempo y el espacio son una completud hunyuan que se interpenetra y se intersecciona. La esencia del tiempo-espacio hunyuan es muy difícil de describir en el lenguaje científico moderno porque representa la completud del hunyuan qi en todos sus diferentes niveles. El tiempo y el espacio del universo incluye el tiempo-espacio al nivel del hunyuan zi, que es tiempo-espacio absoluto; el tiempo-espacio en el nivel del hunyuan qi original, que es completud tiempo-espacio; el tiempo-espacio en el nivel de la materia, que es tiempo-espacio relativo y el tiempo-espacio de yiyuanti, que puede penetrar y conectar con el tiempo-espacio de los dos últimos.

Generalmente, se considera que el espacio está vacío y el tiempo como si no tuviera existencia tangible, pero en realidad ambos existen como estados especiales objetivos porque ambos son aspectos de una completud. No puede haber espacio o tiempo realmente vacío puesto que el tiempo y el espacio son la presentación y el contenido del hunyuan qi —lo cual quiere decir que el hunyuan qi se nos presenta a través del tiempo y el espacio—. Y dado que el tiempo y el espacio están ambos relacionados con el hunyuan qi, ambos deben tener aspectos de hunhua material.

Hunhua del tiempo

Como ya hemos dicho, el tiempo es un proceso continuo de cambio en la sustancia. El pasado, presente y futuro de una sustancia son todos sus momentos reunidos. En la teoría del Hunyuan, la manifestación de cualquier sustancia en cualquier momento no es ni independiente ni absoluta. Es resultado del hunhua de su estado pasado, presente y futuro.

1. La información de cambios pasados está contenida en el estado presente de la sustancia. Una sustancia almacena dentro de sí misma sus propios cambios pasados de manera muy similar a las técnicas de imágenes infrarrojas que pueden capturar la imagen de una persona en un lugar aun después de que la persona ya abandonó ese lugar.

2. La información de sus propios cambios futuros también está contenida en la sustancia. Podemos comparar esto a la manera en la que las técnicas de fotografía de luz han sido capaces de capturar la imagen de una hoja en una rama antes de que la hoja haya crecido, demostrando que la rama contiene la información de sus futuros cambios.

La teoría del Hunyuan afirma que la presencia manifiesta de una sustancia en cualquier momento es el estado hunyuan de su propio pasado, presente y futuro. Por lo tanto, es posible detectar los cambios del pasado o del futuro de una sustancia a través de las habilidades especiales.

Hunhua del espacio

El espacio es la existencia sin forma del hunyuan qi. El hunyuan qi es característicamente compatible. El espacio es, por lo tanto, un estado hunhua compuesto por todos los tipos de hunyuan qi mezclados y fusionados. Dado que el hunyuan qi puede almacenar información, entonces el espacio, que incluye la existencia sin forma del hunyuan qi original, debe tener la información del hunyuan qi de todo cuanto existe. Por lo tanto, la habilidad especial puede no solo recibir la información de la materia, sino también la información de materias relacionadas a través del tiempo y el espacio (como, por ejemplo, cuando una persona puede saber algo acerca del pariente de un visitante solo por estar en contacto con el visitante), y la habilidad especial también puede detectar la información de sustancias desde el espacio vacío.

整体時空

Completud del tiempo-espacio

CAPÍTULO III
La teoría de la completud

La teoría de la completud se ocupa de la forma y los aspectos característicos de toda la materia en el universo. Es muy distinta de las teorías sistemáticas de la ciencia moderna. La teoría del Hunyuan ha descrito el proceso hunhua que forma una completud, y esa completud es ahora la materia de estudio de la teoría de la completud. Estas dos teorías, juntas, manifiestan los aspectos pares de todo cuanto existe en el universo. La teoría de la completud se ocupa, principalmente, de las características que hacen una cosa completa y de la conexión entre cada una de sus partes. Esto incluye las siguientes cuatro secciones: resumen de la teoría de la completud, el universo visto como una completud; los individuos, sociedad y mundo natural como una completud y la completud humana.

SECCIÓN UNO
Resumen de la teoría de la completud

¿Qué es una completud y cómo se forma?

Una completud es una existencia completa. La teoría del Hunyuan afirma que cualquier sustancia está formada por la fusión y la transformación de al menos dos sustancias. Este estado de transformación puede mostrarse a sí mismo ya sea como materia visible o como hunyuan qi invisible. El estado sin forma del qi invisible es una total e inseparable completud, y el estado de la materia visible es también una completud. El objeto puede tener diversas partes o funciones, sin embargo, está comprehensivamente unificado por el hunyuan qi que impregna todos sus componentes y los une en una completud armoniosa.

Cuando hablamos acerca de una completud, esto se refiere en buena medida a una estructura tempo-espacial que forma el hunyuan qi. La información es el núcleo de la completud. La completud en sí misma es la base que mantiene la integridad independiente del hunyuan qi, ya que, sin formas independientes, todas las cosas sencillamente se fusionarían entre sí.

Una completud no es simplemente la suma de sus partes, ya que constantemente se forman nuevos aspectos a través del proceso de hunhua. Por lo tanto, el estado característico de una completud es también el aspecto esencial del hunyuan qi y, por lo tanto, también podemos llamarlo *completud hunyuan* (混元整体).

La esencia de una sustancia radica en su completud, y ya sea que la completud esté hecha por el hombre o de forma natural, la clave de su proceso de formación es siempre la misma: la integración de la información. La información que se transforma, y al estarse transformando crea nueva información (una nueva estructura tempo-espacial), es lo que crea una nueva completud. Esto ocurre mientras la información reúne energía y la energía forma materia. La esencia de la totalidad de una sustancia, entonces, es la estructura tempo-espacial o la información. Una vez que la información forma la materia, la completud también se forma.

Formación de una completud natural

La naturaleza forma infinidad de completudes y todas siguen los mismos procesos. Aquí describiremos el origen de estos procesos en la formación de diferentes niveles de hunyuan qi.

1. La completud del hunyuan zi

La unidad original, el hunyuan zi, existe sin diferenciación en el punto cero absoluto antes del tiempo y el espacio. Cuando la totalidad del hunyuan zi se disoció, fue reemplazada por las polaridades del tiempo y del espacio.

2. La completud del hunyuan qi original

A la integración del tiempo y el espacio se le llama hunyuan qi original. Este es el estado de completud primigenio: una existencia tan fina que no tiene propiedades de materia ni de energía.

3. La completud del hunyuan qi de la materia

La teoría del hunhua ha explicado ya el continuo proceso evolutivo: cómo el hunyuan qi forma primero una completud sencilla y después el hunyuan qi de esa completud continúa en transformación a través del hunhua para formar una completud más compleja. Aquí hablaremos del origen de este proceso. En la existencia del hunyuan qi original hubo movimiento que formó la información de gravitación y radiación. Como resultado, se crearon partículas, átomos y, eventualmente, el mundo humano físico. Todos estos procesos fueron posibles gracias a la estructura tempo-espacial inicial que formó el primer movimiento al azar del hunyuan qi original. Esta conexión hace del universo actual y todo cuanto existe en él una completud. El movimiento al azar del hunyuan qi original puede, de manera natural, crear también otros universos, pero esto no nos concierne aquí.

La completud hecha por el ser humano

1. La completud formada por la inteligencia normal
Los productos hechos por el ser humano se diferencian de las sustancias naturales porque su producción involucra la combinación de información artificial con materiales que después se infunden con energía para formar la completud. Una mesa, por ejemplo, comienza como una idea, y esa idea se lleva a cabo cuando se emplean materiales de manera que se completa el diseño. Este proceso no es una simple adición de materiales. Se dirige energía específicamente de acuerdo con la información del diseño. Solo entonces todos los componentes trabajan juntos para crear una nueva completud hunyuan. Por lo tanto, todos los componentes están subordinados a la completud.

2. La completud formada por las habilidades especiales
Se ha demostrado en experimentos que las habilidades especiales pueden hacer muchas cosas, desde acelerar la apertura de una flor hasta cambiar una síntesis química. En un nivel superior de habilidad especial, se puede reunir qi para formar materia visible. Este proceso sigue el mismo principio: la mente guía el qi y el qi se reúne para formar materia. Durante este proceso natural, el hunyuan qi se reúne para formar una completud de acuerdo con la información específica de la estructura. De esta manera, la habilidad especial puede formar una completud.

De estas descripciones podemos entender que la clave para formar una completud es que la información mueva suficiente energía. Se puede completar el proceso naturalmente o a través de la influencia humana.

Características de la teoría de la completud

La teoría de la completud Hunyuan está basada en las habilidades especiales y todo lo descrito en ella se basa en esto.

La facticidad del estado de completud

La cualidad esencial de la completud descrita en la teoría de la completud Hunyuan no es tan solo la propiedad de una sustancia sino una existencia real y especial con la que puede trabajar la habilidad especial, que está impregnada dentro de cada parte de la materia.

Niveles de completud

Una completud se forma mediante el hunhua entre dos o más sustancias. Una consecuencia natural de esto es la existencia de "niveles" de completud, donde cada nivel tiene los aspectos generales de la completud que se ha formado. Por ejemplo, el universo consiste del nivel del hunyuan qi original y del nivel de la materia. El nivel de la materia en sí puede dividirse en orgánica e inorgánica. Los seres humanos pueden dividirse en los niveles físico, químico y biológico, así como en el nivel de la consciencia. El mismo principio aplica hacia abajo para los niveles del microcosmos, donde cada nivel está hecho de las partes que lo componen en el nivel precedente. Cada subcomponente es en sí mismo una pequeña completud. Una completud hunyuan se forma a través del hunhua de cada parte y de cada nivel y, por lo tanto, cualquier objeto es una completud y al mismo tiempo parte de una completud de un nivel más alto.

El mundo natural está compuesto de infinitos niveles. Estas capas o niveles de existencia tienen sus propiedades particulares y siguen sus propias reglas. En el estado de la inteligencia normal, la investigación humana de estos niveles aplica métodos correspondientes a cada una, lo que da como resultado un gran número de campos científicos: física, química, biología, etcétera. La inteligencia especial puede percibir directamente la esencia de la completud. De cualquier forma, en distintos niveles, las sustancias funcionan de acuerdo con diferentes leyes, por lo tanto, se necesitan distintos niveles de habilidades especiales para observarlos y experimentarlos.

Cada nivel y cada parte de una completud obedecen a las reglas de la completud. Así, cuando estamos frente a un problema en una completud, si su esencia puede percibirse, se alcanzarán los resultados sin la necesidad de ser confundidos con las partes.

Los niveles de completud pueden transformarse uno en el otro. El nivel más bajo puede cambiar a un nivel más alto y los niveles más altos pueden perder calidad y regresar a niveles más bajos. Si un bebé recién nacido no recibe educación humana, por ejemplo, puede degenerar de regreso a los niveles de los animales, y cuando muera se degradará de regreso a materia inorgánica y regresará a la energía.

La completud hunyuan biológica es aquella que contiene la información biológica completa. Se desarrolla paso a paso. Por ejemplo, una vez que la planta ha desarrollado raíces, hojas, ramas y flores, entonces forma semillas. Sus aspectos generales de tiempo-espacio están completados, concentrados y presentados en las semillas. La completud hunyuan de la planta está en la semilla. La semilla contiene el hunyuan qi de la planta que se ha condensado para crearla, y esto formará parte del hunyuan qi del nuevo ejemplar. La semilla contiene la información general de la planta de la que procede, pero no la información general del nuevo ejemplar, puesto que en el proceso de nacer y crecer la nueva planta continuará el hunhua con el hunyuan qi externo, creando así nueva información general. En cada etapa del desarrollo la planta es una completud. Pero el hunyuan qi de la planta no cubre la totalidad de su información tiempo-espacio, solo la información de un tiempo específico, por lo tanto, en el momento específico en que se le ve, la información de completud de la planta está latente en ella. Esto muestra la relación especial entre la completud hunyuan y sus partes.

Las características de completud del tiempo y el espacio

La teoría de la completud Hunyuan afirma que todo tiempo y espacio son la completud hunhua del hunyuan qi. Esto quiere decir que el tiempo y el espacio son la fusión y transformación de toda sustancia. No hay tiempo vacío o espacio vacío. Al tiempo-espacio en el nivel del hunyuan zi se le llama tiempo-espacio absoluto porque es absolutamente puro y sin cambio. Una vez que tiene alteraciones es hunyuan qi original.

1. La completud del espacio

Todo espacio es la estructura y la expansión de una completud hunyuan. El inicio del espacio en nuestro universo se manifestó por el hunyuan qi original, y una vez que evolucionó al nivel de materia, entonces el espacio se convirtió en el hunyuan qi de todo cuanto existe. El espacio de nuestro universo actual es la integración de todo el espacio pasado. Todo ocupa un cierto espacio, pero los límites de ese espacio son solo una parte de una completud espacial.

La forma material tiene límites claros, pero el campo de qi de una sustancia no, ya que se fusiona con el espacio alrededor de la sustancia. Cuando los animales se sienten atraídos desde lejos a un área en específico, lo que los atrae es el campo de qi, ya que se expande más allá que los factores sensoriales. Dado que todo espacio parcial o limitado tiene límites poco claros, es también parte del espacio del hunyuan zi y del hunyuan qi original. Por lo tanto, un espacio parcial contiene las características de todo el espacio. De la misma manera, el espacio del hunyuan zi y del hunyuan qi original también contiene los aspectos de completud de todo espacio parcial. Esto es correcto, aunque siga siendo relativo. Por la naturaleza interpenetrante e interconectiva del hunyuan qi de la sustancia, no podemos realmente decir que el espacio limitado contiene la información absoluta de toda sustancia; sin embargo, aun así, se fusiona toda a cierto nivel.

2. La completud del tiempo

Todo proceso de cambio continuo de la sustancia en un determinado lugar es llamado tiempo. Ya hemos descrito que cualquier alteración en la sustancia a través del proceso de hunhua es el resultado de su interacción con las circunstancias. Si una persona quisiera recobrar estas alteraciones, debería recuperar la completud de la interacción, lo cual es imposible, puesto que el tiempo es irreversible. Lo que se entiende acerca de una sustancia bajo el espectro de las habilidades normales es en realidad solo su existencia en un momento dado en el tiempo. En ese momento la sustancia contiene tanto su pasado como su futuro, pero la habilidad normal no puede percibir esa completud.

Si tomamos como ejemplo un árbol y lo examinamos al nivel de la habilidad normal y cortamos una sección del tronco para observar sus anillos de crecimiento anual, podemos ver que en un momento en particular el árbol contiene su estructura de tiempo pasado. Cada anillo representa la condensación del hunyuan qi en el año correspondiente. Si somos muy conocedores, también podremos decir la edad del árbol junto con las condiciones de su crecimiento. Pero si usamos la habilidad especial podemos percibir toda esta información directamente sin tener que cortar el árbol.

Toda sustancia en el momento presente también contiene sus propios cambios futuros. Esto es difícil de comprender solo por los estados de la mente nacidos del habitual uso de la habilidad normal en nuestro trabajo con las sustancias físicas. De hecho, la estructura del tiempo de una sustancia no tiene límites claros. En el momento en que vemos una sustancia, el hunyuan qi invisible y su campo de qi ya han dejado el momento presente y entrado en su estado futuro. Esto es característico de todas las completudes. El cambio material en sí mismo solo representa las interacciones pasadas del hunyuan qi del objeto. Este proceso de cambio continúa todo el tiempo en el mundo natural. Lo mismo es verdad tanto para el tiempo como para el espacio: no tienen límites claros. Por lo tanto, se debe establecer que cualquier sustancia en un tiempo específico no contiene de manera absoluta su propia estructura completa de tiempo y espacio. Esto es porque el hunyuan qi externo puede afectar la estructura tempo-espacial de la sustancia y cambiar la información de su desarrollo.

3. El tiempo y el espacio son una completud hunyuan

El tiempo y el espacio juntos son una completud hunyuan; dependen el uno del otro y no pueden separarse. La estructura del tiempo de una sustancia es el cambio continuo de su estructura espacial. La estructura espacial de una sustancia es el "ocupante de espacio" resultado de los cambios en su estructura del tiempo. Cualquier nivel de hunyuan qi es, por lo tanto, la combinación del tiempo y del espacio. La estructura del espacio se relaciona con el ser existente y la estructura del tiempo se relaciona con la función. El tiempo sin el espacio o el espacio sin el tiempo son sencillamente imposibles.

El sujeto y el objeto son una completud

El sujeto se refiere al observador: el Yo. El objeto se refiere a la cosa que está siendo estudiada. En una práctica de qigong esto incluirá las actividades de la vida del practicante, así como la existencia externa que está siendo observada. La teoría de la completud Hunyuan afirma que el observador subjetivo está íntimamente conectado con el objeto que está siendo estudiado y que, por lo tanto, ambos forman una completud. Podemos examinar esto de las siguientes tres maneras:

1. Cuando un practicante observa su propia actividad interna de vida, la sensación subjetiva que tiene de ella es una parte de la actividad de vida del practicante. La actividad de vida objetiva que está siendo objeto de observación, es también una parte del practicante. Ambas están íntimamente relacionadas. Durante este proceso, el sujeto y el objeto están unificados en la completud de la actividad de vida del practicante.

2. Cuando la habilidad especial investiga un objeto, usa su totalidad para trabajar con la totalidad del objeto. Esto es así tanto para reconocer la verdadera naturaleza de un objeto como para cambiar su información. Solo cuando la completud de *yiyuanti* del sujeto y la completud del objeto se fusionan y son uno, el aspecto tempo-espacial general del objeto puede reflejarse y conocerse, y solo entonces la estructura tempo-espacial del objeto puede alterarse. El proceso de reconocer y alterar objetos es el proceso a través del cual el sujeto se une con el objeto.

3. Cuando yiyuanti observa al mismo yiyuanti como objeto, el sujeto de observación y el objeto de observación se fusionan. Si la instrucción de observar y el proceso de observación están unidos, y más unidos aun con el proceso de pensamiento, entonces uno puede instantáneamente darse cuenta de que aquel que da la instrucción y aquel que recibe la instrucción, aquel que observa y aquel que es observado, aquel que piensa y aquel que es pensado, son una absoluta completud sin ninguna diferencia. A esto se le llama iluminación espontánea (dun wu, 顿悟).

La teoría de la completud Hunyuan es un monismo materialista: una unidad de hunyuan qi

La teoría de la completud Hunyuan afirma que la conciencia es el movimiento de yiyuanti, el más alto nivel de hunyuan qi en el universo. La consciencia es, por lo tanto, el único movimiento de una sustancia unificada no solo con el hunyuan qi humano sino también con el hunyuan qi de la naturaleza. La mente consciente puede afectar y cambiar el hunyuan qi humano y puede afectar y cambiar el hunyuan qi fuera del cuerpo. Esta es la teoría fundamental de la ciencia del Zhineng Qigong y también del qigong daoísta tradicional. Los antiguos daoístas decían: "Refina el jing en qi; refina el qi en shen", porque *jing* (精), *qi* (气) y *shen* (神) son todos niveles distintos de hunyuan qi.

En comparación con el hunyuan qi original, yiyuanti es una espiral ascendente

El hunyuan qi original no es ni energía ni materia, sino un estado invisible y equilibrado que puede, sin embargo, evolucionar en todo tipo de energía y materia, incluso en seres humanos. La consciencia humana es la actividad de yiyuanti. Yiyuanti se forma a partir del hunyuan qi concentrado e integrado de las células del cerebro. Esto da a yiyuanti su materia fundamental, aunque tiene también una existencia independiente.

Así como el hunyuan qi original, yiyuanti es un estado invisible sin materia o energía. Cuando la mente está muy silente y estable y se presenta un movimiento de yiyuanti, la energía puede movilizarse y reunirse y causar cambios en la materia. El estado puro y claro de yiyuanti es muy similar al del hunyuan qi original. Adicionalmente, yiyuanti puede no solo reflejar la sustancia externa, sino también su propia actividad interna. El hunyuan qi original es la base y el principio de todo cuanto existe en el universo, existe a través de todos los niveles de sustancia, desde sus propias bases hasta lo más alto, el nivel humano. Yiyuanti, en cambio, puede penetrar todos los niveles de sustancia desde el más alto nivel humano hasta los primigenios orígenes del hunyuan qi original. Por lo tanto, podemos decir que yiyuanti es una espiral ascendente evolucionaria. Es por esto que las leyes mismas de transformación de las estrellas y los planetas en el universo han cambiado desde la llegada de los seres humanos. La tierra misma está cambiando en proporción al nivel de conocimiento de la consciencia humana.

SECCIÓN DOS
El universo visto como una completud

La teoría de la completud Hunyuan afirma que el universo es una completud formada por la integración del tiempo y el espacio. No hay ni principio ni fin para el tiempo y no hay límites para el espacio. Las transformaciones del hunyuan qi original crean y ocupan el universo. Por lo tanto, cuando miramos el universo como una completud, podemos realmente hablar acerca del total de transformaciones del hunyuan qi original universal. Todo cuanto existe en el universo está ocupado con la transformación. Para cada cosa, esta transformación tiene un contenido distintivo y diferentes niveles y etapas. Al día de hoy, todas las estrellas y planetas y todos los habitantes del planeta tierra han evolucionado a partir del hunyuan qi original, y en el futuro, todo cuanto existe regresará algún día al hunyuan qi original.

La completud del tiempo en el universo

El universo es una completud hunyuan en constante cambio. Este constante estado de flujo es la continua evolución de todo cuanto existe desde la completud primigenia del hunyuan qi original.

En el proceso de su expansión, el universo se ha transformado de una sustancia individual a un vasto y complicado conjunto de sustancias. La evolución del hunyuan qi original en seres humanos es la estructura tempo-espacial completa del universo. La habilidad especial observa esta estructura de tiempo como una existencia de completud. Para entender la estructura del tiempo del universo, podemos acudir a los conocimientos de la astronomía. Los científicos han medido las ondas electromagnéticas de las estrellas del espacio de 150 mil millones de años luz, y esa luz es una luz proyectada hace 150 mil millones de años. De la misma manera, los astrónomos también han observado las ondas electromagnéticas de estrellas en el espacio de 100 mil millones de años luz, proyectadas en el tiempo hace 100 mil millones de años luz, y así consecutivamente por intervalos, 50 mil millones de años luz, 10 mil millones de años luz que continúan en descenso hasta llegar a un año luz... y hasta el día de hoy, alcanzando el sistema solar, donde la luz del sol toma 8 minutos para llegar a la tierra. Estas observaciones astronómicas revelan la completud de la estructura del tiempo del universo.

La completud del espacio en el universo

Todo cuanto existe en el universo el día de hoy proviene del hunyuan qi original. Todas y cada una de las sustancias que existen corresponden a los mismos procesos de transformación en el tiempo. A partir de la investigación de la ciencia moderna, sabemos que todas las partes que componen el universo tienen características similares.

Estructuralmente, el universo está compuesto por grupos de galaxias, galaxias, estrellas y planetas. Los astrónomos han observado las características de las estrellas y los planetas y han encontrado que son similares en cada parte del universo, en donde cada una obedece los dictados de la gravitación universal y la fuerza radial. También se ha demostrado que las estrellas comparten muchos elementos materiales con la tierra. Esto indica que los cuerpos celestiales están todos en consonancia con las leyes universales del *hunhua*.

El planeta tierra sufre la influencia de los efectos unificados del sol, la luna y otros planetas, mientras que el mismo sistema solar está en constante rotación bajo la influencia de la galaxia, nuestra galaxia, que es una de muchas en el universo, todas afectándose entre sí. Todas estas influencias vienen del estado de completud original en el génesis del universo.

Podemos imaginar que en los inicios del universo comenzaron a desarrollarse infinitos órdenes de vida: un arreglo de evoluciones, o secuencias de vida, que tenían todo un origen único en aquel primer estado de completud y desde ahí han evolucionado para formar muchos universos y muchos parámetros de vida. El universo humano es tan solo un orden que surgió del estado de completud primigenio. Las condiciones de ese origen pudieron haber decidido las características colectivas de nuestro universo, en donde cada transformación ocurre bajo su influencia.

La rama principal de nuestro orden particular de vida viene desde el principio del universo hasta la aparición de la vida inteligente humana. Se desarrolla de la siguiente manera: génesis – galaxia – sistema solar – planeta tierra – vida humana. Este orden principal no existe aislado sino en íntima conexión con el universo entero, desde la simbiosis inmediata del mundo de las plantas hasta sistemas de galaxias distantes. Esta es la completud del espacio universal. El que la ciencia moderna no haya sido capaz de descubrir las verdaderas leyes naturales holísticas, aun cuando la información debe estar contenida dentro y alrededor de nosotros, muestra que la vida humana inteligente necesita desarrollar su sabiduría más allá. El proceso por el cual los seres humanos hacen esto es el mismo proceso por el cual construyen una completud comprehensiva armoniosa con todo cuanto existe en el mundo natural.

La completud de la sustancia, o todo cuanto existe en el universo

La teoría de la completud Hunyuan afirma que todo cuanto existe en el universo es un todo conectado e indivisible. Los hábitos fijos de pensamiento de los humanos hacen que sea difícil comprender que los innumerables tipos de materia que nos rodean pertenecen todos a una completud. Para entender esto con mayor profundidad, podemos describir los aspectos de completud de todo cuanto existe en el universo desde los siguientes tres aspectos:

1. La evolución del hunyuan qi original hasta la vida humana sirve para ilustrar la completud

Para poder describir la ruta de la evolución, podemos denominarla una cadena evolutiva, dividirla en dos secciones y después observar los vínculos. El primer eslabón es el hunyuan qi original, y los eslabones en la primera cadena van desde ahí hasta la aparición de la biología. Se puede leer de la siguiente manera: hunyuan qi original invisible — partícula — átomos y moléculas visibles — materia inorgánica — materia orgánica — virus — célula. En esta cadena hay dos eslabones clave: el primero es el periodo en el cual lo invisible se convirtió en algo visible. La clave de esto es lo que la física describe como una onda-partícula: una entidad sencilla que puede alternadamente mostrar propiedades tanto de materia como de energía y que, por lo tanto, tiene la tendencia de moverse entre el mundo visible y el mundo invisible.

El segundo periodo clave es el desarrollo de lo no vivo a lo vivo, siendo el punto clave en esta ocasión el virus, el mismísimo punto de partida de la vida. La siguiente parte de la cadena que podemos analizar comienza con la aparición de las células y se separa en dos ramas: plantas y animales. Aquí vamos a describir solo la cadena evolutiva de los animales por estar relacionada con los humanos.

Se desarrolla de la siguiente manera: organismo unicelular — organismo multicelular — celenterados — artrópodos — protocordados — vertebrados — primates — humanos. Esta cadena evolutiva completa —desde el hunyuan qi original hasta el ser humano— es un proceso que va de lo simple a lo complejo y de regreso a lo simple de nuevo. Podemos decir esto dado que los complejos seres humanos también tenemos yiyuanti, que puede describirse como algo simple o sencillo puesto que es esencialmente similar al hunyuan qi original. Al mismo tiempo, también contiene la infinita información del hunyuan qi original. La única diferencia ahora después de esta cadena evolutiva es que se volvió consciente.

2. El proceso de desarrollo de las células en un individuo, desde el óvulo fertilizado hasta la formación del feto, replica el desarrollo de la especie humana

Después de la reproducción, el crecimiento de un individuo pasa a través de las siguientes etapas: óvulo fertilizado — mórula — capas germinales — notocordio — periodo de segmentación — embrión. Esta progresión desde una sola célula hasta la vida humana realmente reproduce el desarrollo de la especie, que va desde: organismo unicelular — organismo multicelular — invertebrados — artrópodo — protocordados — vertebrados — primates — humanos. Y, por lo tanto, podemos decir que los seres humanos contienen la información completa del desarrollo de su especie. Esto es porque la información de tal proceso —de un organismo unicelular hasta la vida humana— está depositada en la completud de la estructura tempo-espacial de los individuos. Y no solo eso, sino que debido a que los niveles biológicos más básicos de los que evolucionaron los seres humanos fueron desarrollados a partir de las sustancias inorgánicas, que a su vez fueron desarrolladas a partir de partículas, que a su vez fueron desarrolladas a partir del hunyuan qi original, la información completa de la cadena evolutiva está depositada y almacenada en cada vida humana. Por eso podemos decir que el yiyuanti humano contiene información universal infinita.

3. La influencia e interacción entre todas las sustancias que existen manifiesta la completud universal

La teoría de la completud Hunyuan afirma que los procesos de transformación de cada cosa resultan del hunhua de su qi interno con el qi externo. Si miramos las transformaciones de todo cuanto existe desde la perspectiva del universo, estas transformaciones son la fusión y la integración de la materia, la energía y la información universales. Si las miramos desde la perspectiva de la sustancia, las transformaciones son una forma de transferencia o intercambio entre distintos materiales, energía e información. Esta transferencia facilita las conexiones entre todo cuanto existe y manifiesta la naturaleza de la completud.

La ciencia moderna y la medicina tradicional china también entienden las conexiones dentro del universo. Ambas comprenden que las estrellas tienen distancias infinitas entre ellas y aun así están conectadas y se ven afectadas por la gravitación y la radiación, y que el medio ambiente climático de la tierra está influenciado por el sol, la luna y los cinco planetas principales. La teoría de la medicina tradicional china está basada en estos efectos y describe su influencia en plantas, animales y humanos.

La ciencia moderna comprende que en la tierra todo depende de todo y se transforma en cada cosa para tener una circulación natural. Los animales y las plantas se abastecen el uno al otro con el intercambio de dióxido de carbono y el oxígeno, las plantas absorben sustancias inorgánicas y las transforman en nutrientes que son después comidos, digeridos, desechados y distribuidos de regreso por los animales a lo largo de la tierra para su descomposición. Esta circulación material no puede evitarse. Si en una realidad ficticia pudiéramos marcar cada elemento del mundo material y cada elemento de un ser humano, después de un tiempo encontraríamos estos materiales completamente mezclados entre sí, donde cada cosa estaría contenida en todo lo demás, usted dentro de mí y yo dentro de usted, todo ello mostrando los magníficos alcances de la completud.

Pero aun cuando la ciencia moderna y la medicina tradicional china trabajan ambas con las conexiones holísticas generales entre las cosas, ninguna ha comprendido la conexión última entre todo cuanto existe a través del hunyuan qi.

Los experimentos del Zhineng Qigong han probado que el hunyuan qi es definitivo para el crecimiento y la muerte de animales y plantas, así como en la influencia de las características de las sustancias inorgánicas. El hunyuan qi es una realidad objetiva, pero los seres humanos no han sido capaces de reconocer o comprender esto. Una vez que la gente llegue a dominar el hecho de que el hunyuan qi es la conexión de completud entre todo cuanto existe, se construirá una nueva cultura de súper inteligencia.

SECCIÓN TRES
Los individuos, la sociedad y el mundo natural como una completud

La autoconsciencia humana ha formado el mundo subjetivo y, desde esta perspectiva, las personas ven una oposición entre sí mismas y la naturaleza. Este conflicto es un error del desarrollo humano, error que se irá gradualmente corrigiendo con el desarrollo de la ciencia, conforme se vayan descubriendo y dominando las leyes que guían la totalidad de las conexiones humanas. De acuerdo con la ciencia del Zhineng Qigong, existe una absoluta interconexión entre los individuos, la sociedad y el mundo natural. Tal visión ayudará a guiar a las especies fuera del laberinto de su propio mundo subjetivo, y los seres humanos serán capaces entonces de alcanzar la completud armoniosa que abarca tanto al sujeto como al objeto.

Los seres humanos son criaturas no solo naturales sino también sociales. Para hablar acerca de la completud humana, necesitamos describirla desde ambos aspectos. Primero veremos la vida humana y el mundo natural, y después a la humanidad y la sociedad.

La vida humana y el mundo natural como una completud hunyuan

La influencia del mundo natural en la vida humana

Todo cuanto existe proviene del hunyuan qi original y es una completud indivisible. Dentro de esta completud, los materiales con los que la gente mantiene y crea su vida vienen del mundo natural y, en el proceso de obtenerlos, la gente constantemente fusiona su propio hunyuan qi con el hunyuan qi del medio ambiente. Este proceso de hunhua existe en tres niveles: el primero es el intercambio de materia, en el cual se absorben las sustancias y se desechan los residuos. En segunda instancia, el intercambio se da en el nivel de la energía, principalmente a través de la absorción directa o indirecta de la energía solar que después se dispersa desde el cuerpo. El tercero es un intercambio en el nivel de información. Todo tiene su propia información específica y, dado que vivimos en el mundo natural, siempre está ocurriendo un intercambio de información. Este es un proceso mucho más sutil que el intercambio en los niveles de la materia y la energía, difícil de percibir como experiencia, sin embargo, tiene un efecto real en la vida humana.

Por ejemplo, cuando uno se siente naturalmente cómodo, ligero y feliz en un lugar, no es simplemente porque haya oxígeno en abundancia. Lo mismo es verdad si uno se siente molesto, ansioso o incómodo: el factor decisivo es siempre la información del lugar. Por supuesto, la recepción de la información es algo que está íntimamente relacionado con las condiciones internas de cada individuo.

El mundo natural no nada más provee las condiciones físicas para la vida humana, sino que también intercambia información con la vida humana a través de un completo hunhua del hunyuan qi. Diferentes circunstancias pueden traer muchas influencias decisivas a los tejidos, órganos y funciones del cuerpo. Por ejemplo, cuando los primates evolucionaron en humanos, lo hicieron en muchos lugares. Por lo tanto, podríamos esperar que toda la gente fuera igual, pero entre las nacionalidades hay casi infinitas variaciones de colores de piel, físico, fisiología, características culturales, costumbres y estándares éticos. Estas diferencias regionales son el resultado de un constante hunhua humano con el mundo natural. Los cambios naturales importantes traen grandes influencias al hunyuan qi humano. Las variaciones de las características humanas alrededor del mundo vinieron a través de esta influencia del hunyuan qi del medio ambiente.

El mundo natural también provee la materia con la cual la consciencia humana interactúa. La consciencia humana refleja directa o indirectamente el mundo objetivo. Si no hay mundo objetivo no puede haber discusión acerca del mundo subjetivo, ya que el mundo subjetivo es a final de cuentas una reflexión del mundo objetivo. Al haber evolucionado los seres humanos de los animales, las funciones de los órganos sensoriales y el cerebro fueron rudimentarios. Pero desde entonces ha habido un gran desarrollo, en los tejidos y en los órganos y especialmente en las funciones de las manos y los pies. Nuestros ancestros dependían del poder colectivo del grupo y del ambiente circundante para crear las condiciones materiales y espirituales de su vida. A través de esta interacción con el mundo natural, han evolucionado todos los tipos de habilidades humanas. Las artes y la cultura en general, por ejemplo, están construidas a partir del reconocimiento humano de la naturaleza. El desarrollo gradual de órganos sensoriales se ha dado también de esta manera. La habilidad para distinguir colores con la vista, tonos con el oído, sabores con la lengua, sensaciones con la piel, así como la habilidad de trabajar con las manos y las habilidades de pensamiento con el cerebro, todas han evolucionado continuamente a través de la vida, el trabajo y la fusión de los seres humanos con la naturaleza. Muchas funciones humanas tienen un largo y detallado desarrollo desde el antropoide. La progresión de todas estas funciones viene de los procesos humanos de reconocer y cambiar el mundo alrededor de ellos. Esto es resultado del hunhua entre el hunyuan qi humano y el hunyuan qi del mundo natural. Por lo tanto, podemos decir que el mundo natural ha creado y configurado la vida humana.

La influencia de la vida humana en el mundo natural

Antes de la vida humana, el mundo existía en un estado natural objetivo. Pero cuando la gente apareció se desarrolló otro punto de vista: el mundo subjetivo de la consciencia humana. Las existencias pares del sujeto y el objeto ocurren como producto de la autoconsciencia humana y se tienen puntos de vista opuestos, ya que una parte de esa consciencia es el sujeto que observa al objeto. Desde la perspectiva de la naturaleza, ambos puntos de vista son muy naturales. Solo a través de los ojos humanos se convierten en opuestos.

Con la llegada de los seres humanos, ese mundo que existía y que sufría transformaciones de acuerdo con las leyes naturales, se convirtió en un mundo influenciado por el libre albedrío humano. Esto ocurrió lentamente y con el paso del tiempo, mientras que la gente en sus interacciones con la naturaleza tomaba materiales, añadía sus propias ideas y dejaba tras de sí los resultados de su labor. La naturaleza fue cambiando desde su estado original y se desarrolló siempre hacia aspectos más humanos. Este proceso de interacción ambiental es uno a través del cual se han realizado y desarrollado las actividades de la consciencia humana. Es en realidad un proceso en el cual la consciencia del mundo subjetivo se externaliza en el mundo objetivo y en el proceso mismo se materializa. Esto sucede en un sentido puesto que las ideas se hacen realidad, pero en otro sentido la consciencia se materializa porque se fija por el mundo material y en esta fijación pierde la consciencia de su propia esencia interna verdadera. Con el tiempo, la información y la energía humanas se han vertido al mundo objetivo, vinculándolos mucho más estrechamente como una completud. De cierta manera, podríamos decir que el mundo natural se ha convertido en una naturaleza humanizada. Las técnicas de la ciencia moderna, especialmente, han diseminado las ideas humanas a lo largo y ancho del mundo natural. Pareciera que la información de esta actividad está por todas partes. Esto conecta profundamente al ser humano con el mundo natural.

Los seres humanos son parte de la naturaleza

Los seres humanos son la etapa evolutiva más elevada de nuestro universo. Como parte del universo, consecuentemente encarnan la naturaleza de su totalidad, y esto incluye todos los alcances del mundo natural en el planeta tierra. El cuerpo humano contiene niveles de materia de la misma manera en que el universo los contiene, refleja los mismos patrones de movimiento universal y contiene muchos elementos similares a los de las estrellas.

El cuerpo humano comparte los mismos niveles de materia que el universo: biológico, químico, elemental y hunyuan qi. El nivel biológico es un sistema de órganos, tejidos y células que dan al cuerpo humano las mismas características que todo el reino animal. En el desarrollo del feto humano también podemos ver correspondencias con la evolución de las especies. El cuerpo humano comparte sus componentes químicos —tales como el azúcar, las grasas, las proteínas y los aminoácidos— con el mundo orgánico, mientras que minerales como el sodio, el potasio y el calcio pertenecen todos al mundo inorgánico. Incluso la proporción de agua contenida en el cuerpo humano es similar a la que contiene la tierra. Ambos comparten también una proporción similar de elementos. Y en términos de hunyuan qi, la cualidad fundamental del yiyuanti humano y la del hunyuan qi original son muy similares.

Los patrones de movimiento de la materia en el universo también replican los del cuerpo humano. La ciencia moderna divide estos movimientos en físicos, químicos, biológicos y el movimiento de la consciencia. La ciencia del Zhineng Qigong afirma que el hunhua humano incluye todos estos patrones de movimiento.

El cuerpo humano refleja la totalidad de la naturaleza, y por eso la investigación del qigong enfocada en el cuerpo humano es al mismo tiempo una llave para descubrir los secretos de la naturaleza, ya que, si llegamos a comprender las leyes de uno, las leyes del todo se revelarán.

La vida humana y el mundo natural son una unidad de opuestos

Podría parecer que el mundo humano subjetivo y el mundo natural objetivo se oponen el uno al otro como dos tipos diferentes de existencia. En especial, la visión de la ciencia moderna ve al hombre como el gobernante del mundo natural, como una especie de hijo predilecto de los dioses. Creencias como ésta solo pueden ser perjudiciales, destruyendo la armonía entre los seres humanos y la naturaleza. Por otro lado, hay otros que creen que el ser humano no es distinto de la naturaleza y que debería de alguna manera regresar al mundo animal. La teoría de la completud Hunyuan ve estas perspectivas como incompletas y como una visión parcial, tan solo de un lado.

Una relación humana balanceada con la naturaleza debería ser en verdad una unidad de opuestos, en la cual ambos trabajan juntos y se complementan el uno al otro. Es verdad que el mundo subjetivo humano refleja el mundo natural como un objeto, pero puesto que la autoconsciencia puede también reflejarse a sí misma, es capaz de distinguir al ser como distinto de la existencia natural. Y puesto que la consciencia subjetiva humana puede controlar las actividades del cuerpo a través de la instrucción, la gente puede cambiar e interactuar con el estado original del mundo natural. De esta manera las intenciones humanas se hacen realidad en la naturaleza, un proceso que a final de cuentas prueba que el hombre tiene una existencia consciente objetiva. Y así el mundo natural confirma su propia objetividad a través de la consciencia humana, y la consciencia humana confirma su propia objetividad a través de la naturaleza. Esta es la unidad de los opuestos. Parecería como si los mundos subjetivo y objetivo fueran dos polos distintos, pero estos dos polos están unidos, puesto que el mundo natural incluye dentro de sí a la vida humana. Podríamos decir que a final de cuentas el reconocimiento humano del mundo natural es un periodo del mundo natural reconociéndose a sí mismo.

La teoría de la completud Hunyuan afirma que la humanidad y el mundo natural son una completud que no puede separarse. El inescrupuloso abuso humano de la naturaleza es autodestructivo. La esperanza de volver a un estado animalístico de inocencia es también incorrecta. Yiyuanti es el más alto nivel de hunyuan qi en nuestro mundo, debemos usarlo junto con la teoría de la completud Hunyuan para guiar nuestras habilidades especiales hacia la construcción de una relación centrada en lo humano que sea armoniosa con el mundo natural.

La humanidad y la sociedad son una completud

La vida de un individuo está definida por sus relaciones con otros y con la sociedad. Cualquiera que se declare independiente de la sociedad no es verdaderamente humano. Toda la actividad de la vida humana ocurre contra el contexto de la sociedad. Las relaciones entre la gente, las condiciones de trabajo y el ambiente de vida son todas circunstancias externas que tienen una influencia en la vida humana a través del hunhua del hunyuan qi. A través de un claro entendimiento de esta situación los seres humanos se pueden desarrollar desde una cultura de ignorancia hacia una civilización iluminada.

Las personas son creadas por la sociedad: la sociedad crea a las personas

La vida humana es una parte de la naturaleza, y aun así el aspecto más importante de esa vida es lo social. ¿Por qué la esencia de la humanidad es su socialidad? Porque la existencia natural de la vida humana está bajo el control de la consciencia. La diferencia entre los seres humanos y el mundo natural es exactamente esta consciencia. Esta actividad de consciencia y el lenguaje usado para expresarla se manifiestan solo a través de las conexiones entre las personas en el ambiente social. Si no hay sociedad no podemos hablar de la cualidad esencial humana. La consciencia creó la sociedad, pero también es creada por la sociedad. Lo que generalmente llamamos consciencia, es en los más profundos niveles de sí misma la más pura esencia humana o Ser verdadero.

Podríamos preguntarnos qué fue primero, ¿la esencia humana o la sociedad humana? La respuesta es que ambas se formaron al mismo tiempo y en el mismo proceso, a través de las labores y la vida colectiva de las primeras personas antropoides. El lenguaje, la consciencia, la naturaleza humana esencial y la sociedad humana, todos se formaron juntos y continúan desarrollándose juntos.

También podríamos preguntarnos si el desarrollo individual está influenciado por la biología o por la sociedad. La respuesta viene de dos aspectos: uno es que la formación de la consciencia está enormemente influenciada por el desarrollo individual. Esto se trata a detalle en el apartado correspondiente a la teoría de la consciencia, pero aquí podemos dar un ejemplo breve de los niños "salvajes", de los cuales existen alrededor de 100 casos documentados, que vivieron vidas aisladas desde edades muy tempranas, y quienes sin la información de la sociedad humana tuvieron una regresión a un estado animal. De este ejemplo podemos entender la influencia de la sociedad en la esencia de lo que realmente significa ser humano.

El segundo aspecto es el de las necesidades fisiológicas humanas, que parecen similares a las de los animales, pero son en realidad muy distintas. Las necesidades de la fisiología humana son en realidad necesidades de consciencia que se han construido a partir de las necesidades naturales físicas de los animales. Por ejemplo, el cuerpo comunica el estado de hambre a la consciencia y al final la consciencia satisface esa hambre. Las personas conocen bien sus necesidades y conscientemente las satisfacen con una intención clara. En esta satisfacción de las necesidades la gente tiene que interactuar con el mundo natural, pero ese proceso se completa a través de la sociedad, que provee herramientas, ideas, educación y cooperación. Todas las ideas individuales nacen de la sociedad. Incluso si una persona trabaja sola, las herramientas y el conocimiento que usa también vienen de la sociedad.

El afecto, la moral, la ciencia, las artes y las emociones son todas formas de consciencia tanto social como individual. Todas son producto de la sociedad.

Por ejemplo, un recién nacido casi no tiene afecto natural. El niño usualmente está calmo y tranquilo hasta que las emociones y los afectos se forman gradualmente a través de las conexiones con otras personas, y se construyen entonces en la simplicidad de las necesidades originales del cuerpo. Cuando el niño tiene hambre y es alimentado y satisfecho con la leche de su madre, surge un buen sentimiento hacia la madre, y naturalmente cuando la vuelve a ver de nuevo él es feliz. Este es el principio del afecto, de las emociones y también el principio del *Dao De*, o valor moral. Estos son los cambios que ocurren en el mundo interior del niño mientras aprende a manejar las relaciones sociales.

Lo anterior parece similar al condicionamiento de conducta en el que los animales aprenden a responder a los estímulos, pero en el desarrollo posterior del niño va a cambiar críticamente y al final se manifestarán las cualidades humanas únicas. Los afectos se expresan en el lenguaje, y ese proceso necesita para completarse información hunhua con el ambiente social circundante. Y por lo tanto, podemos decir que el aspecto fundamental de los humanos es su socialidad. Es una lástima que los humanos el día de hoy no hayamos reconocido aún nuestra verdadera esencia y, por el contrario, sigamos pensando como animales en muchos aspectos.

La gente empieza a reconocer que la humanidad y la naturaleza son una completud, y que el mundo natural es la base para la satisfacción de las necesidades fisiológicas humanas. Pero aún no se ha comprendido completamente que la sociedad es la raíz fundamental para la satisfacción de las necesidades esenciales de las personas. La sociedad humana es un fenómeno completamente natural en un mundo desarrollado para la etapa humana. Así que, ¿cuál es la diferencia entre las interconexiones humanas y las conexiones entre las personas y la naturaleza? Las interconexiones entre las personas son aquellas entre la naturaleza consciente y la naturaleza consciente. La conexión entre las personas y la naturaleza es la conexión entre la naturaleza consciente y la inconsciencia. La sociedad y el mundo natural son ambos ambientes humanos vitales, pero la sociedad es a final de cuentas más importante porque a través de ella se desarrolla el verdadero potencial humano.

El material del mundo natural entra a la sociedad a través del desarrollo humano

El progreso de la ciencia moderna y las técnicas de producción industrial han convertido a numerosos objetos naturales en materiales y artículos para la vida humana. Los materiales naturales han cambiado en máquinas y se han convertido en parte de la sociedad y llevan a cabo tareas en sustitución del cuerpo humano. En años recientes, el *boom* en la tecnología informática ha traído la computadora a muchas áreas de la vida humana, y ha introducido una inteligencia artificial a los campos de la producción industrial, así como al campo social. Esto ha incrementado rápidamente la velocidad del progreso humano tanto material como espiritual.

Actualmente, los medios de transporte y comunicación están ampliamente desarrollados y los artículos de uso diario son cada vez más abundantes. Las construcciones crecen en magnitud, la cultura y las artes se diversifican. Los materiales naturales se humanizan y se traen continuamente al mundo social, incrementando y complicando la naturaleza de las relaciones humanas y vinculando más estrechamente a la sociedad con el mundo natural. Pareciera que la naturaleza está siendo modificada por la voluntad humana. A través del desarrollo humano, los estándares de la sociedad cambian y, de la misma manera, cambian las conexiones entre el hombre y la naturaleza. Todo esto hace avanzar la consciencia humana en la dirección de la completud, creando el material básico para una visión del mundo de completud entre el ser humano, la sociedad y la naturaleza.

La diseminación de información consciente es la base para la completud social

Hay dos maneras de difundir información conscientemente. La primera tiene que ver con las comunicaciones del lenguaje. Esta es una habilidad normal y todo el mundo la usa. En la segunda manera no importan las palabras y se manda la información de consciencia directamente. La consciencia tiene la habilidad de recibir y mandar información directamente en su completud y, por lo tanto, difundirse a sí misma y comunicarse con el mundo. Esta es una manifestación de las habilidades especiales humanas, examinadas más a detalle en el apartado sobre la teoría de la consciencia. Esta habilidad aún no se ha aprendido, dominado y usado conscientemente por la humanidad, pero todas las personas la tienen. La inspiración, por ejemplo, significa que la gente ha recibido información de completud de una posible cosa o suceso. Tanto la habilidad normal humana como la especial difunden información de consciencia en diferentes maneras y lo han hecho notablemente en diferentes momentos de la historia.

En tiempos antiguos, por ejemplo, el transporte y las comunicaciones no eran tan buenos, pero la vida humana en distintas regiones de la tierra normalmente inventaba las mismas cosas al mismo tiempo: cerámica, latón, cobre y herrería son algunos ejemplos. La gente el día de hoy no entiende la difusión de esta información. De hecho, es un ejemplo de la consciencia que recibe directamente la información. En tiempos pasados, la actividad de la consciencia era relativamente simple y debe haber habido personas que de manera natural tenían buenas habilidades especiales. Cuando las invenciones de la época aparecieron, la información se convirtió en el conocimiento de la consciencia humana. Y cuando la información se vuelve lo suficientemente fuerte en un lugar, de manera natural se expande hacia otros lugares. Entonces, la información de completud fue recibida inconscientemente por las habilidades especiales de personas en lugares remotos. Es difícil concebir un invento valioso, pero es aún más difícil mantenerlo en secreto. Siempre habrá otras personas que fácil y naturalmente reproduzcan el logro en otros lugares.

Usar el lenguaje para expresar los pensamientos difunde la consciencia y mantiene la completud de las conexiones sociales. Los humanos hoy reconocen esto, pero no el valor de usar las habilidades especiales. La ciencia del qigong desarrolla las habilidades especiales humanas. Conforme se vayan usando y dominando estas habilidades especiales, las conexiones humanas de completud se desarrollarán en un nivel más alto.

SECCIÓN CUATRO
La completud humana

Las personas son parte de la naturaleza, pero también son seres independientes. Un individuo incluye muchas partes diferentes y cada parte contiene las características de la completud. La completud humana se mantiene a través de la interacción con el hunyuan qi externo.

El ser humano como una completud de jing, qi y shen

La teoría de la completud Hunyuan afirma que el cuerpo humano es una completud de *jing, qi* y *shen* (o cuerpo, qi y mente). Jing tiene un gran número de significados, pero aquí se refiere principalmente al cuerpo humano y, por lo tanto, para diferenciarlo vamos a usar el término *xing* (形), que quiere decir cuerpo físico. Xing es la forma reunida del hunyuan qi humano, la base física de la vida humana. Qi es la existencia invisible del hunyuan qi humano que formó el cuerpo. Representa la actividad de vida de la completud y puede nutrir al cuerpo y a shen. Shen —o consciencia— es la actividad de yiyuanti, el estado más desarrollado del hunyuan qi humano y el que dirige toda la actividad de vida humana. Jing, qi y shen tienen todos formas y propiedades distintas, pero todos siguen siendo hunyuan qi humano. Dependen los unos de los otros, pueden cambiar entre sí y juntos forman una completud.

La completud hunyuan humana es la unificación de xing, qi y shen. Tres estados ocurren dentro de esto: shen y qi se pueden unificar en xing; shen y xing se pueden unificar en qi, y xing y qi se pueden unificar en shen. Todos estos estados van a variar de acuerdo con los niveles de práctica de las personas. Las diferencias serán notables entre el nivel común de las habilidades normales, el nivel de práctica de qigong y el nivel extraordinario de la habilidad especial.

El nivel común de consciencia

1. Shen y qi unificados en xing

En el nivel común de consciencia, normalmente shen y qi sirven a xing —el cuerpo— pasivamente. Esta es una unidad de bajo nivel. Cuando una persona enfoca su atención en hacer un movimiento, shen dirige el cuerpo para que se mueva y el cuerpo se mueve de acuerdo con el instinto. Durante este proceso shen y qi siguen al instinto del cuerpo, todo el proceso se da de manera natural, pero no conscientemente.

Si una persona quiere tomar un vaso de agua, por ejemplo, la instrucción de tomar el vaso viene del deseo de beber agua. La mente controla la acción de la mano que toma el vaso y, por lo tanto, el qi se enfoca en esa área, pero el objetivo de shen y de qi es espontáneo y no consciente. Las actividades de la vida en el rango de la habilidad normal se llevan a cabo todas de esta manera.

2. Shen y xing unificados en qi

En el nivel de la habilidad común, es difícil unir a shen y xing en qi. Esto es porque shen y qi pueden interactuar entre sí y, entonces, cuando el qi sufre cambios, shen y xing estarán involucrados pasivamente. La medicina tradicional china describe el proceso por el que esto ocurre: "Si la sangre y el qi se elevan demasiado, la gente será propensa a la ira, y la ira dañará el hígado; si el qi se enfoca en el pulmón, la gente sentirá una pesada tristeza y eso dañará los pulmones". Estos cambios del qi afectan las emociones y consecuentemente los órganos. Es difícil para las personas en un nivel común de consciencia lograr una unidad de cuerpo y mente por el qi, puesto que ellos no entienden el mecanismo del qi ni saben cómo ajustarlo. De todos modos, esto existe en el cuerpo humano y cuando el detonante es lo suficientemente fuerte, los cambios ocurren y la enfermedad puede entrar.

3. Xing y qi unificados en shen

También es difícil con las habilidades normales lograr una unidad de cuerpo y qi al nivel de la mente. Se ha observado en casos de algunos desórdenes mentales que cuando la mente está enfocada en una cosa, la mente domina el cuerpo y el qi, y esto puede producir habilidades físicas superiores a las de la gente ordinaria. En esta situación xing y qi están unidos en shen en un estado patológico.

El nivel de práctica de qigong

La gente puede lograr la unidad de xing, qi y shen a través de la práctica de qigong. También podrían ser capaces de mostrar capacidades milagrosas en este nivel, aunque shen, qi y xing siguen estando desarrolladas a un nivel de consciencia común.

1. Shen y qi unificados en xing

Cuando shen y qi están enfocados atentamente en el cuerpo durante una práctica de qigong, pueden mejorar las funciones del cuerpo. Algunos métodos modernos de ejercicio, particularmente las técnicas de físico constructivismo, son maneras de enfocar shen y qi en xing. Si las personas entendieran el mecanismo interno que usan los métodos de qigong para hacer estos ejercicios, tendrían mucho mejores resultados. Shen y qi están unificados en xing en los niveles medio y bajo de las artes marciales, creando habilidades físicas altamente incrementadas, como esas actuaciones de qigong duro que incluyen levantar pesos enormes, romper tabiques con la cabeza e incluso conducir autos por encima de cuerpos humanos.

2. Shen xing unificados en qi

Los movimientos espontáneos que se presentan durante una práctica de qigong es un fenómeno de shen y xing unificados en qi. Algunos métodos pueden activar el qi interno y hacer que empiece a fluir fuertemente alrededor del cuerpo (el hunyuan qi de las membranas, no el qi de los meridianos). Este tipo de movimientos espontáneos del cuerpo es shen combinado con qi y siguiendo el movimiento del qi. Durante este tipo de qigong, la gente debería mantener shen muy claro, despierto y estable. Shen debería permanecer en control y, sin embargo, no buscar controlar sino simplemente seguir el movimiento de qi. Se requiere un apropiado estado balanceado y centrado, de lo contrario, si shen es dominado por qi o si hay la ilusión de que puede ser guiado, es fácil perder el control del qi, incluso al punto de no ser capaz de detener el movimiento. Esto puede causar muchos problemas.

3. Xing y qi unificados en shen

Esto se logra solo con un alto nivel de práctica de qigong. Solo después de un cultivo diligente pueden xing y qi ser completamente dominados por shen. En este estado, el cuerpo y el qi se moverán una vez que la mente se mueva, y el cuerpo y el qi se silenciarán una vez que la mente esté silente. Detener la respiración o los latidos del corazón a través de la práctica de la meditación estática es un buen ejemplo de este estado, así como la habilidad de volar en el aire en los más altos niveles de la práctica de artes marciales.

Nivel de habilidad especial

Este es un estado de alto nivel de *gong fu*. En este nivel, xing, qi y shen son totalmente distintos de los de la gente normal, siendo indistinguibles y verdaderamente unificados. Un estado así es difícil de describir. En palabras simples, cuando shen y qi están unificados en xing, el cuerpo no puede sufrir daños. Cuando shen y xing están unificados en qi, la gente puede cambiar a qi y no tener forma física. Cuando xing y qi están unificados en shen, la gente puede aparecer o desaparecer a voluntad. Esta superhabilidad en sí misma tiene niveles de mejoramiento y práctica.

La teoría de la completud humana, por lo tanto, incluye diferentes niveles de totalidad, del nivel común de completud al nivel de completud de la superhabilidad. La teoría de la completud Hunyuan enfatiza el mejoramiento a través de la práctica de qigong para incrementar el nivel de completud, y con el tiempo desarrollar más a profundidad el nivel de completud de la súper habilidad.

La teoría de la completud trata del proceso completo de práctica del Zhineng Qigong. Si la gente puede comprender a profundidad los distintos niveles de actividad dentro del cuerpo humano, podrían más fácilmente usar la consciencia para fortalecer la conexión entre cada nivel y yiyuanti. Para entender esto mejor, hemos hecho el diagrama presentado en la siguiente página (fig. 1).

El diagrama incluye dos partes y siete niveles. Las dos partes son yiyuanti y la vida física humana. Ambas están interpenetradas y distribuidas en cruz. Los siete niveles representan las funciones de la completud humana.

El primer nivel es yiyuanti, la esencia humana, e incluye la actividad de yiyuanti tanto en la consciencia como en la actividad de vida corporal. En el segundo nivel, yiyuanti coopera con su material básico en las células del cerebro, mandando instrucciones tanto de excitación como de inhibición a través de partes del sistema nervioso que trabajan juntas para ajustar las reacciones de la vida. Este es el instinto relacionado con la emoción.

El tercer nivel es el de los nervios motores y los nervios sensoriales, a través de los cuales yiyuanti envía instrucciones. El cuarto nivel son los nervios automáticos (no controlados por la consciencia) y los nervios no automáticos (controlados por la consciencia). El quinto nivel es el cambio de materia y energía. Donde los nervios conectan con los músculos y los tejidos, su actividad causará cambios energéticos y materiales en los tejidos.

El sexto nivel es el cambio de materia y energía dentro de las células. El cambio de materia celular siempre está acompañado por un cambio de energía, como durante el proceso de síntesis material y descomposición cuando la energía es tanto almacenada como liberada. En el séptimo nivel la materia y la energía cambian en moléculas grandes. Esta es el área de la biología molecular que al día de hoy ha investigado tanto la síntesis material como la descomposición, la liberación de energía, la transferencia y el almacenaje que toman lugar en este nivel.

En teoría, estos siete niveles pueden ser todos dominados por yiyuanti, pero en realidad las personas comúnmente son incapaces de dominar siquiera la actividad de vida al nivel de la biología molecular, que solo ocurre espontáneamente.

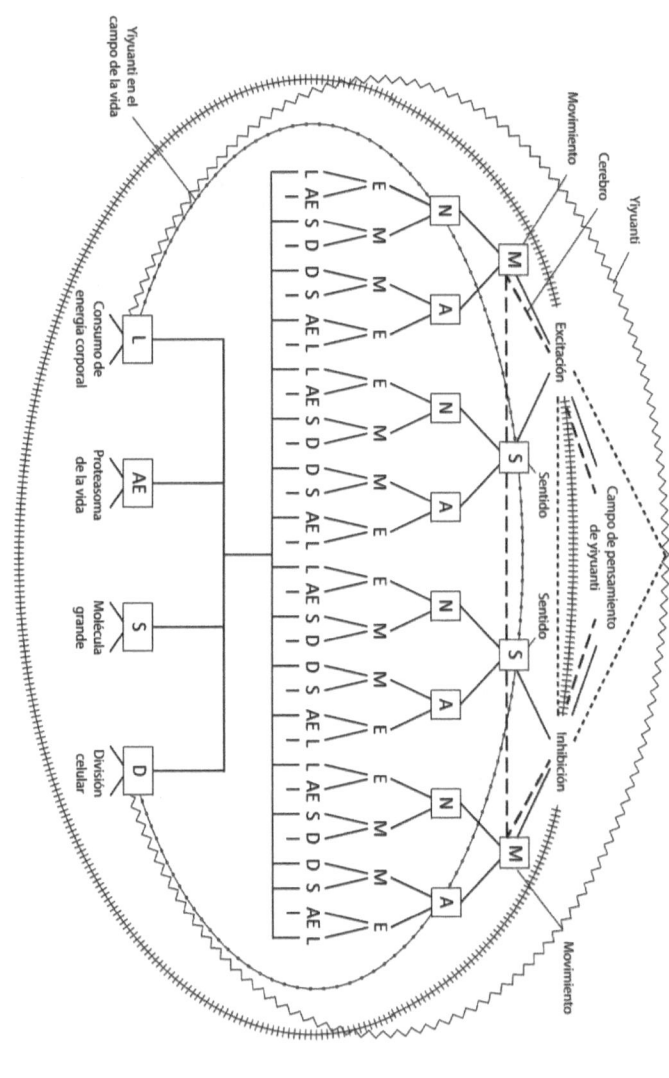

FIGURA 1. LA ESTRUCTURA Y FUNCIÓN DE LA COMPLETUD HUMANA.

Por lo general, la gente solo puede controlar conscientemente los movimientos voluntarios de su cuerpo y el resto ocurre en forma espontánea. Por lo tanto, toda la actividad interna de la vida humana se encuentra aún en un nivel bajo. La práctica de qigong apunta a mejorar las capacidades de las personas de controlar conscientemente su actividad de vida, dando instrucciones a cada nivel y a cada parte de la vida. Este es un trabajo inmenso y sistemático que no se puede llevar a cabo en un solo paso, pero un plan razonable para esto es el siguiente:

1. Comenzar en el cuarto nivel. Practicar para controlar los movimientos voluntarios del cuerpo. El mover el cuerpo con precisión mejorará las capacidades de la mente de controlar y promover un estado balanceado, así como cuando se practica Xing Shen Zhuang.

2. Practicar la capacidad controladora de la sensación. Enfocar la atención en elegir el objeto sensorial, excluir los distractores y mejorar la sensibilidad, como cuando se practica Peng Qi Guan Ding Fa.

3. Usar instrucciones conscientes en los movimientos involuntarios del cuerpo, como en los órganos y los vasos sanguíneos. Wu Yuan Zhuang es muy beneficioso para este paso.

4. Usar instrucciones conscientes en el cambio de energía y materia en los niveles cinco y seis.

Estos pasos están ligados y se influencian unos a otros, y cada nivel contiene los principios de los otros y todos son parte de una completud.

La relación entre las partes y la completud del cuerpo humano

Hay muchas partes en muchos niveles de la completud humana. La medicina moderna ve los niveles como células, tejidos, órganos y sistemas. La medicina tradicional china ve los cinco órganos, las seis vísceras, las extremidades y los huesos, los siete orificios y los doce meridianos. El qigong tradicional trabaja principalmente con los tres niveles de jing, qi y shen. Aun con todas las diferencias de cada punto de vista, es consistente la creencia de que la completud está unificada bajo el dominio de shen.

La teoría de la completud Hunyuan cree que la completud humana es una unidad compuesta de sus partes, y el hunyuan qi combinado de estas partes es lo que manifiesta todo junto la completud. El hunyuan qi humano es la manifestación específica de esta completud. El cuerpo físico humano es la forma condensada del hunyuan qi invisible y el qi aún está distribuido dentro y fuera del cuerpo, por lo tanto, da a cada parte del cuerpo la característica de la completud. No hay conflicto entre la naturaleza de la completud y sus partes, puesto que la completud humana contiene los aspectos de cada parte, ya que las partes juntas hacen la completud y las partes no pueden existir sin la completud. Las partes tienen la premisa de la completud. Podemos entenderlo a partir del fenómeno de las células.

Sabemos que los materiales genéticos contenidos en cada célula son los mismos. Esto quiere decir que cada célula contiene la totalidad de la información humana. Las células se combinan y juntas forman tejidos, los tejidos se combinan y forman órganos. Por lo tanto, cada parte de cada tejido y cada órgano contiene la información de la completud. Esto es característico de cada completud hunyuan y de la completud humana. Cada parte del cuerpo humano contiene los aspectos generales de la totalidad. Es por esto que existen puntos en la cara, las orejas, los pies y las manos que afectan todas las funciones de otras partes del cuerpo.

El que una parte del cuerpo humano pueda representar el cuerpo entero es un conocimiento muy significativo para la práctica de qigong. El propósito de esa práctica es ajustar y mejorar todas las funciones del ser humano; por lo tanto, podemos practicar desde la perspectiva del cuerpo completo o de una sola parte. El mismo concepto aplica para una curación con qigong, ya que cada parte del cuerpo conecta con la completud. Si podemos, cada vez con mayor precisión, dominar estas leyes, éstas nos ayudarán a practicar y a usar el qigong con más flexibilidad y mayores beneficios.

La formación de la completud humana y cómo mantener su balance

La formación de la sofisticada completud humana

La especie humana evolucionó a partir de la biología de una sola célula. Esta célula posee metabolismo, material genético y una reacción a los estímulos llamada respuesta al estrés. La proteína en la célula y la información de su fisiología es muy simple, pero las bases están ahí para desarrollar una biología mucho más compleja. Cuando el hunyuan qi de la célula se fusiona y se transforma con el hunyuan qi externo y éste aporta un estímulo disparador, entonces la estructura tempo-espacial de la célula –su información– cambiará. Este es el proceso de hunhua en el cual el hunyuan qi se hace más complejo y avanza.

La información del cambio se internaliza y deposita en el material genético de la célula, incrementando su ímpetu por evolucionar. De la misma manera, las funciones de la célula también se desarrollarán y después se estabilizarán de nuevo de acuerdo con la estructura de la célula. Este proceso es similar a la cadena de la evolución biológica de la que hablamos anteriormente. En el mismo sentido, la sofisticación del cuerpo humano se desarrolla a partir de una sola célula, que quiere decir que cada parte del cuerpo contiene aún los aspectos genéticos originales de esa célula junto con las variables de sus procesos de desarrollo. Y, por lo tanto, el material genético de cada célula del cuerpo humano tiene no solo su contenido original, sino que también registra la información de su proceso evolutivo en el tiempo y en el espacio. Esa es la herencia transmitida de generación en generación.

En términos del desarrollo individual, la completud humana se desarrolla a partir de una sola célula, del óvulo fertilizado. Esto es marcadamente diferente del organismo unicelular del desarrollo de las especies, puesto que el material genético del óvulo fertilizado ya incluye toda la información del desarrollo humano. El proceso completo del progreso del óvulo fertilizado hasta formar un individuo está orientado por su información, que permite a esa única célula convertirse en un cuerpo humano en tan solo unos meses. En contraste, el organismo unicelular de las especies biológicas atravesó por toda una historia de desarrollo.

Y entonces, ¿cómo se desarrolla el óvulo fertilizado en una completud humana? La ciencia moderna aún no comprende todo el proceso. La teoría de la completud Hunyuan cree que el óvulo fertilizado atraviesa por un continuo hunhua con el hunyuan qi del citoplasma del óvulo original. A pesar de que se ha transformado, el campo de qi del óvulo original aún está ahí, rodeando el óvulo fertilizado, que continúa el hunhua con el citoplasma original junto con su continuo hunhua con el ambiente circundante. A través del proceso de su transformación, el óvulo fertilizado revelará funciones de acuerdo con la completud de su propia estructura tempo-espacial. En cada paso del proceso ocurre un nuevo hunhua, mientras la información humana completa se manifiesta gradualmente a través de sus propias funciones. Y, entonces, la información que se tenía en el óvulo fertilizado emerge a través del proceso hunhua de su desarrollo a lo largo de una línea del tiempo ambiental.

Dado que cada parte en el cuerpo humano se desarrolló a partir del mismo óvulo fertilizado, cada célula mantiene la misma información original que la construyó. Este es el fundamento que constituye el hunyuan ti humano. El material genético de cada célula humana contiene la totalidad de la información humana. Diferentes células tienen diferentes movimientos de hunhua y esto hace más compleja la completud humana, pero la singularidad de cada parte del cuerpo aún se decide por la completud. Si las funciones de un órgano o una parte del cuerpo se pierden, entonces la completud se verá afectada. Aquellos que hoy en día estudian las partes del cuerpo por separado, lo hacen porque no han terminado de comprender la naturaleza de su propia completud.

Cómo mantener el balance de la completud humana

Cuando los humanos evolucionaron a un estado civilizado, la estructura y las funciones de los tejidos y los órganos estaban en un estado relativamente estable. Pero todavía la actividad de la vida está en constante cambio para cada individuo, en tanto cada uno experimenta el proceso de nacimiento, crecimiento, envejecimiento y muerte.

Entonces, ¿cómo pueden los humanos mantener el balance de su completud e incrementar la longevidad? La respuesta se encuentra en ajustar jing, qi y shen. A lo largo de la vida, la distribución del hunyuan qi humano va variando, lo que significa que las personas tienen rutinariamente tanto abundancia como insuficiencia de jing, qi y shen. Para poder mantener el balance de su completud, la gente debe hacer sus respectivos ajustes de jing, qi y shen.

En el nivel de la habilidad normal, el balance de la completud por lo común se ajusta espontáneamente. Esto en términos generales quiere decir que se mantiene el balance existente en lugar de mejorarlo. La gente no puede traer su vida a un estado libre y consciente sin un entendimiento de cómo dominar conscientemente su actividad de vida.

1. Ajuste de shen
En su búsqueda de la calma psicológica, las personas normalmente ponen su shen en cosas externas. Esto en realidad es una manera de "adorar a un

ídolo", aunque era inevitable en tanto no mejoraran las condiciones de vida materiales. Las circunstancias difíciles son un fuerte estímulo para desbalancear mentalmente a la gente. Estas reacciones emocionales son llamadas de atención instintivas para que las personas se protejan a sí mismas de las circunstancias. En esos momentos, la gente debería ajustar su balance interno, nutrir su shen y disminuir su contacto con las condiciones adversas y, por lo tanto, disminuir la estimulación. La gente por lo común no hace esto, pero si lo hacen, pueden mejorar la calidad de su propia completud. Muchas personas explotan cuando están enojadas, quizá porque imaginan que así traerán consuelo a shen. De hecho, sí sucede, sin embargo, es porque su capacidad de autocontrol disminuye y el qi interno se pierde. La liberación de una emoción por explosión o catarsis trae un balance de bajo nivel. Cuando las emociones son de alegría, el qi interno se llena de inspiración, se fortalece y el shen mejora. Las personas comúnmente no mantienen su shen y qi, en cambio, dan libre expresión a sus emociones, por lo tanto, consumen shen y qi y regresan a un bajo nivel. El qigong no ve la catarsis como una buena terapia.

2. Ajuste de qi y jing
Cuando el qi es insuficiente, la gente usualmente incrementa su ingesta de nutrientes para suplementarlo, pero no practican qi y shen como otra forma de suplemento. Y cuando su qi interno es abundante, no saben cómo ajustar el qi para nutrir shen y mejorar su sabiduría. En lugar de eso, lo gastan en autoexhibirse y a través de la arrogancia y el dominio, por lo tanto, consumen shen y qi de maneras no significativas.

Cuando el qi es abundante, se generará la esencia sexual de jing, y cuando ésta sea suficiente, surgirá el deseo sexual. En esta condición, la excitación aumenta y la gente, por lo general, se deja controlar por el deseo sexual. La sobreindulgencia en el placer de una vida sexual drena jing en lugar de conservarlo para mejorar la salud. La gente ni siquiera sabe que este es el proceso a través del cual pierden su energía acumulada y vuelven a un bajo nivel de balance. Esto es como si la gente gastara sus ahorros y regresara a la casa pobre.

La esencia reproductiva es diferente de la proteína general de las células porque la información genética en las células reproductivas es general y completa. Con frecuencia, perder jing afectará las funciones y la salud de completud de las personas. Si la gente es capaz de controlar su propia consciencia cuando tienen jing en abundancia, transfiriendo el hunyuan qi que genera la esencia reproductiva a cada parte del cuerpo –algo que ocurre de manera natural a través de la práctica de técnicas para el cuerpo y la mente–, entonces las funciones de la vida de cada tejido se fortalecerán, la información genética de las células se fortalecerá y el hunyuan qi humano será mejor controlado por la consciencia. La ciencia del Zhineng Qigong promueve la conservación y el mejoramiento de jing, qi y shen para obtener un balance de alto nivel.

氣頂純化

Qi Purificador

CAPÍTULO IV
El hunyuan qi humano

La diferencia fundamental entre los seres humanos y todo lo demás en el universo es un avanzado nivel de consciencia. El desarrollo estructural humano, incluidos el metabolismo, los órganos de los sentidos y una avanzada corteza cerebral han creado el fundamento físico para la consciencia. La formación de la consciencia involucra dos aspectos. El primero podríamos llamarlo el carácter natural humano, que se compone de lo siguiente: la consciencia con la que nacemos, la consciencia integrada a los sentidos corporales y la consciencia formada a partir de las funciones mentales y de pensamiento. El segundo aspecto de la consciencia humana evoluciona en relación con las actividades sociales, que incluye la estructura entera del país, la comunidad, la familia y todas las expresiones de la vida diaria. Una explicación del hunyuan qi humano debe incluir ambos aspectos.

Siendo un pueblo antiguo, los chinos normalmente hablan en términos antiguos, dos de los cuales son *zhen qi* (真气) y yuan qi (元气). El trabajo clásico de la medicina tradicional china, el *Huang Di Nei Jing*, afirma que "zhen qi viene del qi innato de los cielos, se fusiona con el qi adquirido de la comida y permanece en el cuerpo. Yuan qi también está formado del qi innato fusionado con el qi de la comida, pero se diferencia con zhen qi porque crece dentro del cuerpo". De las sutilezas de estas explicaciones podemos entender que los antiguos pensaban demasiado en las divisiones del qi interno. De cualquier manera, un ser humano se ve afectado no solo por su propio qi interno, sino también por el qi externo del ambiente social. La teoría de la completud Hunyuan afirma que la experiencia social humana forma la esencia de la consciencia.

En la medicina tradicional china el cuerpo humano contiene muchas formas de qi: el qi de los canales meridianos, el qi de los órganos internos, ying qi (营气), wei qi (卫气), etcétera, los cuales tienen todos efectos en lugares particulares del cuerpo. Ying qi, por ejemplo, viene del refinamiento del material nutricional tomado en el cuerpo y fluye dentro de los canales meridianos y provee de nutrición al cuerpo entero (*ying* quiere decir alimentación). Wei qi también viene de la comida consumida, pero tiene un atributo más fuerte y más rápido, fluye afuera de los canales meridianos y provee protección corporal de todos los tipos de qi externo. Un wei qi muy fuerte repele disparos físicos y deja al cuerpo sin daño (*wei* quiere decir defensa). El *Huang Di Nei Jing* afirma que "wei qi calienta y nutre los músculos y la piel y produce una capa de tejido en el cuerpo que regula el proceso de intercambio entre el qi interno y el externo". Este proceso de intercambio es el movimiento de apertura y cierre del hunyuan qi. El método de La Qi (拉气) del Zhineng Qigong apunta a mejorar el nivel de este intercambio.

Todos los tipos particulares de qi mencionados aquí tienen ciertas características en relación con ciertas partes del cuerpo. El hunyuan qi se distingue de ellos puesto que describe a un ser humano como una completud.

SECCIÓN UNO
La completud hunyuan humana

Todo en el universo es una completud hunyuan. Como todas las completudes, la completud hunyuan humana tiene dos aspectos que tienen que ser considerados en conjunto para comprenderla. La teoría de la completud y la teoría del Hunyuan han descrito estos dos aspectos: el primero es la existencia de la completud y el segundo es su proceso de transformación o *hunhua*. Estos dos aspectos no pueden ser divididos. Aquí combinamos estos dos aspectos para explicar la completud hunyuan humana.

El hunyuan qi de los seres humanos

El hunyuan qi humano es la esencia determinante del ser humano. Es la integración del qi innato y del qi adquirido, de carácter natural y de carácter social. En los seres humanos, el hunyuan qi se manifiesta de tres maneras: primero, en la forma material del cuerpo; segundo, en la consciencia refinada y tercero en el qi que permea y rodea al cuerpo. Es a través de esta última expresión de qi que la mente se conecta, informa y controla el cuerpo. El sistema nervioso que parece realizar estas tareas es, a su vez, influenciado por el qi. El hunyuan qi humano puede describirse en los tres aspectos de xing, qi y shen: de qi, cuerpo y consciencia. Podemos describirlos uno por uno.

Qi

Qi (气) es la forma fundamental de hunyuan qi humano. Es invisible y no tiene forma, llena la estructura completa del cuerpo y forma también un campo alrededor del cuerpo. Qi es la encarnación de la completud hunyuan humana.

Las características del qi

1. Información completa

La información completa de la vida de los seres humanos está contenida dentro de su qi. A través de la fusión con la información hereditaria contenida en las células del cuerpo, el qi constantemente forma y transforma el cuerpo. El qi también nutre las células del cerebro y fortalece la actividad de la consciencia.

2. Movimiento

El hunyuan qi humano fluye a lo largo de todo el cuerpo. Los tejidos, los órganos e incluso las células proveen el ímpetu para que el qi fluya. La mente también puede mover y manejar el qi del cuerpo.

3. Reunión y fijación

El qi invisible se acumula y fija o apega dentro y alrededor del cuerpo.

4. Reunión y liberación

El qi es acumulado y dispersado por las necesidades del cuerpo y por la actividad de la mente.

5. Transformación de energía

Qi es la energía original. Es única. Se diferencia de todas las energías reconocidas por la ciencia. Puede denominarse energía hunyuan. En diferentes condiciones, el qi puede transformarse en muchos tipos de energía: electricidad, calor, magnetismo, etcétera. Como el qi puede transformarse en diferentes tipos de energía, es, por lo tanto, la base original de estas energías.

Tres niveles de hunyuan qi humano y sus funciones

El qi invisible humano puede dividirse en tres partes de acuerdo con la distribución y función del qi, como se describe a continuación:

1. El hunyuan qi corporal (躯体混元气)

El hunyuan qi corporal se usa para metabolizar, reproducir y mantener las células. Se consume y distribuye físicamente en todos los tejidos del cuerpo, incluidos los órganos internos y el cerebro. El centro de este qi es el *dantian* bajo, un espacio de qi dentro del ombligo, entre los puntos de energía *duqi y mingmen*. Este qi puede ser guiado a cualquier parte del cuerpo por la mente. Incrementar las funciones de este qi es la primera meta de una práctica de qigong.

2. El hunyuan qi de los órganos internos (脏真混元气)

Los órganos internos tienen su propio hunyuan qi cuya función es secretar hormonas para regular el cuerpo. El hunyuan qi de los órganos internos tiene dos funciones: primera, es en sí mismo el proceso de secreción a través del cual el qi se transforma en hormonas y otros materiales, y segunda, el qi puede influenciar la actividad de la consciencia. El centro de este qi es *hunyuan qiao* (混元窍), un espacio de qi dentro del cuerpo detrás del estómago. Este qi puede ser controlado por practicantes avanzados.

3. Yiyuanti (意元体)

En forma y contenido, yiyuanti pertenece a shen, pero lo presentamos aquí porque también es parte del hunyuan qi.

Yiyuanti es la forma más pura de hunyuan qi, un qi extraordinariamente sutil y refinado formado por el qi del sistema nervioso –principalmente las células del cerebro–. Este qi es consciente, es reflector y tiene las características de memoria, actividad y búsqueda. Esta forma de hunyuan qi llamada yiyuanti, puede permear y regular todas las partes del cuerpo y los procesos de la vida. El contenido y los procesos de la actividad de yiyuanti es la consciencia.

El hunyuan qi corporal y el hunyuan qi de los órganos internos son diferentes. Se concentran en el cuerpo en lugares distintos y tienen funciones diferentes. El centro del hunyuan qi corporal es el dantian bajo. El centro del qi de los órganos internos es hunyuan qiao. El hunyuan qi corporal mantiene el metabolismo de las células a través de la generación de enzimas, un proceso en el que el qi invisible constantemente genera las enzimas visibles, y estas enzimas producidas en las células de los tejidos satisfacen solo las necesidades de las células. En contraste, el qi de los órganos internos (nos referimos al qi de las células de los órganos internos) secreta todo tipo de hormonas benéficas no solo para las células, sino también para todos los procesos de vida. El hunyuan qi corporal puede ser guiado por la consciencia. El hunyuan qi de los órganos internos normalmente no, aunque esto puede cambiar con una práctica dedicada de qigong.

Xing (Jing)

Jing (精) tiene tres significados distintos. Inicialmente, tiene el mismo significado de *xing* y se refiere al cuerpo físico. En segundo lugar, significa las hormonas del cuerpo, especialmente las esencias sexuales. Por último, jing también puede significar un qi muy puro y fino. El jing del que se habla en general en la teoría del qigong incluye el material hereditario del núcleo de la célula, pero el jing del que hablamos aquí se refiere exclusivamente al segundo significado del que hablamos anteriormente: la esencia sexual de las células reproductivas.

El cuerpo humano es la manifestación del hunyuan qi corporal. Cuando el hunyuan qi corporal toma forma, permanece dentro y alrededor del cuerpo, por lo tanto, el mismo cuerpo puede manifestar toda la información del qi. El hunyuan qi corporal simplemente se ha comprimido de materia invisible a visible. El qi ahora existe de manera muy diferente de su estado libre, ya que su densidad y extensión están limitadas por el cuerpo que ha formado. Tanto el hunyuan qi corporal como el cuerpo ahora incluyen la información completa del qi.

La vida humana crece de la unión de un espermatozoide y un óvulo que producen un óvulo fertilizado. El espermatozoide y el óvulo llevan, por lo tanto, toda la información del ser humano. Pero no es el espermatozoide o el óvulo los que contienen esta información, sino que es la unión. Tanto el espermatozoide como el óvulo son completudes hunyuan complementarias, y cuando se juntan forman una completud hunyuan de un ser humano. La naturaleza del espermatozoide decide el sexo del feto. La naturaleza del óvulo gobierna el crecimiento y desarrollo del feto. Ni el espermatozoide ni el óvulo son más importantes el uno que el otro y su contribución no puede compararse. Cada uno tiene su propia información completa, pero ambos son necesarios para formar una nueva completud.

El hunyuan qi masculino y femenino son similares, pero tienen funciones opuestas. Los espermatozoides maduros contienen la función masculina; los óvulos maduros contienen la función femenina. Cada uno de ellos deposita el hunyuan qi esencial del hombre y de la mujer. En un experimento de gestación llevado a cabo, la madre embarazada pone sus antebrazos en la mesa, con las palmas mirando hacia arriba, mientras se sostiene un péndulo hecho de estambre y un lápiz con punta de un centímetro de longitud sobre su arteria radial, un centímetro arriba de la piel. El péndulo debe sostenerse sin movimiento y después de un tiempo el lápiz comienza a balancearse de lado a lado. Si el lápiz se mueve hacia el frente y hacia atrás a lo largo de la arteria, quiere decir que el bebé es una niña. Si se mueve transversal al antebrazo, el bebé es un niño. El hunyuan qi es la causa del movimiento, que indica una diferencia en el hunyuan qi de los sexos. El padre también puede ser sujeto del experimento, pero el resultado es exactamente el opuesto.

Puesto que el espermatozoide y el óvulo contienen el hunyuan qi esencial del ser humano, éstos también tienen una fuerte influencia en la salud del adulto. Cuando el jing corporal es abundante, el campo de hunyuan qi del cuerpo será fuerte y la esencia reproductiva será capaz de transformarse de nuevo en más información completa de qi.

En la medicina tradicional china, el dantian bajo es la fuente de nuestro qi generado. En el qigong tradicional, otro espacio detrás del dantian y entre los riñones llamado *hunyuan shen shi* (混元神室) también genera qi. Jing se genera a partir del qi de los riñones, y si el cuerpo pierde jing por el gasto de las esencias sexuales, entonces todo el campo de qi se verá debilitado, puesto que el hunyuan qi corporal será desviado para hacer nuevo jing. Por lo tanto, el cuerpo entero recibe menos nutrición y las funciones de la vida disminuyen. Si en lugar de ello la información completa del hunyuan qi que formó el jing nutre todo el cuerpo, entonces las funciones de la vida se intensificarán y la energía del cuerpo será vigorosa.

Shen

Shen es la actividad del hunyuan qi de las células nerviosas. Es la función humana más alta, la maestra de todos los procesos de la vida, y el contenido y forma de yiyuanti.

¿Qué es el hunyuan qi de yiyuanti?

Tanto la anatomía como la fisiología nos dicen que las células del sistema nervioso son distintas de otras células biológicas. En el proceso del metabolismo, estas células no solo tienen las funciones genéricas de las células de asimilar y desechar material, sino que también mejoran las funciones de recibir y enviar información. Las células del sistema nervioso, por lo tanto, contienen más caminos y más contenidos a través de los cuales se conectan con el mundo externo. Esta es una función que se desarrolla conforme el sistema nervioso se desarrolla.

La teoría de la completud Hunyuan afirma que toda materia es el estado de reunión visible de su propio hunyuan qi invisible, y que habrá también una capa de hunyuan qi en la forma de un campo de qi rodeando la materia. En el sistema nervioso, cuando la concentración de células alcanza una cierta masa, el qi alrededor de las células se fusionará, conectando a las células para formar una completud. A esto se le llama yiyuanti. En los animales, el sistema nervioso es relativamente simple, pero en la evolución humana se ha desarrollado de manera compleja a través de sus numerosas tareas de enviar y recibir información. El qi de las células nerviosas mejora significativamente esta habilidad, y entonces una completud hecha por el hunyuan qi de esas células tiene una capacidad altamente incrementada de procesar información. Yiyuanti tiene muchas capas sensibles que son capaces de reflejarse entre ellas, así como de lograr la estimulación externa y todo tipo de cambios internos. Esto le da a yiyuanti una relativa independencia del cuerpo y del sistema nervioso, razón por la cual ya no podemos llamarlo *hunyuan qi* sino *yiyuanti*.

Las características de yiyuanti le permiten regular la actividad completa de la vida humana. Yiyuanti determina el total del carácter y la esencia del hunyuan qi humano. Si decimos que la información completa humana se deposita en el jing visible, esto se refiere a la información natural que se mantiene en el cuerpo físico: la información biológica genética evolucionada a partir del desarrollo de la especie. La "información completa" dentro de yiyuanti incluye esto, pero en un concepto mucho más amplio, ya que yiyuanti (cercanamente relacionado con el hunyuan qi original) contiene la información completa del universo.

Yiyuanti se forma de manera natural, pero recibe información social que se retiene en la materia de las células del cerebro. La actividad de consciencia es el proceso del pensamiento abstracto, y es esto lo que distingue el hunyuan qi de un cerebro humano del cerebro de un animal. Los animales no tienen yiyuanti, ellos tienen la actividad del sistema nervioso y el hunyuan qi de las células del cerebro, pero aún no han formado una consciencia completamente independiente de esto. La consciencia independiente de los seres humanos está fundamentada en la base material del sistema nervioso. Yiyuanti es la base invisible. Toda la actividad de vida humana –ya sea comer, caminar, hablar o procesos más sutiles– es el resultado de una instrucción consciente. El hunyuan qi humano puede, por lo tanto, transformarse no solo con las leyes de la vida, sino también de acuerdo con un propósito consciente.

Al nivel de la habilidad normal, shen regula la actividad de vida principalmente a través del sistema nervioso. Las células nerviosas están distribuidas a lo largo de todo el cuerpo y yiyuanti abarca todo el sistema nervioso. Esto quiere decir que yiyuanti puede transmitir información por todo el cuerpo a través del sistema nervioso. O con un cierto nivel de práctica de qigong, yiyuanti también puede ir directa e independientemente a cualquier parte del cuerpo.

La relación de jing, qi y shen

Jing, qi y shen son todos hunyuan qi humano. Los tres tienen las mismas características del qi y bajo ciertas condiciones se pueden transformar unos en otros. El qi puede nutrir shen y jing y también cambiar la forma del cuerpo, mientras el cuerpo y jing pueden transformarse en qi. Así es como lo que tiene forma y lo que no tiene forma perpetuamente se transforman el uno en el otro dentro del cuerpo.

Es este proceso en particular el que se fortalece con la práctica del Zhineng Qigong. La transformación siempre está ocurriendo dentro del cuerpo, alterando constantemente el estado y la función del hunyuan qi. Si se pone información dirigida conscientemente al momento de este cambio, lo influenciará de manera importante, y entonces la consciencia podrá penetrar y guiar la transformación del qi. Una buena intención puesta durante una curación con qigong o sostenida durante la práctica, puede lograr los máximos resultados con considerablemente poco esfuerzo. Los tejidos corrompidos pueden sanar y los tumores desaparecer, pero los participantes deben creer y confiar que la curación ocurrirá. La intención es muy importante, así como el estado y el nivel de los participantes. Un texto daoísta de la práctica de qigong, el *Hua Shu*, describe el proceso: "El qi y la forma se comunican y cambian entre sí; a esto se le llama la gran armonía".

Shen depende de las células nerviosas y, como todas las células, necesita nutrirse de qi. El qi que atiende esta tarea debe contener el más alto nivel de información completa y, por lo tanto, este tipo de qi es generado principalmente por el proceso en el cual jing se transforma de nuevo en qi. Es por esto que el qigong tradicional siempre ha enfatizado la conservación de las esencias reproductivas. Este acto fue denominado *huan jing bu nao*, o "regresar la esencia para nutrir el cerebro". Las esencias reproductivas se producen principalmente en el dantian bajo. El Zhineng Qigong también promueve la conservación de las esencias reproductivas, pero no haciendo énfasis en el dantian bajo; en su lugar, nos enfocamos en el dantian medio y en el dantian alto, y al mismo tiempo se enfatiza el uso de la mente en acumular hunyuan qi original externo para directamente nutrir shen. Muchos practicantes de qigong tradicional practican con su jing, qi y shen, pero en su práctica no usan el hunyuan qi original universal.

El Zhineng Qigong utiliza el hunyuan qi original para nutrir directamente la mente y el cuerpo. El hunyuan qi invisible transforma y genera la forma del cuerpo, y el cuerpo visible genera el yiyuanti invisible, que es shen. Y, entonces, jing, qi y shen son todos parte del hunyuan qi; dependen los unos de los otros y cambian los unos en los otros, y en el proceso facilitan los movimientos normales de la vida humana. Jing, qi y shen también se penetran y contienen entre sí, por lo tanto, mientras el cuerpo existe como el estado reunido del hunyuan qi invisible, también existe un campo de qi dentro y alrededor del cuerpo. Otro hunyuan qi invisible puede penetrar y suplementar este campo. El cuerpo visible no solo contiene qi invisible, sino también yiyuanti, la forma más pura de hunyuan qi que penetra en todas partes dentro de todo el cuerpo y controla el mismo. Dado que la totalidad de las leyes que gobiernan jing, qi y shen todavía se desconocen, las personas no son capaces de usarlas en servicio consciente de su vida.

La distribución del hunyuan qi humano

El hunyuan qi del cuerpo concuerda con la estructura del cuerpo

La información completa del hunyuan qi humano es un diseño que finaliza en el punto de la fertilización, guiando y determinando el crecimiento del embrión. En un cuerpo adulto, la distribución del hunyuan qi concuerda con la estructura del cuerpo, con cada parte del mismo llena de hunyuan qi y rodeada por qi. El hunyuan qi humano es una completud y, aunque es influenciado por el cuerpo, tiene su propia independencia relativa.

El cuerpo humano es la reunión, el crecimiento y la transformación del hunyuan qi humano. La distribución de éste concuerda con la información innata del padre y de la madre, tales como la forma de los cinco órganos internos, los cinco sentidos o las cuatro extremidades, etcétera. Si, por ejemplo, un individuo nace con cuatro o seis dedos, entonces el campo de qi también tiene cuatro o seis; y si se pierde un dedo en la vida diaria el campo de qi del dedo, permanecerá. Las fotografías Kirlian muestran este campo de qi.

Las cuatro capas de qi alrededor y dentro del cuerpo humano

1. Las tres capas de qi fuera del cuerpo

El hunyuan qi humano forma un campo no regulado alrededor del cuerpo que se mueve y cambia con el mismo cuerpo. A esto se le llama el campo de hunyuan qi. El campo de qi tiene tres capas: una capa de qi cubre el cuerpo de tres a cinco centímetros fuera de la piel. Esta medida variará de persona a persona, pero nunca serán más de diez centímetros fuera del cuerpo. Si el mismo está físicamente fuerte, entonces en general esta capa de qi es abundante. Fuera de esta capa hay otra menos densa que rodea el cuerpo entero. La abundancia de esta capa se relaciona directamente con la abundancia del qi interno. Fuera de la segunda capa, irradia una tercera, que es más delgada y aún menos densa. La consciencia puede influenciar estas tres capas y una práctica de qigong puede intensificarlas e incrementarlas.

2. La capa interna de qi

Una mayor cantidad de hunyuan qi se sostiene dentro de las membranas debajo de la piel y en más capas dentro de los músculos y los huesos. Podemos llamar a esto el cuerpo de qi que existe dentro del cuerpo físico. La extensión de este qi concuerda con la estructura del cuerpo. Es una capa de qi que puede observarse con un cierto nivel de práctica de qigong. En el qigong tradicional a esto se le llama *fashen*. Dado que el hunyuan qi corporal humano puede ser influenciado y controlado por la consciencia, entonces la forma y el tamaño de este cuerpo de qi interno pueden también dirigirse conscientemente, y también lo puede ser el cuerpo de qi exterior. El cuerpo de qi está en constante movimiento; los antiguos chinos llamaban a esto *xian*, o "ser celestial", ya que en ocasiones se le pensaba como si fuese un fantasma, cuando en realidad es simplemente la forma de las diferentes capas del hunyuan qi humano.

La distribución no uniforme del hunyuan qi humano

Los tres centros del hunyuan qi humano

Generalmente, las partes más vigorosas del cuerpo reúnen más hunyuan qi. Los tejidos del cuerpo también existen en diferentes densidades, y entonces algunas áreas se adaptan a la reunión del qi más que otras. El qi tiende a reunirse en los lugares más ligeros y "vacíos", y puede más fácilmente atravesar esos lugares. Hay tres centros densos de qi reunidos en el cuerpo humano. El hunyuan qi corporal se reúne dentro del dantian bajo, detrás del ombligo; el hunyuan qi de los cinco órganos se reúne en el centro medio llamado *hunyuan qiao* y el tercer centro es yiyuanti, el centro del cerebro, llamado también *shen ji qiao* o palacio de shen ji.

1. El centro del hunyuan qi corporal: el dantian bajo

El hunyuan qi corporal provee energía a las células de los tejidos para sus funciones y para la reproducción. Hay tres razones por las cuales se reúne en un centro en las profundidades del ombligo, y son las siguientes:

I. El hunyuan qi se absorbe y asimila principalmente de fuentes externas de comida. El principal proceso de digestión del cuerpo toma lugar en el intestino delgado, que está localizado detrás del ombligo. Aquí es donde el hunyuan qi de la comida cambia a hunyuan qi humano. Durante el embarazo, el feto descarga los desechos y recibe la alimentación a través del cordón umbilical en el ombligo, y también recibe hunyuan qi del cuerpo de la madre de la misma manera. Entonces, el ombligo es el lugar para que el hunyuan qi se reúna y es también una puerta para que el qi salga y entre.

II. En los adultos. los testículos y los ovarios están a una buena distancia del ombligo, pero cuando se es feto, cuando los órganos internos se están formando, están localizados a un lado de los riñones, muy adentro del ombligo. Gradualmente, los órganos reproductores descienden, pero aún permanecen en una relación muy cercana a los riñones. En los hombres adultos, la vena del testículo izquierdo aún se conecta con la vena del riñón izquierdo.

Puesto que el hunyuan qi humano concuerda con la estructura humana innata, la estructura del cuerpo determina el campo de qi. El campo de qi de los órganos reproductores se reúne en el dantian bajo. A esta área se le llama el mingmen interno, dentro del cuerpo y adyacente al punto de energía llamado también mingmen en la espalda baja. Cuando la información completa jing se genera a partir del hunyuan qi, ocurre una transformación en el campo de qi de este lugar central.

Un texto de medicina tradicional china, llamado el *Nan Jing*, lo llama "la fuente para generar qi, llamada *shen jian dong qi*", que en términos generales significa "entre los riñones hay una masa de qi". Este lugar es la raíz de los órganos internos y los doce meridianos, y también la puerta de la respiración. También se le llama *shou xie zhi shen* o "el inmortal que vigila para mantener alejada a la maldad". De estos ejemplos entendemos que el hunyuan qi que mantiene el movimiento de la vida se genera y reúne dentro del mingmen interno, y eso es muy importante. Estos textos clásicos coinciden con lo establecido por la teoría de la completud Hunyuan.

III. La cintura, especialmente las vértebras lumbares, son el soporte central de todo el peso del cuerpo y la base del balance y el movimiento. Puesto que aquí se requiere una mayor alimentación de hunyuan qi, el qi naturalmente se reúne en dantian bajo. Esto incluye el qi innato y también el qi adquirido que viene de la comida. El dantian bajo es el lugar donde el qi innato y el adquirido se generan, reúnen y transforman.

2. El centro del hunyuan qi de los órganos internos: el hunyuan qiao o dantian medio

Cuando decimos órganos internos, aquí nos referimos al corazón, hígado, páncreas, pulmones y riñones. Los órganos internos reciben y envían materiales por todo el cuerpo. El corazón recibe y manda sangre y fluidos linfáticos; los pulmones reciben y mandan oxígeno y dióxido de carbono; los riñones reciben y mandan sangre, desechos y hormonas; y el páncreas digiere comida y envía la nutrición refinada a todo el cuerpo. La medicina moderna ha demostrado que los órganos internos secretan las hormonas responsables de mantener todo el cuerpo. De hecho, es el hunyuan qi de los órganos internos el que secreta las hormonas, y entonces el hunyuan qi de cada uno de los cinco órganos internos afecta y transforma el hunyuan qi de los otros órganos en servicio de la completud. El qi naturalmente se conecta y se reúne en el hunyuan qiao puesto que es el centro físico de los cinco órganos. El movimiento del diafragma también integra el campo de qi de los cinco órganos aquí, y entonces de nuevo forma un centro en el hunyuan qiao. Dentro del hunyuan qiao no hay distinción entre qi innato y qi adquirido, puesto que todo es de un refinamiento tal que se transforma más fácilmente en material visible.

3. El centro de yiyuanti: shen ji qiao (神机窍) en el centro de la cabeza

Cuando se pronuncia *shen ji* (神机), se puede sentir una ligera vibración en el centro de la cabeza. Yiyuanti es un hunyuan qi muy fino y puro formado en el campo de qi de las células del cerebro; permea el cuerpo entero y se extiende fuera del mismo. Yiyuanti es similar al hunyuan qi original, pero tiene algo como un "punto central" desde el cual el primer impulso de información se extiende y desde ahí es enviado y recibido. Por lo general, no podemos sentir esto ni saber de esto por la aplastante influencia de información de los otros sentidos.

La distribución del hunyuan qi corporal sigue a la consciencia

Cuando la mente se concentra en un área, el hunyuan qi se reunirá en ese lugar y con el paso del tiempo se hará abundante. Puesto que constantemente trabajamos con las manos, éstas están naturalmente unificadas con la mente, lo cual hace que el hunyuan qi de las manos sea naturalmente abundante y fácil de afectar por la mente. Cuando la mente se concentra en las manos, el campo de qi de las mismas obviamente se incrementa. Los órganos humanos de los sentidos también tienen una mayor reunión de hunyuan qi que otros lugares. La abundancia de qi en un lugar está usualmente ligada a su grado de uso.

El hunyuan qi corporal es más abundante en la piel y en las membranas

Los tejidos y órganos corporales están cubiertos de membranas que actúan como una red de caminos para el hunyuan qi. Donde quiera que el qi se absorba o libere, pasa a través de estas membranas. En la vida humana diaria una mente dirigida hacia afuera inducirá el qi a moverse hacia afuera, mientras que una mente estable enfocada internamente absorberá qi de manera natural hacia adentro. Donde la mente se enfoca, el qi rápidamente se reunirá. Siempre se está presentando una regulación del qi corporal a través del dantian bajo vía de las membranas. La mente puede guiar y acelerar este proceso.

La distribución del hunyuan qi corporal está influenciada por la estructura del cuerpo, las funciones corporales y la consciencia. El qigong usa la consciencia para influenciar el qi para cambiar condiciones pobres en condiciones saludables y para elevar la vida humana a un nivel más alto.

SECCIÓN DOS
El desarrollo del hunyuan qi humano

El hunyuan qi humano se desarrolla mientras se desarrolla el individuo. Desde el qi del óvulo fertilizado al embrión, el feto, el bebé y finalmente el hunyuan qi de los adultos, hay un proceso de desarrollo para cada etapa.

El hunyuan qi del óvulo fertilizado

Formación del óvulo fertilizado y el hunyuan qi del óvulo

El óvulo fertilizado se forma a partir de la fusión de un óvulo y un espermatozoide que contienen cada uno 23 cromosomas: la mitad de los que contienen las células normales. El hunyuan qi del óvulo fertilizado, que es la parte más pura y original del hunyuan qi humano innato, se forma durante este proceso.

Tanto la ciencia moderna como la teoría del qigong antiguo concuerdan en que la materia se transforma en energía, y que la alteración ocurre en las escalas micro y macro de la vida. La teoría de la completud Hunyuan, que está basada en los aspectos micro, sugiere que la materia se transforma a través de un proceso por el cual la materia vieja desaparece y entonces la materia nueva aparece. Esto es lo que sucede durante la fertilización: el espermatozoide y el óvulo en conjunto desaparecen, cambiando a un estado sin forma de qi invisible antes de reaparecer en la forma de una nueva materia visible (el óvulo fertilizado).

El espermatozoide y el óvulo, con sus respectivos 23 cromosomas, son tipos de células diferentes que se atraen la una a la otra para poder completarse. Ha sido demostrado en experimentos de electroforesis de proteínas que los espermatozoides se mueven siempre hacia polos positivos y los óvulos se mueven hacia polos negativos. También es bien sabido que una vez que un espermatozoide y un óvulo se fusionan, el óvulo ya no puede ser fertilizado por ningún otro espermatozoide, lo que muestra que la afinidad natural entre ellos ha cambiado.

El espermatozoide y el óvulo desaparecerán mientras evolucionan en el óvulo fertilizado, algo que ocurre en el micro espectro extremo de la vida. La física moderna afirma que cuando el tiempo y el espacio son muy cortos (longitud entre 10-34 metros y tiempo dentro de 10-44 segundos), la diferencia entre ellos desaparece. La teoría de la completud Hunyuan afirma que hay un proceso a través del cual los aspectos del espermatozoide y del óvulo desaparecen, y un proceso por el cual los aspectos del óvulo fertilizado aparecen, y que mucho más allá de eso, hay un proceso muy corto y transitorio entre esos dos en donde no hay espermatozoide, no hay óvulo y no hay óvulo fertilizado. Este es el llamado *Kong* (空) o estado vacío del que se hablaba en tiempos antiguos. Vacío, sin embargo, no quiere decir que realmente esté vacío, sino que se refiere a una sustancia sin forma que en este caso es el resultado de la interacción del espermatozoide, el óvulo y el ambiente. Esa sustancia invisible y sin forma es hunyuan qi puro; el óvulo fertilizado fue formado por él. Por lo tanto, el hunyuan qi no es simplemente una mezcla del qi del espermatozoide y del óvulo, y tampoco el óvulo fertilizado es simplemente una mezcla del espermatozoide y del óvulo.

La formación del hunyuan qi del óvulo fertilizado se compone de dos etapas. En la primera etapa, el hunyuan qi de los cromosomas del espermatozoide y del óvulo se fusionan y transforman para formar el hunyuan qi del núcleo completo. En la segunda etapa, el hunyuan qi del núcleo y el citoplasma hacen hunhua para formar el hunyuan qi del óvulo fertilizado. La ciencia médica moderna percibe la fusión de los cromosomas, pero no la vital segunda etapa, sin la cual el núcleo del óvulo fertilizado no puede desarrollarse plenamente.

Este proceso de transformación solo ocurrirá bajo ciertas condiciones, que quiere decir que el hunyuan qi del ambiente también está involucrado en la reacción hunhua y se convierte en una parte del hunyuan qi del óvulo fertilizado. Podemos usar un ejemplo aquí de un tipo especial de caballo rojo que anteriormente se usaba para inspecciones en el ejército japonés. Este tipo de caballo era superior a los comunes, aunque era infértil. Para poder reproducir a este animal, era necesario cubrir al caballo que se apareaba con un gran pedazo de tela roja, que significaba que el color rojo se convertía en una parte del ambiente, se unía en la transformación y afectaba el curso del óvulo fertilizado.

En tiempos modernos, la ciencia ha probado que las parejas estadísticamente mejoran sus oportunidades de tener mejor descendencia cuando se cambia el color de su habitación, y el color también afecta la personalidad del niño, quien tiende a ser más extrovertido cuando crece en una habitación de colores cálidos y más introvertido cuando crece entre colores fríos. Si se pone música con frecuencia, el niño tiende a ser más sensible a la música, y hay muchos otros aspectos también. Estos aspectos muestran cuán complejo puede ser el cultivo de la vida, y que las condiciones antes del nacimiento afectan la manera en la que el feto se forma.

Factores que pueden afectar el hunyuan qi del óvulo fertilizado

El óvulo fertilizado puede ser una sola célula, pero es una muy distinta de los organismos unicelulares de más bajo nivel. El óvulo fertilizado ya contiene la información completa de la especie humana. Toda la información que se necesita para el desarrollo humano hasta la etapa adulta, que incluye toda la estructura y las funciones del cuerpo, están todas depositadas en el óvulo fertilizado. Una vez que las condiciones propicias se dan, entonces el óvulo fertilizado lentamente se desarrollará. La información genética completa en el hunyuan qi del óvulo fertilizado decidirá cada aspecto de la nueva vida y guiará su desarrollo; aun así, las variaciones individuales irán más allá de las diferencias genéticas. Algunos niños pueden ser muy diferentes de otros no solo a causa de las distinciones dentro del espermatozoide y del óvulo, sino por los diversos procesos de hunhua ambiental que los formaron.

1. Cómo el espermatozoide y el óvulo afectan el hunyuan qi del óvulo fertilizado

Los espermatozoides y óvulos maduros contienen la información completa de sus donadores masculino y femenino. Esta información va a variar en las diferentes etapas de la vida, y así, las personas son más fuertes durante su juventud, pero tienen una actividad psicológica menos sofisticada y menos consciencia social. Las personas de mediana edad funcionan más uniformemente y durante la edad avanzada, y aunque se vuelven más sabios, también son más débiles. Por lo tanto, la información de vida contenida en el espermatozoide y el óvulo van a diferir en relación a las edades y estados de salud. La enfermedad afecta directamente la calidad del esperma y del óvulo, así como también las emociones fuertes o una consciencia negativa. Si la información del esperma y del óvulo es muy similar, entonces ellos se complementarán menos entre sí y el bebé puede tener defectos de nacimiento, como en el caso de las parejas que son parientes cercanos.

El hunyuan qi del óvulo fertilizado también puede ser afectado por la fusión del espermatozoide y del óvulo, donde el hunyuan qi de cada uno juega diferentes roles durante el proceso. Si el qi del espermatozoide es fuerte, entonces dominará el proceso de formación, y si el qi del óvulo es fuerte, entonces dominará. El proceso entero de fertilización es una interacción a través de la cual el espermatozoide y el óvulo se estimulan, complementan e inducen cada uno a formar un nuevo sistema.

2. El efecto del proceso hunhua en el hunyuan qi del óvulo fertilizado
El hunyuan qi del óvulo fertilizado viene de la fusión del espermatozoide y del óvulo, pero también involucra el hunyuan qi del ambiente. Durante el proceso de fertilización, el esperma entra en la mujer y se mueve por el conducto ovárico. Al mismo tiempo, el esperma atraviesa un complejo cambio para proveerlo de suficiente energía para fusionarse con el óvulo. Las condiciones necesarias para este cambio dependen de las condiciones en las que el espermatozoide fue formado, que incluyen el orgasmo y el estado físico y mental de ambos padres.

Durante el orgasmo, las funciones de la vida del cuerpo están en un nivel óptimo, en el que las mujeres en particular son capaces de obtener un estado armonioso similar al estado de qigong, aunque transitorio. El hunyuan qi de la madre y del padre reaccionarán y formarán un campo de qi, que provee información de vida de alta calidad al esperma y al óvulo, dejando listo al cuerpo para la futura fertilización. Bajo condiciones de inseminación artificial, el embrión no es afectado ni por el orgasmo ni por la conexión emocional de los padres, en tanto que los procedimientos técnicos durante el proceso también producirán condiciones. Por lo tanto, en algunos aspectos, los bebés de inseminación artificial tendrán deficiencias de hunyuan qi, aunque también puede haber algunas ventajas, tales como un temperamento más callado y uniforme. El ambiente en el que se lleva a cabo la fusión del espermatozoide y del óvulo es muy importante. Muchas pequeñas cosas harán una gran diferencia en el desarrollo posterior.

El hunyuan qi del embrión

El periodo del embrión es entre el del óvulo fertilizado y el feto maduro. Está dividido, a grandes rasgos, en tres fases: la primera, es la germinal o las primeras dos semanas después de la fertilización; la segunda, es la fase embriónica, de dos a ocho semanas después de la fertilización, y la tercera, es la fase del feto, de nueve a treinta y ocho semanas después de la fertilización. El hunyuan qi del óvulo fertilizado comienza a hacer hunhua con el hunyuan qi de la madre, comenzando el desarrollo de capas germinales multicelulares que completarán el proceso de diferenciación preliminar una a ocho semanas después de la fertilización. El hunyuan qi de este periodo es el hunyuan qi del embrión.

Técnicamente, la primera semana después de la fertilización no está incluida en este periodo, ya que el número de células se incrementa por la división del óvulo fertilizado, pero no el volumen. El proceso de división celular depende principalmente del mismo óvulo fertilizado. En el tercer día, se forma una masa celular de 12 a 16 células llamada mórula. En el quinto día, hay 107 células llamadas blastocistos. En el sexto día, se forma el embrión y se planta en el endometrio del útero, antes de esto, está simplemente el hunyuan qi del óvulo fertilizado.

En la sexta semana después de la fertilización, se forma el cordón umbilical y el embrión comienza a cambiar rápidamente. El hunyuan qi del óvulo fertilizado se desarrolla fuertemente antes de la formación y cierre del tubo neural, que se forma en la cuarta semana, cuando el corazón empieza a latir y las áreas preliminares de tejido se empiezan a diferenciar. En este momento, el hunyuan qi original innato está creciendo fuertemente dentro del embrión, y le provoca a la madre las náuseas típicas del embarazo.

El hunyuan qi de este periodo puede expandirse incluso fuera del cuerpo de la madre. Los practicantes de qigong, por ejemplo, pueden ser capaces de sentir el hunyuan qi del embrión a diez metros de distancia, que es nominalmente tan fuerte como el campo de un maestro de qigong. Después de esta expansión, el hunyuan qi del embrión regresa dentro conforme el ectoblasto empieza a formar el tubo neural. Durante todo este proceso, el hunyuan qi se moverá dentro y fuera del cuerpo de la madre, absorbiendo el qi de la madre y también el qi del entorno, recolectando tanta información como sea posible para cada parte del feto, así como formando el centro puro y original del hunyuan qi humano. Antes de la formación del tubo neural, el embrión es similar a organismos de menor nivel en su progreso de organismos unicelulares a multicelulares, pero después de su formación, el embrión es de carácter similar al de los animales avanzados. A partir de ahí, la vitalidad empieza a concentrarse mientras el embrión se forma como un ser independiente con actividad neural avanzada.

El hunyuan qi del embrión viene del hunyuan qi de la transformación del óvulo fertilizado con el qi de la madre y el qi del mundo exterior. Este periodo es de gran fuerza y vitalidad para la madre, cuando su hunyuan qi es tan abundante que puede curar sus enfermedades y fortalecer su salud. La energía mejorada de este periodo también puede mejorar el rendimiento atlético de la mujer. Es un periodo muy importante en la formación de niños sanos.

El hunyuan qi del feto

El periodo fetal inicia al final de la octava semana, cuando el hunyuan qi del feto incluye también el hunyuan qi del cordón umbilical, las membranas fetales y la placenta. Técnicamente, el hunyuan qi del feto inicia después de la formación y cierre del tubo neural en la cuarta semana. El tubo neural está ya formado por el repliegue del ectoblasto, y como resultado de ello el ectoblasto se desarrollará como piel mientras que el tubo neural evolucionará en el sistema nervioso, aún con una conexión a la piel exterior. El sistema circulatorio está conectado con la placenta, pero es inoperante al momento en el que el cordón umbilical se forma en la sexta semana. En la octava semana, puede verse el género del feto y la etapa fetal comienza. Los tejidos de cada órgano comienzan a desarrollarse después de esto. El sistema nervioso y el corazón se desarrollan tan rápido, que serán completamente funcionales alrededor del séptimo mes.

El proceso de desarrollo desde el óvulo fertilizado hasta el feto dura tan solo unos meses, pero logra repetir toda la historia del desarrollo biológico humano en ese periodo corto de tiempo. Podemos entender esto desde el punto de vista de la teoría de la completud Hunyuan. La biología de las especies ha evolucionado cada paso del camino bajo un complicado proceso de hunhua. Cada paso mejora e incrementa la información que se almacena en los organismos y se dispersa a través de sus campos de qi. Durante cada etapa de desarrollo, ocurrirá una nueva reacción hunhua para formar un correspondiente sistema hunyuan y fortalecer y optimizar aún más el campo de hunyuan qi. Este campo de qi se convierte en el fundamento que guía a la siguiente generación y al siguiente proceso de transformación, donde cada paso se basa siempre en el anterior fundamento. Entonces, la especie humana acumulará más información con la evolución del hunyuan qi, y el hunyuan qi acumulado guiará, por su parte, el desarrollo de nuevos individuos.

Durante la etapa de vida del feto, todos los tejidos y órganos (excepto el corazón y el sistema circulatorio) desarrollan su estructura y funciones, pero no comienzan a operar. Tampoco necesitan trabajar los sistemas de digestión, absorción y excreción, ya que toda la nutrición y el hunyuan qi requeridos vienen de la madre.

De acuerdo con la teoría de la completud Hunyuan, el ser humano es en este momento un estado de completud innato. La completud ahora incluye el feto, la placenta, el cordón umbilical y el fluido amniótico en el cual está suspendido. El feto está envuelto en la membrana fetal formada por el corion, la membrana amniótica, las membranas formadas a partir de las células periféricas del blastocisto y la membrana que forra al útero (la decidual).

El feto es un individuo nutrido y protegido que crece dentro de la madre. El hunhua sucede en dos niveles: el primero se da dentro de los tejidos del cuerpo del feto, y el segundo es la conexión con la madre a través de la placenta. Este proceso de hunhua intercambia nutrientes y hunyuan qi, pero también tiene lugar una reacción más profunda y complicada. La ciencia moderna ha mostrado que la placenta puede sintetizar muchas hormonas, pero para hacerlo necesita de la cooperación del feto, entonces, los dos trabajan en síntesis, donde el hígado, la vesícula y adrenalina del feto trabajan junto con la placenta para lograr una tarea que cada uno por su parte no podría lograr. El hunyuan qi del feto, por lo tanto, es una completud hunyuan que incluye la placenta.

El hunyuan qi del feto es un estado de completud innato. A diferencia de la etapa postnatal, la actividad de la vida de este periodo no está diferenciada. El feto tiene la potencia de jing, qi y shen, aunque los tres ayudan al desarrollo trabajando juntos y no separadamente. No hay movimiento corporal obvio, la mente está aún inconsciente y la actividad de shen está principalmente dirigida a controlar los latidos del corazón para la circulación. El desarrollo de cada tejido, órgano y parte del cuerpo está guiado y sincronizado por el campo de hunyuan qi, permitiendo su rápido crecimiento. El feto está suspendido de manera segura en el líquido amniótico, manteniendo el tipo de condiciones estables favorables para un hunyuan qi fuerte y balanceado. Esto puede ser una evidencia de por qué el qigong tradicional busca regresar a una etapa temprana, aunque este estado de completud original, con varias funciones aún inactivas, es muy diferente del estado de completud armonioso de una práctica de alto nivel de qigong cuando el cuerpo, el qi y la consciencia están unificados.

El hunyuan qi del feto es una completud hunyuan, siendo la parte más importante del sistema el hunyuan qi invisible en el que el feto está suspendido. Los tejidos y los órganos todavía no son funcionales y toda la actividad de vida se enfoca en el propio desarrollo del feto. La conexión con el cordón umbilical y la placenta es de tal importancia, que esta región es el centro del hunyuan qi, y posteriormente se convierte en el centro postnatal del hunyuan qi innato. Los tejidos endócrinos tales como los riñones, la cápsula renal y las glándulas sexuales, crecen y se desarrollan todos alrededor de la región umbilical formando ahí un campo de hunyuan qi. Es por esto que en la teoría del qigong tradicional la región umbilical y mingmen son vistos como el origen del qi innato. No hay actividad de consciencia independiente en este momento.

La ciencia moderna ha demostrado que el cerebro de un feto a los siete meses sí tiene actividad, pero las ondas cerebrales son solo el equivalente a las de una persona normal que está durmiendo. El sistema nervioso, excepto por los nervios relacionados con la nutrición, también permanece inerte. Cualquier movimiento de las extremidades es solo la reacción espontánea de los nervios bajos. La evolución del hunyuan qi le permite al feto desarrollarse en este momento. El cerebro se desarrolla primero, desproporcionado en relación con el cuerpo, de manera que la cabeza es una tercera parte del total del cuerpo en el tercer mes y luego una cuarta parte del cuerpo en el quinto mes. Las células cerebrales son densas en número en esta etapa, y el cerebro contiene más fluido cerebro-espinal que los adultos. Las células nerviosas del cerebro son la parte más importante del desarrollo del feto. Con el hunyuan qi del feto aún en un estado de completud innata, no hay distribución de jing, qi y shen.

Cuando el feto está completamente desarrollado, o cuando el hunyuan qi de la madre no puede proveer más hunyuan qi para el feto, el vientre de la madre deja de ser suficiente para el desarrollo y el feto está listo para el nacimiento.

El hunyuan qi del bebé

En el nacimiento, los tejidos y los órganos del bebé están maduros y son funcionales, pero permanecen inactivos. Muchas funciones fisiológicas tomarán mucho tiempo para desarrollarse por completo. Después del inmenso cambio de ambiente del nacimiento, el bebé debe establecer un nuevo conjunto de actividades de vida, un proceso que dura hasta la infancia temprana. La etapa de bebé comprende el establecimiento de la consciencia y la unificación de ésta con la actividad física. Como resultado, las características naturales del bebé se desarrollarán en características sociales. El patrón del hunyuan qi en este periodo evoluciona más a partir del hunyuan qi del feto, cambiando continuamente desde el primer llanto del niño recién nacido.

Cambios después del nacimiento

Al dejar atrás la limitación de la membrana fetal y la seguridad del fluido, el bebé entra al ilimitado espacio cósmico y toma un primer aliento de aire. Después de que se corta el cordón umbilical, se desechan la membrana amniótica –el corion– y la placenta, que pertenecen al sistema hunyuan del feto. La ruta de entrada de la nutrición y la salida de materiales de desecho están desconectadas. Esto lleva a un gran número de cambios internos para el recién nacido. Una oxigenación inadecuada de la sangre implica un incremento en la concentración de dióxido de carbono, lo que estimula el sistema nervioso central y el centro respiratorio. Cuando la concentración de dióxido de carbono es suficientemente alta, la actividad de la respiración inicia y el bebé se embarca en la vida como un ser independiente.

Después de que los pulmones están activos, se metaboliza la materia de desecho de la sangre en el hígado, desintoxicándolo, para después excretarse por los riñones. Al mismo tiempo, el estómago y el intestino empiezan a recibir agua o leche. El bebé empieza a funcionar con su propio metabolismo, lo que incluye la toma de nutrientes y la salida de desechos. La función de cada órgano y el correspondiente abastecimiento de sangre también se alteran conforme la circulación pulmonar y la circulación sistémica se dividen para separar la sangre arterial y la venosa. El estado de completud previamente incambiable del feto ha cambiado en pocos momentos a un estado complicado y cambiante. El contenido de hunyuan qi y su método de transformación están próximos a cambiar, en donde el hunyuan qi de la madre, que era absorbido a través de la placenta, ahora es reemplazado por el hunyuan qi del ambiente, el oxígeno y la comida.

La diferenciación y unificación de xing, qi y shen

Como un ser independiente, el bebé rompe con el estado de completud innata y se conecta directamente con el ambiente, y se lleva a cabo la diferenciación de xing, qi y shen (cuerpo, qi y consciencia) por esta interacción. Muchas funciones se activan en esta etapa.

Si el estado de completud innata del feto recrea el proceso de la evolución biológica, entonces la diferenciación del cuerpo, el qi y la consciencia refleja la evolución de animales avanzados en humanos. Los cambios en el feto están principalmente relacionados con cambios estructurales en el cuerpo, pero los cambios del bebé principalmente significan el desarrollo de las funciones, cuya información se ha venido acumulando en el cuerpo durante el periodo fetal. Este proceso por el cual el xing, qi y shen del bebé se diferencian puede ser dividido en dos etapas:

1. La primera etapa de diferenciación y unificación de xing, qi y shen
La primera etapa abarca desde el momento del nacimiento hasta alrededor de los tres años de edad. En el nacimiento, el estado de completud innata termina y el hunyuan qi del feto es reemplazado por el hunyuan qi del recién nacido. A partir de este momento, el proceso de separación empieza.

Primero ocurre la diferenciación del qi. El bebé, incapaz de absorber el hunyuan qi de la madre, debe empezar a obtener hunyuan qi del medio ambiente. Esta necesidad se satisface a través de cuatro patrones de movimiento del qi: abrir/cerrar, salir/entrar, reunir/dispersar y transformar.

Después viene la diferenciación de xing (o el cuerpo) que está marcado por un uso expandido del hunyuan qi. El hunyuan qi del periodo fetal se usó únicamente para desarrollar el cuerpo, pero ahora el hunyuan qi del bebé se usa para reproducir células y completar las funciones de los músculos, los nervios y los órganos viscerales.

Finalmente, está la diferenciación de shen, que crea el fundamento de jing, qi y shen. Esta etapa está basada en cambios en el cuerpo, principalmente relacionados con la activación de las células nerviosas. Mientras las células comunes del cuerpo usan hunyuan qi para su propia reproducción, las células del sistema nervioso son altamente especializadas y no se regeneran; en lugar de eso, invierten la totalidad de su energía en sus propias funciones, que es el proceso hunhua con el mundo externo. Las células del sistema nervioso operan en un nivel más alto de hunhua que las células comunes, y funcionan juntas como una completud independiente que contiene millones de células nerviosas, formando, por lo tanto, una vasta red que puede recibir y mandar información. Esta es la diferenciación de shen, en donde shen es la función de completud de estas células.

El primer llanto del recién nacido activa y abre las cuerdas vocales y la garganta en un movimiento integrado del cerebro trabajando en conjunto con muchos nervios y músculos. Esta es la primera vez que el individuo muestra su poder de completud. El nervio automático se fortalece después de la actividad del sistema visceral, y shen está ya diferenciado y construyendo una conexión cercana con el ambiente natural. Los órganos de los sentidos se desarrollan en contacto con el mundo exterior y, entonces, el bebé debe establecer una interacción entre el ambiente y cada órgano de los sentidos, creando así en la vida temprana una conexión sistemática con el cuerpo.

Al principio, los bebés pueden mirar solo objetos sin movimiento, pero después empiezan a practicar mirando objetos en movimiento, de manera que cuando escuchan una voz, voltean para localizarla con sus ojos y establecen una conexión entre la vista y el sonido. Todas estas son funciones corporales para las que shen provee la conexión interna.

Gradualmente, el bebé deja atrás las formas de movimiento que involucran todo el cuerpo, tales como llorar, y al mismo tiempo involuntariamente mueven las extremidades, y en su lugar aprenden a mover partes aisladas del cuerpo. Este tipo de actividades son siempre guiadas directamente por la consciencia, y entonces el bebé se aleja del instinto y se acerca a acciones humanas con propósito. Este desarrollo tiene lugar debido a que el bebé ha recibido cuidados e influencia por los adultos y el lenguaje adulto.

Cuando aprende a caminar, por ejemplo, los papás le dirán "camina" y sujetarán su brazo. Después de algunas veces, el bebé podrá caminar solo cuando los padres simplemente le dicen "camina". Los padres también pueden darle un libro al bebé y decirle "tómalo", y entonces el bebé tomará el libro siguiendo la orden. Todo esto demuestra que el proceso a través del cual el niño aprende acciones es afectado por la consciencia. Lo mismo es verdad para las funciones sensoriales. Cada vez que los papás atraen la atención del bebé, usualmente también hablan. El bebé desarrolla el uso de la consciencia antes que las acciones motoras porque la consciencia guiará esas acciones. Esto sucede porque el hunyuan qi del infante contiene información heredada de sus padres, información que contiene la condición de recibir lenguaje y producir consciencia. Cuando hay hunyuan qi correspondiente en el mundo exterior, los dos pueden reaccionar entre sí. El bebé tiene una gran capacidad de aceptar información referente a las emociones y a la consciencia y, entonces, desde la edad temprana, el comportamiento adulto enseña al bebé las funciones sensoriales y motoras para que se basen en la consciencia. El establecimiento de estas funciones, por su parte, promueve el desarrollo del cerebro, que evoluciona rápidamente durante estos primeros tres años de vida. Con el establecimiento de las habilidades motoras, sensoriales y de pensamiento, la consciencia ahora se ha fusionado lentamente con la actividad de vida del infante.

2. Segunda etapa de diferenciación y unificación de xing, qi y shen
Este periodo se refiere a las edades entre los 3 y los 6 años de edad. La primera etapa de diferenciación de xing, qi y shen ha estado basada en el estado de completud innata; como resultado, el desarrollo dentro de esta etapa se ve fuertemente afectado por las circunstancias. Las distinciones de la segunda etapa, sin embargo, están basadas en la guía que ha recibido el bebé, que sigue como una extensión continua de la primera etapa. En el feto, el qi se unificó como una totalidad distribuida uniformemente. En los primeros tres años de vida, el qi ha sido distribuido hasta cierto punto, pero hay aún más cambios por venir. Mientras que el cuerpo, las vísceras y la mente se vuelven más activos, el qi concentrado previamente empieza a dividirse en el hunyuan qi del cuerpo, el hunyuan qi de las vísceras y el de yiyuanti, formando los tres centros densos de qi en el cuerpo.

Shen puede ahora formar pensamiento imaginativo y se está desarrollando hacia pensamiento lógico. Estas dos prerrogativas de consciencia muestran que shen está ganando independencia de las funciones corporales y está empezando a dominar más ampliamente las actividades de vida. Para la edad de seis años, las células nerviosas son muy similares en forma a aquellas de un adulto y la consciencia puede ahora positivamente dar órdenes al cuerpo en actividades con un propósito. Las funciones de los órganos sensoriales llegan a dominarse, mientras el entendimiento del niño de las cosas se vuelve sistemático. La consciencia joven tiene un buen estado de completud y es altamente receptiva. Para estos momentos, muchos niños pequeños solo reciben de parte de los adultos la información normal de una consciencia limitada; pero si reciben una buena guía que contenga información de completud, entonces el niño puede fácilmente desarrollar habilidades especiales y destrezas particulares.

A estas alturas, shen y qi están comprensivamente diferenciados. El pensamiento sistemático y la conexión del cuerpo, el qi y la mente se establecen bajo el patrón general de "la mente guía el qi, el qi guía el cuerpo". Por ahora, el niño tiene una comprensión muy buena de la coordinación del cuerpo y la mente y ambos, el cuerpo y el qi, están bajo la guía y el control de la consciencia.

Los primeros años de vida traen un gran número de cambios. En términos de qi, hay una reacción transformativa del qi innato y del qi adquirido. En términos físicos, el cuerpo también se está transformando con el qi y completando sus funciones. Y en lo que respecta a shen, hay una transformación de la información interna y externa. Shen debe penetrar en el cuerpo y qi para formar este hunhua y, entonces, con la guía de la consciencia, el sistema de completud de xing, qi y shen comienza.

El hunyuan qi de los adultos

El hunyuan qi de los niños se convierte en el hunyuan qi de los adultos cuando hay un desarrollo completo del sistema reproductivo. Los órganos sexuales maduros señalan el desarrollo completo de xing, qi y shen. El sistema humano está ahora completo. Apenas ahora el hunyuan qi del individuo contiene ya la información humana completa y puede concentrarse para formar material genético. En esta etapa adulta, la vida humana, simultáneamente, ocupa su nivel más alto y más bajo, y comparte con los animales los instintos del sexo y la reproducción y también es capaz de conducir interacciones sociales y trabajo creativo, que en su momento promoverá más transformaciones del hunyuan qi humano.

Dentro del cuerpo hay tres tipos de células que operan de manera diferente: aquellas que tienen funciones generales de reproducción, tales como el espermatozoide y el óvulo, aquellas que se encargan principalmente de su propia reproducción, pero también tienen funciones generales, como las células somáticas, y aquellas células que no se reproducen de ninguna manera, pero solo transforman información, tales como las células nerviosas.

Estos tres tipos de células representan tres diferentes niveles. Las células reproductivas representan las únicas células de organismos de más bajo nivel, las células somáticas representan la célula general del organismo y las células nerviosas representan el más alto nivel de desarrollo de las células. De estos tres niveles, el primero es la base de la reproducción, el segundo es la base de la vida y el tercero es la base de shen. Los tres niveles interactúan entre sí. Si jing, qi y shen se enfocan en jing, entonces jing se fortalece. Si las personas conservan jing, entonces *dan* –o qi concentrado– se forma y la vida se prolonga. Si jing, qi y shen se enfocan en xing, entonces xing se fortalecerá. Si la gente abusa de su cuerpo, entonces xing se desvanecerá, pero si trabajan en consonancia con las leyes naturales, pueden obtener una vida larga. Si jing, qi y shen se enfocan en shen, entonces shen es abundante. El egoísmo y el deseo consumirán shen, pero si las personas tienen una mente pura y no egoísta pueden alcanzar la sabiduría y la longevidad.

Los humanos deben ser los animales más inteligentes, pero puesto que todavía no se han liberado de sus instintos animales, esa inteligencia aún no ha alcanzado su más alto nivel. Sin una consciencia desarrollada la civilización humana está aún en un nivel bajo. Las personas no saben quiénes son o de qué son capaces. Con un conocimiento limitado, las capacidades naturales de la especie no se explotan y el carácter humano permanece fuera de su estado natural. La gente no ha percibido su propia esencia o el misterio de sí mismos. En lugar de ello, la inteligencia humana está regida por un deseo por lo material. El hunyuan qi puede hacer hunhua siguiendo leyes naturales o puede hacer hunhua siguiendo órdenes; por lo tanto, cuando la actividad de las personas es controlada por deseos posesivos y su consciencia se vuelve nublada, el hunyuan qi humano –que debería ser parte del hunyuan qi de la naturaleza– pierde sus características naturales y la gente pierde su consciencia, su ser consciente. Es, por lo tanto, en estos momentos de la evolución, que el hunyuan qi humano es una manifestación de una consciencia distorsionada. La teoría de la consciencia y la teoría del Dao De abordan este tema con mayor detalle.

Ling tong hunyuan qi

Ling tong hunyuan qi (灵通混元气) es la unión de alto nivel de jing, qi y shen, un estado muy efectivo de hunyuan qi que se cultiva y obtiene a través de la práctica del Zhineng Qigong. En este estado, la gente puede actuar libremente y son capaces de naturalmente guiar y transformar el hunyuan qi externo a través de información positiva. Ling tong hunyuan qi es hunyuan qi guiado por la consciencia; puede atravesarlo todo, transformar todo, producir todo, limpiar todo tipo de toxinas y tiene muchas otras funciones inexploradas. Los efectos de ling tong hunyuan qi son difíciles de comprender, pero pueden ser demostrados a través de la curación con Zhineng Qigong.

Por ejemplo, un hueso roto puede repentinamente ser curado, un carcinoma puede desaparecer instantáneamente y un espolón óseo puede rápidamente desaparecer; el peso corporal puede disminuir (3 a 5 kilos en unos pocos minutos, 10 kilos cuando más), la altura corporal puede incrementar (2 a 4 cm, 11 cuando más), los huesos muertos se recuperan (la alumna Pan Hong tuvo una cirugía por cáncer de huesos, pero su hueso muerto se recobró después de que ella practicó Zhineng Qigong durante tres meses). Puede expulsarse materia ajena al cuerpo (Zhang Yushan era un soldado con dos balas que permanecieron alojadas en su cabeza por 38 años, él empezó a practicar Zhineng Qigong en 1989 y poco tiempo después una de las balas fue expulsada por su boca y la otra desapareció). Los huesos se pueden regenerar (en la clase de rehabilitación de 1993, les removieron quirúrgicamente huesos por tratamiento de cáncer a siete pacientes, pero a través de la práctica de qigong sus huesos se empezaron a regenerar).

Experimentos en agricultura y cosecha de frutas también han demostrado efectos positivos, en los que las cosechas maduraron pronto y se incrementó la producción. La producción industrial también ha mostrado incrementos tanto en la calidad como en la cantidad de materiales. Estos resultados vienen del uso preliminar del hunyuan qi; su uso positivo puede traer mucho más, especialmente después de que se complete ling tong hunyuan qi.

SECCIÓN TRES
El movimiento del hunyuan qi humano

Los cuatro patrones de movimiento del hunyuan qi (abrir/cerrar, salir/entrar, reunir/dispersar y transformar) pueden dividirse en dos partes, la primera incluye abrir/cerrar, salir/entrar y reunir/dispersar, y la segunda parte es *hua*, o transformación. El primer grupo de movimientos tiene como objetivo la transformación y hace preparaciones para ella, y hua es la transformación misma. En realidad, no hay distinción entre ellos y ningún grupo de movimientos es capaz de existir sin el otro.

Los movimientos de abrir/cerrar, salir/entrar, reunir/dispersar del hunyuan qi humano

Estos tres movimientos se llevan a cabo en dos capas: en los espacios que separan el cuerpo humano del mundo exterior, y también, internamente, dentro de los tejidos del cuerpo y entre ellos. El movimiento de shen y qi se revelan en xing, por lo que describiremos estos procesos desde el aspecto del cuerpo.

Los movimientos de abrir/cerrar, salir/entrar y reunir/dispersar en las interfaces externas del cuerpo

El cuerpo humano tiene contacto con el mundo exterior a través de la piel y la mucosa, que sirven de interfases (superficie entre dos fases). La mucosa es la membrana que forra los tractos del cuerpo que llevan hacia el mundo exterior. Estos incluyen el tubo de aire superior, la boca, el tubo de aire, la mucosa en el tubo de aire, el epitelio de los alveolos pulmonares, la mucosa del esófago y del estómago y el intestino; aunque en realidad todo el tracto digestivo es una interfase entre el cuerpo humano y el mundo exterior.

En estas áreas el movimiento del hunyuan qi es principalmente abrir/cerrar, salir/entrar. En la teoría de la completud Hunyuan, los lugares donde el cuerpo hace contacto con el mundo exterior incluyen los orificios para sustancias con forma, tales como los poros para sudar y para la grasa, pero también los orificios para el qi que no tiene forma, tales como los puntos de acupuntura, las ranuras, los espacios intersticiales y otros poros sutiles. La piel es capaz de abrirse y liberar sustancias materiales tales como el sudor, la grasa y también puede absorberlas, como en el caso de las lociones de aplicación externa. La membrana epitelial del tracto respiratorio puede absorber oxígeno y expeler dióxido de carbono, y la membrana del estómago y los intestinos puede absorber agua y nutrientes y excretar desechos. Todo esto se completa durante el movimiento de abrir/cerrar y salir/entrar. La ciencia moderna ha investigado estos procesos, pero sin comprender su esencia, que es hunyuan qi que sale y entra con la apertura y cierre del cuerpo.

En la teoría del Hunyuan se dijo que siempre hay un campo escaso de hunyuan qi que rodea cualquier sustancia material. Este campo de qi se libera a través de las interfases externas de la sustancia, y lo mismo es cierto para el cuerpo humano. El campo de hunyuan qi es una conexión entre la sustancia y el mundo externo y un campo amortiguador entre ellos. La fuerza del campo de qi depende de la naturaleza de la interfase y la calidad de la apertura/cierre. Por su parte, el carácter de la apertura/cierre está principalmente regulado en el cuerpo humano por la respiración, el metabolismo y la consciencia.

Generalmente, cuando la gente exhala, el qi interno sale a través de su piel o los poros de sus vellos o espacios intersticiales, y el campo de hunyuan qi alrededor del cuerpo se expande hacia afuera y se fortalece. La gente sensible puede sentir la apertura de la piel o los poros de los vellos y sentir el qi fluyendo hacia afuera. Estas sensaciones son más fuertes en la punta de los dedos, los centros de las manos, la coronilla o los grandes puntos de acupuntura como *yintang, shanzhong, mingmen, duqi o yongquan*.

Cuando la gente inhala, el qi externo entra a través de la piel o los espacios intersticiales y el campo de hunyuan qi alrededor del cuerpo se contrae y debilita. La gente sensible puede sentir el aire fluir hacia adentro, pero esto generalmente no es tan obvio como al exhalar. El movimiento de apertura/cierre es provocado por la fuerza de la respiración. De cualquier manera, cuando el hunyuan qi incrementa o decrece dentro del cuerpo, esto también cambiará el grado de apertura/cierre en la superficie de la interfase. Cuando el jing, qi y shen de la gente son abundantes, por ejemplo, la interfase se abre naturalmente y el qi sale. Y cuando jing, qi y shen son débiles, la interfase se cerrará y el qi entrará.

Los factores psicológicos también tienen efectos: si shen está enfocado en lo exterior, el qi saldrá, si shen está enfocado en el interior, el qi entrará. Las emociones de miedo, ira y tristeza harán que la interfaz se abra y el qi se pierda. Pensar demasiado resultará en el cierre y el qi se bloqueará o estancará. Hay mucho más acerca de esto que no está listado aquí. Mucha gente no es consciente de los efectos de la consciencia en lo que se refiere al abrir/cerrar del qi. La consciencia puede realmente guiar estos cambios en la superficie de la interfase o dentro del cuerpo, no solo a través de las emociones sino a través de una instrucción activa, que es aplicable también para el hunhua de la transformación. Los principios del uso de la consciencia del Zhineng Qigong están basados en estas leyes naturales.

Los movimientos de "abrir" y "salir" del hunyuan qi y los movimientos de "cerrar" y "entrar" se ven afectados por diferentes condiciones y, por lo tanto, no siempre concurren. El movimiento de abrir puede ser provocado por una alta presión interna que se expande hacia afuera o por una fuerza externa jalando el qi hacia afuera, pero el movimiento de cerrar es diferente; cuando cerrar es provocado por una fuerza interna, absorbente, entonces inicia un movimiento hacia adentro, pero cuando cerrar es provocado por una presión externa hay una resistencia natural protectiva que cierra las interfases. Por lo tanto, los movimientos de "cerrar" y "entrar" son ambos relativos y pueden no suceder al mismo tiempo. Como resultado, abrir no es totalmente abrir y cerrar no es totalmente cerrar; con un abrir y cerrar ilimitado sería realmente muy difícil mantener una vida normal.

No hemos discutido a fondo los movimientos de reunir y dispersar, pero es suficiente decir que el proceso de abrir/cerrar irá acompañado por la reunión y dispersión, en donde el hunyuan qi se dispersará hacia afuera durante los movimientos de "abrir" y "salir" y se reunirá dentro con los movimientos de "cerrar" y "entrar".

Los movimientos de abrir/cerrar, salir/entrar, reunir/dispersar dentro de los tejidos del cuerpo

El cuerpo humano es un sistema compuesto de múltiples capas. En la ciencia médica moderna está dividido en varios subsistemas, y cada subsistema corresponde a una división en órganos, tejidos y células. La teoría de la completud Hunyuan también divide la completud hunyuan en múltiples niveles o subsistemas. Cada subsistema pertenece a la completud, pero es lo suficientemente independiente y tiene sus propias interfases morfológicas. Los tejidos y los órganos, por ejemplo, están envueltos en membranas, al igual que los huesos, los músculos, los nervios, los vasos sanguíneos e incluso las células. El núcleo y la mitocondria también están cubiertos por membranas. Estas membranas son la interfase (superficie entre dos fases) entre el objeto y el ambiente y, entonces, son los lugares donde el hunyuan qi realiza los movimientos de abrir/cerrar, salir/entrar, reunir/dispersar.

La fuerza del movimiento viene principalmente de cambios en la intensidad dentro del hunyuan qi causados por el metabolismo de los tejidos. Por ejemplo, aunque las células y sus reacciones bioquímicas sean todas distintas, todas usan las membranas celulares para preservar su individualidad en su ambiente. Sin embargo, al mismo tiempo, las células usan esas membranas para conectar con el ambiente a través de los movimientos del hunyuan qi. Cuando la presión del hunyuan qi dentro de la célula es alta, la membrana celular abre y el qi sale de la célula para unirse con el hunyuan qi del cuerpo entero. Al mismo tiempo, la célula absorbe hunyuan qi del ambiente a través de los movimientos de cerrar y entrar.

El movimiento hunhua del hunyuan qi humano

Los tres patrones de movimiento de abrir/cerrar, salir/entrar y reunir/dispersar forman la base del movimiento de transformación. Esto ocurre en las superficies externas y también dentro de los tejidos del cuerpo. Algunos procesos hunhua toman lugar en el nivel material, involucrando las macromoléculas de las sustancias, y otros ocurren en el nivel del qi invisible. El hunhua material usualmente ocurre en áreas parciales del cuerpo tales como el intestino, mientras que el hunhua invisible ocurre en toda la completud.

Bajo ciertas condiciones, la gente puede vivir de su hunhua con el hunyuan qi invisible. Aquellos que no tienen una práctica de qigong también pueden sobrevivir si toman una pequeña cantidad de agua. El autor ha conocido a tres mujeres que no han ingerido alimento por varios años y que tampoco han practicado qigong. Llevan vidas normales y ya han tenido hijos, simplemente son más delgadas que otras personas. Mantienen su vitalidad a través del hunhua con el hunyuan qi. En mayor o menor medida, todo el mundo tiene este potencial, aunque muchas personas están acostumbradas a comer alimentos y no aceptan esta posibilidad y, por lo tanto, el potencial es suprimido.

En la teoría del hunhua dijimos que el hunhua se refiere al proceso de transformación de dos o más sustancias. Una sustancia más compleja se dividirá en partes y se convertirá en el hunyuan qi simplificado de sus partes componentes, que continuarán el proceso de hunhua con la otra sustancia hasta que se fusione con ella. La descomposición de un sistema complejo en una nueva sustancia con nuevo hunyuan qi ocurre hasta que la información y el carácter del sistema complejo es lo suficientemente básico para concordar con la completud. En el cuerpo humano, el proceso de hunhua ocurre en las interfases externas y también en las superficies internas de los tejidos del cuerpo.

El hunhua del hunyuan qi humano en las interfases externas del cuerpo

El hunhua en las interfases externas se refiere principalmente al hunhua en el estómago, los intestinos y la mucosa, esos tractos del cuerpo forrados por membranas donde usualmente toma lugar el primer paso del hunhua material.

Conforme la materia de los alimentos pasa por el proceso de hunhua en el estómago, sus aspectos originales desaparecen. Los fluidos digestivos trabajan en la sustancia y también lo hacen el campo de hunyuan qi del estómago y del tracto intestinal. El hunyuan qi original de la comida se descompone en pequeñas unidades de varios niveles. El electrón, protón y neutrón, por ejemplo, son subunidades de los elementos; los elementos son subunidades para compuestos químicos; el aminoácido es la subunidad de la célula y las células son las subunidades de los organismos.

Todos los organismos están compuestos por células y, por lo tanto, el hunhua de la materia dentro de los organismos debe cumplir con los requerimientos de las células. Dado que cada unidad está compuesta por sus subunidades, debe cumplir con las necesidades de sus subunidades para poder existir. La descomposición de las macromoléculas es realmente una forma preliminar de hunhua con el hunyuan qi del cuerpo humano. Para mirarlo desde el punto de vista de la bioquímica, la digestión intestinal se logra con la ayuda de varias enzimas, proceso durante el cual las proteínas, la glucosa y la grasa se disuelven en sus partes constituyentes. Esto forma macromoléculas creadas por el hunyuan qi del cuerpo humano.

Durante el proceso de digestión, las sustancias del mundo exterior se mezclan con el hunyuan qi del cuerpo humano a través de un proceso en el cual se dividen en subunidades y se infunden dentro del cuerpo. ¡Use su imaginación! Si inyectamos leche directamente en los músculos sin pasar por el proceso de hunhua, causará fiebre, pero si la leche es absorbida a través del tracto digestivo, entonces todo estará bien. Esto demuestra la importancia del proceso hunhua. La absorción de nutrientes que ocurre a través de la mucosa es también un proceso de hunhua efectivo. La sustancia nutricional ha perdido para este momento sus aspectos originales y se ha convertido en una parte del cuerpo humano, pero aún no participa directamente en la actividad humana.

El hunhua del hunyuan qi humano en las interfases internas del cuerpo

El hunyuan qi del oxígeno que se absorbe a través de los pulmones y los nutrientes que se absorben a través del estómago, pueden ser asimilados en el metabolismo humano solo después de su proceso de hunhua en el nivel de las células. La ciencia moderna ha citado que el metabolismo de energía en el nivel de las células incluye el metabolismo de energía (metabolismo de azúcar y grasas) y el metabolismo material (síntesis y descomposición de proteínas), pero no ha entendido la intrincada naturaleza hunhua de estos procesos.

Para las células corporales comunes, tanto el metabolismo de la energía como el metabolismo de la materia son procesos complicados de cambio que afectan tanto el cuerpo como la estructura de la materia. El metabolismo de la energía, por ejemplo, involucra muchos tipos de enzimas, la producción de las cuales en sí misma requiere el involucramiento de otras enzimas, y entonces el proceso se convierte en un sistema en cascada de aplicaciones de enzimas. Más allá de eso, el metabolismo al nivel de las células se ve afectado no solo por factores genéticos, sino también por hormonas e incluso por el sistema nervioso. Este no es un procedimiento simple sino una sistemática reacción en cadena de hunhua.

Durante el proceso de metabolismo de la energía aparecen algunos materiales —que es una transformación del mundo invisible al visible—, mientras que durante el metabolismo de la materia se necesita la energía como parte del proceso. Todo esto no es un simple cambio sino un proceso de completud de hunhua. La relación entre las enzimas y la materia en la que trabajan es una relación hunhua antagonista, aunque complementaria. La hormona y su célula objetivo es también una relación hunhua. La teoría de la completud Hunyuan ha investigado estos procesos de hunhua en las células para probar que la consciencia puede penetrar al nivel celular para dirigir cambios positivos, extendiendo así los campos de los efectos conscientes dentro del cuerpo humano y facilitando un mayor entendimiento de la vida humana.

En el metabolismo de la energía se consume el qi de la sustancia para proveer energía para las actividades humanas. Durante el metabolismo de la materia, se consume la energía para asimilar el hunyuan qi de la sustancia dentro del cuerpo humano. La energía y la materia producidas durante el hunhua dentro de las células somáticas, por ejemplo, son usadas en su totalidad por estas células. Pero la materia y la energía producidas durante el hunhua dentro de las células de las vísceras, se usa solo parcialmente por las células y después se provee a todo el cuerpo, como las hormonas excretadas por las glándulas endócrinas y los fluidos digestivos excretados por la glándula digestiva.

Por otro lado, el hunhua metabólico en las células nerviosas no solo soporta las células mismas, sino también provee información y energía para la actividad de la mente. Esto significa que el contenido del hunhua para las células somáticas, las células viscerales y las células del sistema nervioso son todos diferentes y, por lo tanto, dividimos el hunyuan qi humano en el hunyuan qi del cuerpo, de las vísceras y de yiyuanti. Una vez que la vida humana comienza a tener una consciencia independiente, el hunyuan qi de las células cerebrales, que es yiyuanti, es muy diferente de otros hunyuan qi y tiene un contenido de hunhua único. La actividad de consciencia es diferente de todas las otras actividades de vida, puesto que estas mismas actividades se convierten en un objeto para la consciencia. Por lo tanto, la consciencia se convierte en la maestra y directora de la vida, aunque esta independencia aún está unificada dentro de la completud.

El proceso de armonización entre la consciencia y otras actividades de vida es en sí misma un proceso hunhua.

El hunhua en la vida humana incluye el proceso de absorber, así como la interacción con el mundo externo. Cuando los humanos están interactuando con sustancias externas, infunden mente y qi en la materia y provocan cambios; este es otro proceso de hunhua. Sucede lo mismo cuando la gente está tratando de entender una sustancia externa, la información que reciben es otra operación del hunhua. Hay dos vías del hunhua consciente: una es a través de la atención activa y la otra a través de la atención pasiva. Cuando se pone atención activa en una sustancia externa, los humanos ejercen un efecto en ella y, en el caso de estar recibiendo información pasivamente de la sustancia externa, los humanos también ejercen un efecto en ella. Si se pone atención en la información, entonces la consciencia se infunde en la sustancia externa, y en este intercambio también se deja una impresión en la consciencia humana. El siguiente capítulo desarrolla a detalle los efectos de la consciencia.

SECCIÓN CUATRO
La formación del hunyuan qi humano

Toda actividad de la vida humana puede entenderse como el hunhua del hunyuan qi; simplemente ocurre a distintos niveles, tales como a través del metabolismo de las células o los órganos sensoriales o en las actividades mentales. En sus muchos estados, la vida humana siempre consume hunyuan qi y es el hunhua con el hunyuan qi externo el que mantiene una vida balanceada. En un nivel de habilidad normal, el hunyuan qi se forma dentro del cuerpo de maneras similares, tanto en el desarrollo de la especie como en el desarrollo individual. Pero también ocurre un proceso en el cual se forma primero el hunyuan qi del nivel biológico, antes del hunyuan qi humano, que incluye la consciencia humana. Estos dos procesos se discuten a detalle a continuación.

La formación del hunyuan qi a nivel biológico

Este es un proceso de hunhua del hunyuan qi humano que reacciona y se transforma con el hunyuan qi externo. Se divide en hunhua de la cavidad abdominal y el hunhua dentro de los tejidos del cuerpo.

Hunhua en la cavidad abdominal

El hunyuan qi humano se fusionará y transformará (hunhua) con la materia de la comida durante el proceso de digestión, descomponiendo los nutrientes en subunidades simples que harán después hunhua con el hunyuan qi humano. Como resultado, se forma el hunyuan qi del nivel biológico de la vida humana. Este hunhua con la comida en el estómago y los intestinos ocurre de las siguientes dos maneras:

1. Hunhua con la comida por los fluidos digestivos
El tracto digestivo secreta fluidos digestivos que contienen enzimas que interactuarán con los nutrientes y los descompondrán en subunidades químicas. El fluido digestivo es un fluido corporal procesado por las células de los órganos a través de una compleja serie de reacciones bioquímicas, que se llevan a cabo por el efecto de las enzimas. La digestión de los nutrientes requiere de enzimas y la producción misma de esas enzimas requiere de más enzimas. Dado que la materia es una forma concentrada de hunyuan qi invisible, la digestión permite que el hunyuan qi del cuerpo transforme la materia de regreso en hunyuan qi invisible y sin forma. La interacción entre los fluidos digestivos y la comida rompe los nutrientes: el almidón empieza a descomponerse en azúcares simples, las grasas se rompen en glicerol y ácidos grasos y las proteínas se desensamblan en aminoácidos. Una vez que toda la materia se descompone en sus subunidades componentes, éstas continúan siendo procesadas y finalmente asimiladas en el cuerpo por el hunyuan qi.

2. Hunhua con la comida y sus subunidades químicas en el campo de hunyuan qi
El hunhua y la absorción de la comida en el cuerpo humano toman lugar en el centro de dos fuertes campos de qi. Tanto el hunyuan qi corporal como el hunyuan qi de los órganos internos se encuentran e interactúan en el abdomen, dando ímpetu tanto a la digestión de la comida como a la asimilación de subunidades nutricionales dentro del cuerpo humano. Este es el campo de qi de los riñones, la fuente de nuestro qi generado. El libro *Nan Jing* registra que el qi de los riñones es el campo de hunyuan qi del mingmen interno que forma la parte trasera del dantian bajo. Tradicionalmente, esta es la raíz de los cinco órganos y los doce meridianos. Es la fuerza rectora de

la respiración, el almacenamiento de zhen qi y el guardián de las defensas del cuerpo para mantener alejado todo qi negativo.

La ciencia moderna ha demostrado que los riñones secretan muchas hormonas importantes que tienen una influencia directa en todo el cuerpo humano. El campo de hunyuan qi de los riñones puede, por lo tanto, afectar directamente el hunyuan qi humano.

La embriología ha documentado que los ovarios y los riñones tienen el mismo origen, y que las células que forman los tejidos fundamentales de los testículos no se originan de las células de las capas germinales, sino de las células reproductivas en las etapas más tempranas del saco de yolk. Puesto que son formadas en una etapa tan temprana, estas células retienen la información humana completa y, por lo tanto, el campo de hunyuan qi de los riñones es la fuente del qi innato. El qi innato de los riñones mejora las funciones digestivas y provee la información de completud de la vida al qi recién formado resultante del proceso hunhua completo.

El hunyuan qi formado en la cavidad abdominal

1. La formación del hunyuan qi invisible y sin forma

Cada objeto material tiene hunyuan qi que contiene y es capaz de manifestar la característica de completud de sí mismo. Cuando la materia se descompone en sustancias más simples —la comida, por ejemplo, que se rompe en subunidades químicas—, entonces, parte del hunyuan qi original del objeto se infunde dentro de la sustancia más simple y otra parte se libera. Esta liberación ocurre bajo el efecto hunhua del hunyuan qi humano. Las características originales del objeto cambian a través de la asimilación, y pueden ahora usarse directamente en las actividades humanas como una parte del hunyuan qi del cuerpo. En general, este tipo de hunyuan qi se almacena (y se impregna) en el mesenterio y el epiplón (dos pliegues en el estómago que sujetan los intestinos a la cavidad abdominal) y en el peritoneo, la membrana que forra esta cavidad. Este tipo de qi hace que el qi de la comida haga hunhua, y también puede ser movido por la consciencia a otras partes del cuerpo para fortalecer las funciones sensoriales y de movimiento. Esta parte del qi es similar al wei qi de la medicina tradicional china, y es el qi del dantian que la gente dirige para curar enfermedades en las prácticas de qigong tradicional.

Este qi también se usa para fortalecer la piel y los músculos, especialmente en el qigong *ying*, o qigong duro, de las artes marciales.

2. La formación de subunidades nutricionales
Los materiales resultantes del proceso digestivo podrán ir ya sea a hacer hunhua con el hunyuan qi humano, como se describió, o serán absorbidos y transportados a lo largo del sistema circulatorio para tener más hunhua con los tejidos corporales, dado que no son aún hunyuan qi.

El hunyuan qi formado en los tejidos corporales

El hunhua en los tejidos tiene dos aspectos. En primer lugar, las subunidades nutricionales se sintetizan para formar compuestos macromoleculares: los aminoácidos se sintetizan en proteínas; los ácidos grasos y el glicerol en triglicéridos y la glucosa en glicógeno. Y en segundo, ocurre un proceso de hunhua dentro de las células por el cual se libera energía de la materia transformada. La energía liberada es una manifestación de energía del hunyuan qi. Todas estas reacciones y el proceso entero de metabolismo en los tejidos se completan por los efectos de las enzimas, de las cuales hay más de 3 000 en el cuerpo humano; conocemos poco acerca de las muchas reacciones que causan. El proceso entero, desde el principio hasta el final, es uno en el cual lo visible cambia hacia lo invisible y de regreso de nuevo, una continua alteración de lo tangible y lo sutil, mientras la materia se transforma en hunyuan qi y el hunyuan qi se concentra de nuevo en materia. El hunyuan qi formado a partir de este proceso se usa para hacer tejido localizado y proveer de energía a los músculos. El hunhua de las células del cuerpo y de las células de los órganos internos es muy similar y, por lo tanto, podemos decir que el hunyuan qi corporal existe dentro de las vísceras. Las células de los órganos internos hacen hunhua para su propio metabolismo, pero también para la secreción de hormonas. En un nivel de habilidad normal, estas funciones se ajustan por los nervios automáticos y las hormonas en lugar de hacerlo por la consciencia.

La formación del hunyuan qi humano

Se ha descrito ya el hunyuan qi de la vida biológica humana, que es qi inalterado por la actividad de la consciencia. Solo cuando la consciencia se fusiona con el hunyuan qi de este nivel biológico es que ambos forman el hunyuan qi humano. El hunyuan qi excepcionalmente puro, que es yiyuanti, puede penetrar el hunyuan qi de todos los niveles y, por lo tanto, a través de hacer hunhua con todos los niveles puede gobernar y controlar todos los aspectos de la vida humana.

Tres maneras de hunhua entre la consciencia y el hunyuan qi biológico

1. Hunhua a través de las células nerviosas

De acuerdo con la ciencia fisiológica, el sistema nervioso gobierna toda la actividad de la vida humana, una función que realiza a través de las células nerviosas, que cubren todo el cuerpo para transmitir información. La ciencia dice que este proceso es una conexión entre las células nerviosas y cada tejido, y que el espacio que queda entre ellos es puenteado por varias sustancias químicas que actúan como neurotransmisores.

Pero lo que la ciencia no conoce es la forma en la que las instrucciones conscientes cambian la información de las células nerviosas. Lo que realmente sucede es que yiyuanti induce al hunyuan qi de las células nerviosas a hacer hunhua con el hunyuan qi de cada tejido. Dentro de este proceso, los neurotransmisores son solo una condensación producida por el hunhua que los acompaña. La materia del transmisor es simplemente un fenómeno que sigue a las transformaciones del qi. La teoría de la completud Hunyuan afirma que entre las células nerviosas hay una transmisión electrónica que no depende de los transmisores químicos.

2. Hunhua a través de las secreciones de las células nerviosas

Esto no se refiere a las hormonas producidas por el hipotálamo y la glándula pituitaria, sino a los cambios inducidos por yiyuanti durante la actividad de la consciencia. Algunas de las sustancias producidas por las células cerebrales se distribuyen por todo el cuerpo a través del sistema circulatorio para hacer hunhua y cambiar el estado de la vida física de muchas maneras.

3. Yiyuanti hará hunhua directamente con el hunyuan qi del cuerpo

Este proceso manifiesta todos los tipos de movimientos naturales y, por lo general, no ocurren conscientemente sino de manera espontánea. En primera instancia, sucede a través de movimientos de consciencia que movilizan el qi para que fluya; y en segunda instancia sucede a través de la reunión y dispersión, y el alza y baja del qi que se ve afectado por las emociones.

De estas tres maneras, el hunyuan qi de la vida física y biológica se impregna de consciencia y forma el hunyuan qi humano que contiene los aspectos característicos de la completud. Este proceso hunhua se lleva a cabo lentamente durante los años de desarrollo, mientras la consciencia se unifica con las actividades del cuerpo. Esta conexión es tan cercana que cuando la consciencia trabaja en la estabilidad de un yiyuanti en silencio, especialmente las actividades de instrucción consciente, el cambio ocurre de manera natural en todo el cuerpo. El efecto de la consciencia que se aborda en los capítulos de la teoría de la consciencia y la teoría del Dao De se desarrolla sobre esta base.

Más acerca de la unidad de jing, qi y shen

Ya hemos hablado acerca de la vida humana como una unidad de jing, qi y shen, y hemos dicho también que jing, qi y shen son expresiones distintas del hunyuan qi humano, la sustancia que contiene y manifiesta las características de completud de cada vida humana. Aunque ya hemos descrito este sistema de muchas maneras, sigue siendo difícil de entender; esto es porque nuestra ciencia moderna ha investigado y tenido logros en muchos campos, pero aún no ha entendido la consciencia.

La consciencia no puede negarse, puesto que se nos muestra a través de nuestras actividades externas, pero el qi es distinto, es invisible y sin forma, y, por lo general, las personas no perciben su existencia. Aun así, el qi también se nos muestra a través de la actividad del cuerpo y de la consciencia. El qi es el estado hunhua de muchas formas diferentes de energía. Cuando no se transforma en energía, no tenemos la tecnología para percibir su existencia; esto dificulta su comprensión, incluso cuando lo hemos descrito como una existencia que incluye nuestro cuerpo entero y la consciencia. La gente podría preguntarse por qué hablamos acerca del qi si no podemos entenderlo, por qué no hablamos simplemente de una completud de mente y cuerpo. ¡Sin duda sería más fácil entenderlo si dejáramos que la ciencia moderna lo explicara! Pero si ignoramos el qi, entonces no podríamos establecer una teoría razonable del cuerpo y la mente, y la esencia de lo que es un ser humano no se reflejaría.

La teoría del alma de la teología, la teoría de los cuatro elementos del budismo, la teoría de la física de la máquina humana y el dualismo espíritu/materia de la filosofía no pueden dar a conocer completamente la esencia de la vida humana y, por lo tanto, no pueden revelar las leyes del desarrollo humano. Incluso las teorías de completud del qigong tradicional y de la medicina tradicional china no pueden realmente hacer avanzar a la raza humana a un nivel más alto. ¿Por qué? Porque hasta ahora los seres humanos no han desarrollado aún la verdadera unidad de su sistema compuesto de jing, qi y shen, y no han sentido la existencia del qi.

La diferencia esencial entre los seres humanos y los animales reside en el hecho de que la consciencia humana puede positivamente gobernar todas las actividades del individuo. Esto muestra que la consciencia tiene una independencia. La consciencia hubiera sido muy diferente del estado instintivo de la actividad nerviosa de un animal aun en las primeras etapas de la vida humana, pero no hubiera entonces dominado la actividad de vida tan fuertemente.

Actualmente, la consciencia es mucho más independiente y puede alcanzar libremente cualquier lugar. El día de hoy parece que la consciencia humana es la fuerza más dominante en el universo, pero en realidad la consciencia humana aún no sabe cómo dar instrucciones a su propio cuerpo y como resultado no puede dominarse ni siquiera a sí misma. La teoría de la completud Hunyuan ve la consciencia de yiyuanti como un hunyuan qi de más alto nivel que el hunyuan qi del nivel biológico. Los dos se han fusionado y transformado, pero no se han unificado. Esto se debe a dos razones; en primer lugar, la gente no ha conocido los métodos ni ha percibido la importancia de gobernar conscientemente el hunyuan qi de su propia vida biológica y esto los ha dejado incompletos y con un estado psicológico en pobres condiciones. En segundo, la consciencia de las personas está dividida y sobrecargada por una multitud de información sensorial.

Puesto que los órganos sensoriales humanos aceptan información de una sola vía, los seres humanos deben sintetizar y analizar la información de los diferentes sentidos para entender un objeto. Este proceso de pensamiento ocupa y divide yiyuanti con muchos estados sensoriales y psicológicos diferentes. En estas condiciones, la consciencia no puede realmente gobernar la completud del organismo humano. Este es el estado de la vida humana hoy en día, un estado dividido de consciencia que continúa aportando material objetivo para el dualismo de las filosofías. El qigong tradicional y la medicina tradicional china hablan a menudo desde este mismo nivel, y no es un estado de completud. Todo esto se debe a que la consciencia humana no ha penetrado su propia vida interna.

La única manera de llevar a cabo la verdadera unidad de jing, qi y shen es establecer el estado de completud de yiyuanti. Esto significa el desarrollo de la súper inteligencia —de las habilidades especiales— a través de la cual la gente es capaz de sentir la unidad de jing, qi y shen y, por lo tanto, unir la vida humana con yiyuanti. Esto revelaría que los seres humanos son maestros libres y completamente conscientes de su propio ser y voluntad. Este es el contenido del siguiente capítulo, la teoría de la consciencia.

Despertar de la consciencia

CAPÍTULO V
La teoría de la consciencia

La consciencia es el contenido y el proceso del movimiento de yiyuanti, es la forma más refinada de hunyuan qi humano. La consciencia viene de la reflexión en yiyuanti de todo tipo de información —desde el mundo natural, el ambiente social y los procesos internos de la vida—. La consciencia gobierna la vida de las personas y este capítulo trata de su esencia, sus leyes de movimiento y sus efectos, los cuales son muy distintos de las habilidades mentales comúnmente percibidas. La teoría de la consciencia está compuesta de cinco secciones: la primera, la consciencia como materia; la segunda, yiyuanti; la tercera, la actividad de la consciencia; la cuarta, las funciones de la consciencia y la quinta, los aspectos de la teoría de la consciencia Hunyuan.

SECCIÓN UNO
La consciencia es materia

La consciencia tiene características de energía

En años recientes, muchos experimentos relativos a las habilidades especiales han usado la consciencia para mover o cambiar objetos. En un experimento realizado con rigor por Wang Bin y Wang Qiang y supervisado por el profesor Lin Shuhuang de la Universidad de Beijing, hierro magnético, insectos, tornillos y tuercas, cerillos y un reloj fueron todos movidos físicamente ciertas distancias a través del uso de la consciencia. El tiempo cronometrado con un reloj de baterías también sufrió un retraso. Se acepta ampliamente que los objetos con masa solo pueden moverse o tener cambios en su morfología bajo la acción de una fuerza. Dado que la consciencia puede mover objetos y causar cambios morfológicos, debe, por lo tanto, tener una fuerza energética, así como características de sustancia.

La consciencia tiene las funciones de sustancia

Los experimentos sobre el Zhineng Qigong en años recientes han demostrado que la consciencia puede no solamente promover o inhibir el crecimiento de células cancerosas, sino también incrementar la productividad en un gran número de campos.

En 1992, en unas conferencias de comunicación académica presentadas por representantes del Zhineng Qigong, se expusieron los resultados de experimentos reportados en cerca de un centenar de estudios, en los cuales grupos o personas relacionados con el Zhineng Qigong trabajaron con científicos. Muchos experimentos se ocupaban de incrementar la producción de los cultivos. Li Xiaofang, profesor de la Universidad de Beijing, ha experimentado mandando qi externo a algunos cultivos en Chifeng Town en Mongolia, donde los campesinos subsecuente e inusualmente han cosechado los campos dos veces en un año. En un experimento conducido en Tie Dao College, en la ciudad de Shi Jia Zhuang, la fuerza compresiva del acero se incrementó a través del uso controlado de la consciencia, y hubo muchos otros experimentos similares exitosos. Los resultados han demostrado que la actividad de la consciencia tiene las características de una sustancia, de lo contrario, los resultados relacionados con la sustancia no se hubieran podido lograr.

En 1981, en una conferencia ofrecida por la Asociación de Qigong de Beijing, un maestro de qigong no estaba convencido de las habilidades especiales del qigong. Wang Zhongping, de la asociación de Beijing, lo persuadió con un experimento. Mientras Wang tocaba un lavabo, le pidió al maestro de qigong que rotara su mente alrededor del lavabo. Cuando el maestro lo hizo, Wang fue capaz de sentir la dirección del movimiento. Aun cuando el maestro de qigong cambió la dirección de su mente a medio camino e hizo los giros en el otro sentido, Wang Zhongping contestó correctamente todo el tiempo. En este experimento, la consciencia del maestro de qigong no se vio afectada por Wang, pero Wang fue capaz de sentirla.

En 1988, en otra conferencia sobre qigong en Eastern North Electric College, en la ciudad de Jilin, Wang Youcheng leyó los pensamientos de su audiencia. Así, el presidente de la universidad pensó en el nombre de una persona, Wang anotó el nombre y lo mostró a la audiencia: la respuesta era correcta. También el vicepresidente pensó en una fórmula matemática compuesta por símbolos en un lenguaje extranjero; Wang Youcheng no conocía ese lenguaje, pero incluso así escribió la respuesta correcta, tal como fue percibida por su consciencia. Repetidamente, él dio las respuestas correctas.

De manera similar, en la televisión de Beijing en 1980, un niño de tres años de edad fue capaz, al tocar con la mano a su padre, de sentir el ejercicio matemático que su progenitor estaba haciendo y de decir las respuestas. En otro experimento, mientras un grupo de personas enfocaron sus mentes en un carácter específico, otra persona fue capaz de decirlo en voz alta. Hay muchos experimentos similares entre 1980 y 1981, todos los cuales prueban que la consciencia se puede sentir y que, por lo tanto, tiene las propiedades de la materia.

La materialidad de la consciencia y el monismo idealista

El monismo idealista es una filosofía que afirma que tanto la consciencia como la materia son de carácter espiritual, lo que quiere decir que no tienen una naturaleza física y que el mundo espiritual es, al final de cuentas, imposible de conocer. La teoría de la completud Hunyuan afirma que todo es una sustancia, incluido el espíritu, y que la sustancia se puede conocer.

La teoría del Zhineng Qigong tiene, sin embargo, muchas similitudes con el monismo idealista del budismo, aunque con una diferencia fundamental. En la teoría general budista, la consciencia es la esencia de todo y es eterna, no se puede generar o extinguir y, al final de cuentas, sus raíces no se pueden conocer. En la teoría de la completud Hunyuan, la consciencia no es eterna, sino que se establece lentamente acompañando el desarrollo de la corteza cerebral humana y la sociedad humana. La generación y el movimiento de la consciencia tienen sus propias leyes específicas y estas leyes se pueden conocer.

La materialidad de la consciencia y el dualismo

El dualismo cree que el universo está compuesto por el mundo material y el mundo espiritual. El mundo material es la realidad del mundo en el que estamos y el mundo espiritual es un mundo no conectado, del cual nosotros somos la costa. Entre estos dos mundos existe un golfo impenetrable. El ser humano solo puede conocer los fenómenos de estos mundos, pero nunca su esencia.

En contraste, la teoría de la completud Hunyuan afirma que la consciencia y la materia son una existencia objetiva y unificada y que la consciencia misma es un tipo de sustancia. En la teoría del Zhineng Qigong, la consciencia es un movimiento del hunyuan qi de yiyuanti. La consciencia y la materia se penetran y conectan entre sí. Su contenido, esencia y leyes de movimiento se pueden descubrir.

La materialidad de la consciencia y el materialismo vulgar

El materialismo vulgar es una rama de la filosofía materialista que apareció en los años 30. Afirmaba que todo en el universo es material, incluido el espíritu, lo cual lo hacía un tipo extremo de materialismo. La creencia era que el espíritu —o consciencia— era algo secretado por el cerebro humano, tal como el hígado secreta bilis. Esta idea simplifica, vulgariza y hace absolutas las formas de existencia material. Es una teoría rígida y fija, de acuerdo con la cual, toda sustancia solo puede existir como materia visible y no tiene otras formas de existencia invisible.

El materialista Feuerbach estuvo en desacuerdo en esa época, al afirmar que, si esas personas eran materialistas, él prefería no ser uno de ellos. La teoría de la completud Hunyuan afirma que la consciencia es una sustancia, pero una existencia especial de sustancia, diferente de la materia normal. Más precisamente, la consciencia es un *movimiento* de esta sustancia; al ser la sustancia misma el más alto grado de hunyuan qi, formado de la estructura material de la corteza cerebral que se llama yiyuanti. Por lo tanto, la consciencia es producida por el cerebro humano, está sujeta al cerebro humano y no puede existir sin él; pero no es una sustancia visible. El materialismo vulgar sostuvo visiones muy diferentes, aunque al menos correctas, al afirmar que la consciencia es un tipo de sustancia.

¿Qué clase de movimiento como sustancia es la consciencia?

Podemos dividir todas las sustancias en el universo en tres niveles. En el primer nivel, la sustancia tiene materia, energía e información y existe principalmente en la forma de materia visible. En el segundo nivel, la sustancia tiene energía e información y principalmente existe en la forma de energía y de campos de energía. En el tercer nivel, no hay ni energía ni materia obvias, la sustancia existe predominantemente como información. Este tercer nivel es el nivel de la consciencia, cuyo estado de existencia explícito es el de una sustancia con información, aunque la materia y la energía forman su existencia latente. Los aparatos científicos no pueden detectar la existencia de la consciencia, pero la práctica de qigong sí puede.

¿Por qué la consciencia tiene energía y materia en su estado latente, pero tiene información en su estado explícito? Si miramos hacia atrás, hacia la formación de la consciencia, podemos ver por qué. Cuando un objeto con materia, energía e información es percibido por los órganos sensoriales humanos, la información integrada forma una imagen del objeto en yiyuanti. Esta imagen es la impresión hecha por la energía y la información del objeto, mientras su materia permanece oculta o latente. La imagen sigue siendo continuamente procesada en el cerebro hasta que se abstrae como una concepción. Para entonces, la energía del objeto también está oculta y solo su información permanece. La consciencia es realmente la actividad de esta información en el cerebro humano. La consciencia es una sustancia con información en su estado explícito de existencia.

En el pasado, se creía que la consciencia era la actividad de las células cerebrales. La teoría de la completud Hunyuan afirma que las dos están conectadas, pero no son exactamente lo mismo. La actividad de las células del cerebro incluye cambios tanto físicos como químicos, mientras que la consciencia no. El movimiento de la consciencia se basa en la actividad de las células del cerebro, pero su relación es comparable a la relación de una corriente eléctrica que fluye a través de la antena de una estación de televisión y la onda electromagnética que emite. Las ondas electromagnéticas están conectadas a la corriente eléctrica y se basan en ella, pero, aun así, son muy diferentes. De esta misma manera, la consciencia es diferente de la actividad de las células del cerebro en las cuales se basa.

¿Cómo es que entonces las funciones de las células cerebrales producen la actividad de la consciencia? Esta es una cuestión complicada; para responderla, tenemos que empezar con las propiedades y funciones de yiyuanti.

SECCIÓN DOS
Yiyuanti

Yiyuanti (意元体) aparece en el feto en una cierta etapa del crecimiento, comúnmente alrededor de los siete meses. En ese momento, el hunyuan qi de las células del cerebro se fusiona para formar el estado único de yiyuanti.

La teoría de la completud Hunyuan afirma que toda forma es generada por su propio hunyuan qi y que es el estado visible reunido de ese qi y del campo de qi que la rodea. Las células del cerebro comparten algunas funciones metabólicas con las células del cuerpo, pero también tienen la habilidad de recibir y reflejar información y, por lo tanto, pueden mandar información para tener efectos en cosas objetivas (y cualquier cosa fuera de las células es, para las células, un objeto, incluido el cuerpo y el mundo externo).

Cuando las células del cerebro se reúnen en una cierta masa, el hunyuan qi alrededor de esas células se fusiona con ellas para formar una completud. La completud puede amalgamar toda la información recibida por cada célula en la información de la completud. El hunyuan qi de este carácter "entero" se llama *naoyuanti* (脑元体); *nao* significa cerebro. Los animales tienen un naoyuanti, pero la evolución humana ha permitido el desarrollo de una habilidad mayor: la abstracción de la información recibida en ideas y el uso de éstas para los procesos de pensamiento. Cuando naoyuanti se desarrolla a este nivel, se le llama *yiyuanti* —*yi* es consciencia, *yuan* es original y *ti* es forma—. Las funciones de yiyuanti están constantemente evolucionando junto con el sistema nervioso.

Yiyuanti contiene la información completa del universo, incluida la vida humana. Recibe el mundo y lo refleja hacia afuera de nuevo, siendo capaz de integrar, analizar, almacenar, recuperar y enviar información. Cuando yiyuanti está calmo, existe en un estado uniforme, tranquilo como un estanque. Los antiguos decían: *ji ran bu dong* (寂然不动)—"muy quieto, sin movimiento"—. Cuando yiyuanti se altera desde afuera, naturalmente reflejará de regreso el objeto como realmente es, simplemente y sin juicio y, por lo tanto, los antiguos decían: *gan er sui tong* (感而遂通)—"refleja la información y comprende"—. "Yiyuanti" es una palabra tanto subjetiva como objetiva, al ser una completa y armoniosa completud hunyuan que no distingue entre el sujeto y el objeto. Yiyuanti es la fuente de la consciencia y, en un estado de alto nivel de qigong, puede ser percibido por la consciencia.

Las características de yiyuanti

Yiyuanti no tiene distinciones en su interior: es puro y fino, invisible y sin forma, un estado que no se puede ver o conocer comúnmente. Está fusionado con el cerebro y tiene su centro ahí; se extiende hacia afuera para llenar el cuerpo entero y se dispersa también fuera del cuerpo. Yiyuanti es la integración del hunyuan qi de las células del sistema nervioso. Los cambios físicos, químicos y biológicos dentro de estas células son su materia fundamental. Yiyuanti tiene independencia del sistema nervioso, aunque ambos interactúan y se afectan entre sí. Esta relación se puede comparar a la de un cable conductor eléctrico y el campo eléctrico invisible que rodea el cable. También se puede comparar con un imán y su campo magnético, aunque las diferencias son vastas.

1. Yiyuanti es el estado de equilibrio: uniforme, puro, sutil y fino
Yiyuanti está unificado con el hunyuan qi de las células del sistema nervioso y es la función apropiada de estas células. Las células mismas existen dentro de diferentes niveles de qi. En un nivel, el hunyuan qi corporal penetra y nutre a las células y, en otro nivel, el hunyuan qi de yiyuanti penetra en las células que tienen la habilidad de mandar y recibir información. Ni las células del cuerpo ni las células de los órganos internos pueden lograr una función que vaya más allá del metabolismo material (tanto la energía como la materia visible metabolizan), pero las células del sistema nervioso pueden procesar un "metabolismo informativo". Esto no es lo mismo que el metabolismo material, sino que se refiere simplemente a un proceso completo de movimiento de información. La pureza y la habilidad únicas de yiyuanti de enviar y recibir información lo sitúan aparte del hunyuan qi corporal y del hunyuan qi de los órganos internos; su naturaleza es más cercana a la del hunyuan qi original.

Las células del sistema nervioso son especialmente flexibles en su estructura y son capaces de reunirse en masa muy cercanamente. El hunyuan qi de estas células está, por lo tanto, densamente reunido y fusionado, lo cual lo hace particularmente refinado. A diferencia de otras células del cuerpo, las células del sistema nervioso dejan de multiplicarse alrededor de los dos años de edad. Con el hunyuan qi de esas células inalterado, yiyuanti permanece característicamente estable. Las células del cerebro mismas están estructuradas como "antenas" entrelazadas que pueden conectar múltiples células para transportar información entre ellas y, por lo tanto, formar un sistema.

2. La característica de reflexión
La estabilidad característica de yiyuanti determina su habilidad de reflejar objetos externos con su aspecto verdadero. Podemos comparar esto con la manera en la que un espejo refleja la forma y el color de los objetos; la reflexión del espejo es puramente óptica, al reflejar solo un aspecto de la superficie, mientras que yiyuanti tiene una infinita cantidad de capas que crean la profundidad de adentro y afuera que puede reflejar el carácter completo o la completud de un objeto. Yiyuanti puede sentir toda la información del mundo circundante, así como reflejar el estado de sí mismo o sentir su propia existencia.

En el proceso de reflexión, la información del objeto estimula un cambio en las células del sistema nervioso que, por su parte, provoca un cambio en el hunyuan qi del sistema nervioso que, a su vez, se refleja en yiyuanti. De cualquier manera, la relativa independencia de yiyuanti implica que también puede reflejar un objeto al recibir directamente su información de completud, sin recurrir al sistema nervioso. La inspiración y predicción son ambos ejemplos de la recepción de este tipo de información de completud.

La sensibilidad de reflexión de yiyuanti está determinada por su grado de *xu ling ming jing* (虚灵明静). Esto describe la claridad de yiyuanti; *xu* quiere decir vacío pero no vacío, *ling* se refiere a la velocidad efectiva de yiyuanti para recibir y mandar información con precisión, *ming* significa puro y claro y *jing* es silencio. Esta claridad de yiyuanti depende de la cantidad y la calidad del qi que lo nutre, así como de sus propias características de estabilidad. El xu ling ming jing generalmente mejora con rangos de movimientos suaves y regulares, incluido el pensamiento calmo, y se altera con movimientos inconsistentes, tales como el pánico. Durante una alteración, los movimientos calmos y regulares pueden ayudar a ecualizar el movimiento irregular y, por lo tanto, a reducir la alteración. Algunos qigongs tradicionales buscan reducir esta alteración en yiyuanti vaciando la mente y no pensando en nada, pero esta no es la ruta más sencilla para comenzar, razón por la cual el Zhineng Qigong utiliza la actividad regular del movimiento.

3. Yiyuanti tiene un carácter cinético

Todo tipo de actividad de vida se refleja en diferentes capas de yiyuanti y se integra para formar una completud hunyuan cinética. Cada parte y cada capa de yiyuanti tienen aspectos tanto activos como pasivos.

I. Yiyuanti tiene la característica de reunir y liberar

La reunión ocurre a través de la concentración o de la intención de la mente y puede amasar energía e incluso formar materia visible. La liberación ocurre cuando la atención es difusa, cuando la mente no está enfocada o es indiferente ante un resultado. Entonces, tanto la energía como la materia visible pueden volver a ser qi. Una mente no enfocada naturalmente perderá energía e incluso peso material. Una mente aplicada conscientemente se puede usar para hacer que la masa corporal desaparezca, como en el caso de los tumores.

II. Dos tipos de movimiento de yiyuanti

El primer movimiento de yiyuanti se da en el campo subatómico, donde el movimiento de la información básica ocurre inconscientemente y más rápido que la velocidad de la luz. El cerebro es un almacén de información extremadamente complicado, con una capacidad básicamente infinita, que incluye 140 mil millones de células nerviosas y el ADN de cada célula nerviosa que contiene 10^{10} pares base. Dado que todo tipo de información se debe procesar e integrar antes de que siquiera podamos tener una idea, si no se mueve más rápido que la velocidad de la luz, no se puede procesar.

El segundo movimiento de yiyuanti pertenece al campo macroscópico. Este es el movimiento de la información conceptual. El pensamiento se refiere comúnmente a ideas y puede tener varias velocidades; un ejemplo sería el movimiento de una mano o un viaje alrededor de la tierra. La consciencia es este movimiento de información y la consciencia puede sentir este proceso de sí misma. Cuando la consciencia se mueve lentamente, podemos controlar y mejorar la exactitud del movimiento con la mente, pero cuando se mueve a la más alta velocidad es difícil de detener o cambiar; por lo tanto, cuando los pensamientos distractores aparecen en una práctica y nos enfocamos en estos pensamientos para intentar controlarlos, a menudo se produce el efecto opuesto, es decir, se presentan más pensamientos distractores. Es mejor enfocarse, en lugar de eso, en alguna actividad o estado positivo, tal como la práctica misma, y la distracción pasará de manera natural. Como afirma la física: "Cuando la antimateria encuentra resistencia, reúne fuerza y se mueve a mayor velocidad".

La vida es tanto activa como pasiva —activa por el uso consciente de la intención y pasiva por la manera en que somos afectados por la información externa—. Podría decirse que yiyuanti es pasivo cuando está influenciado por un objeto, aunque para yiyuanti no exista una diferencia real, ya que todo es un movimiento de información. Cuando yiyuanti refleja información y experimenta movimiento, esto evidencia el proceso de reunir y liberar. En la vastedad de información que se contrapone, pasivo y activo no se diferencian. Yiyuanti puede ser afectado pasivamente por información que prácticamente no contiene energía; aun así, la información se recibe. Solo cuando una serie de informaciones se reúnen e integran y se hacen formularias, surge una concepción para crear consciencia y esa consciencia se puede entonces usar activamente y con propósito, para autodirigirse o penetrar cualquier objeto.

Las funciones de yiyuanti

Yiyuanti tiene tres funciones principales: recibir información, procesar, guardar y recuperar información y enviar información.

1. Recibir información

Yiyuanti refleja el mundo alrededor de él y a través de ese proceso internaliza la información externa y rehace el mundo objetivo en un mundo subjetivo. Esta recepción de información tiene dos formas:

I. La habilidad normal de recibir información a través de los órganos de los sentidos

La información del mundo objetivo se recibe a través de los órganos de los sentidos que perciben la naturaleza física y química de los objetos. Los ojos reciben la información óptica de luminosidad, color, brillo, forma, etcétera. Los oídos reciben la información acústica de tono, frecuencia e intensidad de sonido. El cuerpo siente la temperatura y la presión. La nariz recibe olores. La lengua recibe sabores.

Cuando los órganos de los sentidos se estimulan, la información excita el sistema nervioso y reacciona en el cerebro, lo que provoca un correspondiente cambio en yiyuanti. Una sencilla irritación es una sensación; muchas sensaciones conforman la complejidad de una percepción. Cuando toda la información de un solo objeto entra a través de los sentidos a yiyuanti, la imagen completa de ese objeto se forma y, entonces, a partir de porciones de la imagen podemos recrear la información completa.

Todo tiene características únicas que los órganos de los sentidos reciben como diferentes tipos de información, lo que provoca una variedad de impulsos nerviosos que causan cambios en el sistema nervioso y provocan cambios en el cuerpo. La información de completud del objeto es separada por diferentes órganos de los sentidos, que yiyuanti después reintegra para recuperar la naturaleza total del objeto.

II. La habilidad especial de recibir información

Así como yiyuanti puede recibir información de los órganos de los sentidos, también puede recibir información directamente. Yiyuanti puede recibir directamente información espacial completa, información de tiempo completa e información temporo-espacial completa. Aquellos con habilidades especiales han de recibir la información y conocer su fuente objetiva de inmediato.

2. Procesar, guardar y recuperar información

I. Procesar información

Después de que la información parcial se obtiene de los órganos de los sentidos y se refleja en yiyuanti, se puede entonces integrar para formar la imagen completa del objeto. Este es el primer paso en el procesamiento de la información. El segundo paso sucede al abstraer la información de la imagen completa en un símbolo único de ella. El pensamiento abstracto común procede de la siguiente manera: captura la esencia del objeto en un símbolo que después ocupa otra capa de yiyuanti y, entonces, construye otro sistema de información y otra manera de relacionarse con el mundo.

II. Guardar información

Yiyuanti guarda información de una manera similar a como el hunyuan qi la almacena. Ni yiyuanti ni la información ocupan tiempo o espacio, así que yiyuanti puede guardarla infinitamente. Alguna información se recibe y se guarda conscientemente; otra se recibe y se guarda inconscientemente. Solo el primer tipo de información se puede conscientemente recuperar y usar. La que se recibe inconscientemente permanece oculta y es difícil de recuperar, hasta que llegue el momento en el que se haga consciente. Esto puede ocurrir espontáneamente en momentos de contemplación o cuando entra más información y la activa.

Una vez que la información entra y produce movimiento, yiyuanti se concentrará en la misma e incrementará su contenido para poder reflejarlo hacia afuera de nuevo conscientemente. Mientras yiyuanti reúne qi, en este momento, una serie de cambios materiales se producen en las células del cerebro; en cuanto la información en yiyuanti se hace material, entonces se fija y se guarda en las células del cerebro.

III. Recuperar información

Como parte de yiyuanti, el hunyuan qi de las células del cerebro contiene toda la información guardada. Cuando la consciencia busca, para recuperar información, activamente se reunirá en el punto material de la información, de manera que ésta en la materia pueda emerger claramente. Yiyuanti puede recuperar y enviar todo tipo de información; pero es difícil recuperar y enviar la que se recibió y guardó inconscientemente, puesto que causó un cambio sumamente pequeño en yiyuanti. La habilidad de yiyuanti de recibir, guardar y recuperar información está determinada por dos aspectos: la sensibilidad de yiyuanti (que se refiere a su grado de calma o movimiento) y la regularidad de la información en yiyuanti.

3. Enviar información

Toda la información de nuestro mundo subjetivo es resultado de recibir y procesar información externa. Como ésta se puede recibir de modo tanto "normal" como "especial", también se puede enviar de esas mismas dos maneras.

I. Envío de información normal

En este proceso, yiyuanti afecta el mundo objetivo a través del sistema nervioso, mediante diferentes órganos que envían información al objeto. La ciencia del Zhineng Qigong afirma que cuando los órganos de los sentidos reciben el mundo externo, esto no es un acto pasivo, y que cuando se pone atención a un objeto, se envía información al mismo tiempo. Esto no producirá un gran cambio en el objeto, aunque sí lo influenciará, pero la atención ya ha incrementado la información en yiyuanti. Al mismo tiempo, la información consciente de la atención de la persona permanece en el objeto.

II. Envío de información especial

Enviar información de completud depende solamente de la consciencia. Mover un objeto con la intención de la mente es un ejemplo, como en la "terapia de la mente pura", que usa la consciencia para enviar información sanadora a distancia. Todos tenemos la habilidad de enviar dicha información, solo la intensidad de ésta es diferente.

Ambas maneras de enviar información logran resultados similares. La información enviada comúnmente depende de los órganos de los sentidos del cuerpo, para afectar el objeto. El efecto en el objeto es siempre parcial —dependiendo de cuál órgano sensorial está haciendo la afectación— y todos los efectos pertenecen al mundo físico y químico.

Por otro lado, cuando yiyuanti envía información especial, lo hace sin referencia al sentido parcial de la misma, simplemente aporta la totalidad de la información directamente al carácter completo del objeto. En la relación entre el objeto y yiyuanti, este proceso especial sobrepasa las capas físicas y químicas y accede a la esencia de la completud hunyuan.

La formación y transformación de yiyuanti

La formación de yiyuanti

Yiyuanti es el desarrollo del hunyuan qi original. Es un movimiento especial de la materia invisible que apareció cuando la estructura y funciones de la corteza cerebral aparecieron. Es un estado hunyuan basado en la división continua de las células del cerebro que produce finalmente un hunyuan qi de una calidad sumamente refinada.

De la historia de las especies sabemos que el yiyuanti evolucionó del cerebro animal. Los animales pueden reflejar el mundo objetivo hasta cierto punto, pero no pueden abstraer la información del objeto para formar concepciones. Los animales pueden pensar y hacer análisis y síntesis simples, pero no pueden usar la consciencia y estar al tanto de ella. Solo en la etapa humana, la conexión de las células en la corteza cerebral y la función de los tejidos y los órganos es lo suficientemente refinada para formar yiyuanti.

Cuando las células del cerebro están altamente desarrolladas en número y estructura, se conectan amplia y densamente, lo que causa una abundancia de información. Una masa crítica en el campo de qi de las células se fusiona y transforma para crear una completud muy refinada en el centro del cerebro. Esto es yiyuanti. Con su aparición, las funciones del sistema nervioso se elevaron a un nuevo nivel. Esta evolución establece una base para el ser verdadero.

Cuando el feto se desarrolla y las células del cerebro crecen y maduran, yiyuanti emerge. En este momento, los tejidos y los órganos del feto se desarrollan de acuerdo con sus propias leyes. En el vientre, rodeado por el fluido amniótico, el feto recibe una estimulación uniforme y gentil, con muy pocas irritaciones. Las funciones cerebrales son bajas en este momento y el sistema nervioso no se ha desarrollado. El cerebro está calmo y no hay reflexión del ambiente. El feto permanece en algo como un estado vacío. Este estado de completud permanece incluso durante el nacimiento y hasta el primer aliento. En ese momento, toda la información de su propia vida individual, así como su vida racial, ya está contenida en el yiyuanti, a manera de una semilla, en espera de abrirse en el mundo. No es sino hasta el primer aliento que la función de yiyuanti comienza a lograrse. Antes del primer aliento, yiyuanti es un estado original inconsciente que existe sin diferenciación. Esto se llama yiyuanti original (chu shi yi yuanti, 初始意元体). El budismo llama a este estado *bai jing shi* (白净识), "consciencia pura y blanca".

La teoría de la completud Hunyuan difiere de la teoría budista, puesto que afirma que yiyuanti original estará influenciado incluso durante el periodo fetal y que, por lo tanto, su carácter no es completamente "blanco y puro". Incluso, mientras se forma el yiyuanti original, reflejará naturalmente las actividades de la vida de la madre y la información hereditaria.

Después de que yiyuanti se forma, durante tres meses, el feto nace. Durante este tiempo, yiyuanti puede recibir todo tipo de información, aunque no hay aún una capacidad de pensamiento, puesto que la información de las habilidades normales no puede ser confirmada por los órganos de los sentidos ni intensificada por el lenguaje. Tampoco hay información especial que funcione con yiyuanti, el cual se encuentra en un estado prácticamente vacío. Si la información de la habilidad especial se introdujera conscientemente en esta etapa, el feto podría efectivamente aprender en el vientre.

La transformación de yiyuanti

Después de que el feto nace, una vida independiente comienza. El cuerpo se desarrolla y todo tipo de información se vierte dentro. Gradualmente, vienen los cambios que transforman yiyuanti original en yiyuanti autoconsciente y después en yiyuanti distorsionado y fijo.

1. La formación de yiyuanti autoconsciente (zi wo yiyuanti, 自我意元体)
Cuando la vida da inicio, el niño recibe información que comienza a formar su marco de referencia. Esta información proviene de las funciones

biológicas, del mundo natural y del orden social de las cosas. A través de la integración de esta información, yiyuanti original se transforma en yiyuanti autoconsciente, que puede sentir y conocerse a sí mismo y tiene una cierta fuerza consciente, o voluntad, con la cual controla el cuerpo y gobierna la vida. Esto usualmente se incrementa con el crecimiento del cuerpo.

En el nacimiento, el pacífico mundo amniótico del vientre cambia por algo muy diferente. El nuevo individuo empieza a experimentar el mundo externo. Algunas partes del cuerpo entran en contacto con una multitud de superficies rígidas; otras tocan lo insubstancial del aire. Todo tipo de estimulaciones diferentes se reciben y la información de cada una se imprime en yiyuanti original. El funcionamiento de los órganos internos y el proceso digestivo cambian el ambiente interno. Los órganos sensoriales se desarrollan rápidamente y los diferentes órganos reciben diferentes tipos de información que todos transmiten continuamente a yiyuanti original. Paso a paso, el mundo objetivo se rehace en el mundo subjetivo, que crece en complejidad y ahora incluye toda la información del ambiente junto con la información interna biológica. Esta es la primera etapa de yiyuanti autoconsciente, el cual acepta y refleja información, pero es incapaz de dirigir la vida conscientemente.

A mayor contacto con el ambiente, se tiene más estimulación e información de más peso y la habilidad de yiyuanti de recibir se incrementa. La información del mundo natural y del mundo social humano es muy diferente de la información interna de los sentidos biológicos, así que las impresiones de yiyuanti crean la distinción entre el adentro y el afuera y entre el Ser y el objeto. Esto da inicio al dualismo de "allá afuera" y "acá adentro", de yo y lo otro y de lo mío y lo tuyo. Yiyuanti no tiene en estos momentos la habilidad de distinguir entre sujeto y objeto, simplemente refleja las diferencias. No dice: "Este cuerpo es mío". Dice: "Este cuerpo y todo su movimiento de vida interno, toda esa gente y ese ambiente completo, están todos afuera". Para yiyuanti todo es un objeto, incluso el pensamiento y todo el marco de referencia vienen desde afuera.

Una vez que la relación entre el sujeto y el objeto se ha formado, toda la información recibida en yiyuanti se convertirá en el marco de referencia del niño para reconocer objetos. Toda actividad de consciencia ocurre en el contexto de este sistema de referencia, que se convierte en la base de cómo reconocer el mundo. La consciencia del Ser de un individuo está basada en este contexto. El bebé en este momento comienza a construir relaciones con el mundo, pero no tiene los estándares para distinguir entre correcto y equivocado. Yiyuanti ha empezado ahora a moverse en el mundo subjetivo. El "blanco y puro" carácter del yiyuanti original se ha anulado. Esto se conoce como yiyuanti autoconsciente. En esta etapa, existe la función para distinguir el bien del mal, pero no se ha desenvuelto completamente, por lo que el individuo continúa teniendo un estado de completud armonioso con los mundos de la naturaleza y de la sociedad.

El yiyuanti autoconsciente cambia constantemente, al encontrarse entre el yiyuanti original y el yiyuanti distorsionado. Los nombres dados a estas etapas sugieren límites claros que son en realidad mucho más difíciles de distinguir. El yiyuanti fijo y distorsionado realmente empieza tan pronto como se forma el yiyuanti autoconsciente. Puesto que la transformación del yiyuanti original ha ocurrido, sin ninguna relación con las habilidades especiales humanas, estas habilidades no se han estimulado, intensificado y habilitado para emerger y, entonces, el sistema de referencia que se ha desarrollado contiene solo información de la consciencia común. No obstante, el yiyuanti autoconsciente de todas formas emerge armonizado con la actividad de vida interna y el ambiente externo.

2. Yiyuanti distorsionado y fijo
Con el desarrollo de los tejidos y de los órganos y, especialmente, de las funciones del sistema nervioso, el niño obtiene un mayor grado de autonomía. La distinción entre el interior y el exterior, entre el sujeto y el objeto, se hace más clara. El sujeto se enfatiza dado que en yiyuanti se refleja la realidad de un ambiente externo que puede proveer para la vida humana y, por lo tanto, para sí mismo. El contexto del marco de referencia lo va ocupando gradualmente este Ser subjetivo, lo que es una limitación puesto que se crea solo a partir de la sabiduría y las habilidades normales. Por lo tanto, la relación entre lo interior y lo exterior, basada en estos fundamentos también es limitada; y, entonces, el carácter, el temperamento y el punto de vista moral del individuo —todos basados en los fundamentos previos— son limitados. Yiyuanti en este estado se llama *pian zhi yiyuanti* (偏执意元体). *Pian* significa hacia un lado o hacia un punto. *Zhi* significa fijo y, entonces, *pian zhi* ilustra una visión limitada del mundo. Se llama yiyuanti distorsionado y fijo y es el fundamento común de la actividad de la consciencia humana. El budismo usa la frase *wo zhi shi* (我执识), cuya

traducción literal es "autoconsciencia fija", aunque en un sentido más amplio, significa pensar que todo es para el Ser o que el Ser está limitado por un limitado marco de referencia (can zhao xi, 参照系).

Tanto el yiyuanti autoconsciente como el yiyuanti distorsionado y fijo se desarrollan a partir del yiyuanti original. Ambos se forman una vez que la información recibida por el yiyuanti original se fija en un cierto patrón.

El yiyuanti distorsionado y fijo es útil, puesto que logra algunas de las funciones de yiyuanti original —aunque estas tienden a ser funciones comunes de la vida, que atan a los seres humanos a una visión del mundo subjetiva que mantiene las habilidades especiales de yiyuanti suprimidas—. Dado que el yiyuanti distorsionado y fijo tiene un pensamiento fijo y limitado, percibe el mundo natural solo como su conocimiento ya lo determina. Cualquier reconocimiento de mayores capas del universo está bloqueado y ahora requiere el desarrollo de lo que se denomina habilidad especial. Es así que la vida humana existe en un mundo limitado, del cual no puede elevarse a un mayor nivel de entendimiento. Naturalmente, esto ha conducido a muchos errores en el reconocimiento del mundo por lo que es. El budismo tiene la frase *wu ming*. *Ming* significa muy claro o iluminado y *wu* significa negación. Entonces *wu ming* significa un estado no iluminado. En lugar de ello, se trata de un fenómeno de una cierta etapa de la evolución humana; una creación artificial.

El proceso por el cual el yiyuanti autoconsciente cambia a yiyuanti distorsionado y fijo ha dividido al ser completo y armonizado.

El yiyuanti y la actividad de vida del cuerpo están en armonía hasta el primer aliento del nacimiento. A partir de ahí, gradualmente la estimulación de la información altera yiyuanti y empieza el primer proceso de separación. La información entrante es parcial, la reciben los órganos de los sentidos y, a través de ella, yiyuanti se descubre a sí mismo como el sujeto y al cuerpo y todo lo demás como el objeto.

La siguiente separación es más profunda, entre el Ser fisiológico (o las necesidades del cuerpo afectadas en la mente) y lo que podríamos llamar el Ser social, razonable o mentalmente sano. El Ser fisiológico quiere atender diligentemente las necesidades del cuerpo, pero la mente ahora contiene la información de las reglas sociales que han creado el Ser social. Los dos se han separado por un choque básico de puntos de vista. El Ser fisiológico sabe que el cuerpo necesita ingerir agua, pero el cuerpo, por ejemplo, está en una calle llena de gente y el Ser social no lo dejará hacerlo. Hay una división y contradicción nacida de dos marcos de referencia que chocan y que un niño pequeño no conoce.

La tercera separación incluye dos partes. Primera, entre el Ser observado y el observador —puesto que cuando observamos y cuestionamos nuestras propias decisiones o juicios, el Ser de nuevo se opone—. Y segunda, hay dentro un "Ser perfecto" que va por la vida deseando cosas en el futuro, se imagina esos deseos como un gran número de resultados perfectos. Ésta, está en oposición con el Ser práctico que debe de lidiar con las realidades de cada momento en la vida diaria que no se parecen a estas imágenes perfectas. Con base en estos cambios, se produce una mayor división y oposición entre los pensamientos egoístas y los pensamientos altruistas, entre el pensamiento social y el pensamiento espiritual y, a través de todas estas separaciones, el marco de referencia de yiyuanti se vuelve más distorsionado, más limitado, más fijo.

3. Yiyuanti completo (yuan man yiyuanti 圓满意元体)

Una práctica de alto nivel de qigong naturalmente mejorará las habilidades de yiyuanti para manejar información, a la vez que expandirá el potencial de recibir y enviar información especial. Esto añadirá nuevo contenido al marco de referencia de yiyuanti, que será entonces capaz de manejar adecuadamente la relación entre el Ser y el mundo natural. En este marco de referencia, la información normal, fija y distorsionada queda superada; esto se denomina yiyuanti completo.

4. Yiyuanti hunhua (混化意元体)

Hunhua significa fusionar y transformar. Después de que emerge el yiyuanti completo, la habilidad especial es capaz de enviar información para afectar tanto el cuerpo como el mundo exterior. El estado del Ser que se ha fijado mediante la información normal se transforma entonces cuando se fusiona con la información especial. Ésta domina y penetra el cuerpo entero y, entonces, gradualmente el cuerpo asume más del carácter de yiyuanti, hasta que los dos se armonizan en uno solo. Esto se denomina *yiyuanti hunhua*. Este estado, cuando el cuerpo y yiyuanti se fusionan y transforman, se llama *yi shi hunyuan* (意识混元) o consciencia hunyuan.

Todas estas capas de transformación no se refieren en realidad a la propia transformación de yiyuanti, sino a los cambios que el marco de referencia experimenta con relación a él, de modo que para entender la transformación de yiyuanti, debe también entenderse el marco de referencia.

El marco de referencia de yiyuanti

La frase "marco de referencia" viene de la física. Se refiere a un objeto o sistema elegido como estándar para confirmar la posición de un objeto y describir su movimiento. El marco de referencia de yiyuanti tiene un significado distinto. Toda la información del mundo objetivo recibida por yiyuanti ha formado la estructura temporo-espacial general que es el marco de referencia. Este sistema de pensamiento interno es lo que determina la consciencia: un espejo del mundo humano subjetivo para medir diferencias. Desde estas bases, las acciones se reconocen, juzgan y guían. Todo pensamiento humano ocurre en el contexto del sistema de referencia en yiyuanti.

Formación del marco de referencia

El marco de referencia de yiyuanti está constantemente cambiando. El yiyuanti original tiene teóricamente un carácter "blanco y puro", pero ese carácter cambia en el momento en que yiyuanti se forma y repentinamente recibe información de su alrededor. En un instante, toda la información que existe en el universo se almacena en yiyuanti. Ésta no se activa, sino que permanece oculta, de una manera similar a como el hunyuan qi original del universo contiene la información de todo cuanto existe, aunque nada esté aún manifestado. El yiyuanti original parece estar en un estado vacío, puesto que casi toda la información recibida permanece oculta y no se refleja hacia afuera. Posteriormente, la información material del mundo objetivo traerá energía a yiyuanti una y otra vez, lo que intensificará y activará la información latente que entonces emergerá y se manifestará. Cuando yiyuanti reciba una cierta cantidad de información, ésta se reunirá en la materia y se fijará en las células cerebrales. Esta información no solo se convierte en un modelo de cómo reconocer el mundo objetivo sino también en el contexto en el cual entra nueva información.

El marco de referencia es una reflexión del mundo objetivo y esto incluye toda actividad de vida corporal —es el resultado del mundo objetivo que está siendo transformado en el mundo subjetivo—. El marco de referencia contiene la información de todos los objetos reflejados en él, así como el contenido de la relación y el efecto entre estas cosas. El marco de referencia también contiene el estatus social del individuo y su estado de vida. Hay tantos sistemas de referencia como hay personas: son imposibles de describir, difíciles de entender, tan únicos como cada individuo. Todas las personas tienen diferentes experiencias, todas las cuales crean diferente información en yiyuanti.

En la vida diaria, la información recibida a través de los órganos de los sentidos es parcial, y aunque una gran cantidad de ella se puede recibir, ninguna sobrepasa la habilidad normal. Solamente la cantidad de información aumenta y en el proceso se fija más fuertemente. La función de yiyuanti de recibir información especial se reprime y no puede emerger, puesto que la información de las habilidades especiales no se puede intensificar ni activar (y, por lo tanto, no se puede reunir como materia ni fijar en las células), no hay información de las habilidades especiales en el sistema de referencia. Esta es la razón por la cual las habilidades especiales comúnmente no se pueden usar y también es la razón por la cual aquellos con algún grado de habilidad especial (que continúa siendo débil, poco confiable y desconocida) aún tienden a encontrar apoyo en la información normal, cuya prevalencia y hábito permanecen fuertes.

Hay una condición llamada sinestesia, donde se dice que los órganos de los sentidos se entremezclan y la gente puede oler palabras, ver voces, probar colores, etcétera. Pero en realidad de lo que se trata es de yiyuanti que recibe información directamente. Con solo el estándar del marco de referencia disponible, el resultado de la información se manifiesta a través de los órganos de los sentidos, a los que se atribuye. Se piensa que estas personas están de alguna manera mal conectadas, cuando en realidad ellas no necesitan en absoluto órganos de los sentidos.

La relación entre yiyuanti y el marco de referencia

El marco de referencia de yiyuanti es una estructura temporo-espacial general formada a través del proceso de yiyuanti de recibir información del mundo objetivo y de reconfigurarla subjetivamente. En esta definición, entendemos que yiyuanti es el amo del marco de referencia, pero, en realidad, la relación es parte de una curva de retroalimentación, en la que el contenido del marco de referencia se reúne para formar materia que después se deposita en las células del sistema nervioso, cuyo qi se fusiona de nuevo con yiyuanti y se vuelve parte de yiyuanti. Si yiyuanti original viste de blanco, entonces podemos decir que sus ropas se tiñen cuando el marco de referencia se forma.

Otra manera de explicarlo sería comparando yiyuanti con un vaso de agua y el marco de referencia con la tinta en el agua. Comúnmente, yiyuanti necesita de la participación del sistema de referencia para llevar a cabo sus funciones, y, aun así, en este proceso, el marco de referencia en realidad usurpa yiyuanti y el sirviente erróneamente se convierte en el amo. Sucede entonces, que, dentro de ciertos parámetros, la función de yiyuanti queda fijada por el marco de referencia.

En realidad, la transformación de yiyuanti, desde la autoconsciencia, a yiyuanti distorsionado y fijo y a yiyuanti completo, no es en lo absoluto una transformación de las características de yiyuanti, sino cambios en el contenido del marco de referencia. En los logros científicos, el marco de referencia se ha desarrollado y extendido ampliamente; no obstante, aún no puede pasar su propio campo distorsionado.

El derecho de yiyuanti de llevar a cabo todas sus funciones está limitado, aunque sus características originales no desaparecen y emergerán en un nuevo campo a través de una práctica dedicada de qigong. Dicha práctica aporta más información para romper los grilletes del antiguo sistema de referencia. Cuando el pasado sea superado, la pureza original de yiyuanti emergerá naturalmente con gran sabiduría y potencial, lo que traerá a los seres humanos un nuevo estado de vida libre.

La relación entre el marco de referencia y la consciencia

Esto se describe más ampliamente en la siguiente sección; por el momento, simplemente diremos que la actividad de la consciencia ocurre en el contexto del marco de referencia. El contenido de la consciencia se puede transformar, bajo ciertas condiciones, en el contenido del marco de referencia. El marco de referencia determina la actividad de la consciencia, pero también puede ser transformado por la actividad de la consciencia. Hay una relación dialéctica entre los dos.

La relación entre el marco de referencia y la actividad de vida interna

Yiyuanti, efectivamente, controla la actividad de vida de un individuo a través del marco de referencia. Dado que el sistema de referencia construido por los seres humanos continuamente se distorsiona, esto mantiene la actividad de vida humana limitada a un área determinada por el marco de referencia. Los procesos de la vida humana están restringidos por leyes naturales; no obstante, es posible para la gente usar las funciones de yiyuanti para controlar al Ser y guiar las actividades de la vida, para acabar con algunas de las limitaciones de estas leyes y, entonces, entrar en un estado libre.

Para yiyuanti no hay funciones normales o especiales. Todo es normal; algunas funciones solo son reprimidas por limitaciones autocreadas, pero puesto que el marco de referencia ha limitado las funciones de yiyuanti y ha usado esta limitación para controlar todos los procesos de la vida humana, se mantiene la vida restringida, con un alcance muy estrecho.

Aun cuando los seres humanos se desarrollan paso a paso en un proceso de constante fusión y transformación con el hunyuan qi externo, ellos no pueden salir del círculo de su propio desarrollo dentro de la naturaleza. La gente piensa que las leyes de la vida no se pueden cambiar, aunque, en gran medida, ellos sí pueden cambiarlas. La comida es un ejemplo. La creencia de que se debe comer para sostener la vida es un veredicto, no una ley. La teoría de la completud Hunyuan afirma que, así como los procesos de la vida pueden usar materia visible para sostenerse a sí mismos, también pueden usar energía invisible. La gente naturalmente ha desarrollado una dependencia a la comida y, por lo tanto, esa es la impresión dentro del marco de referencia. La medicina moderna dice que la vida se daña o se pone en peligro si permanece sin alimento por más de siete días. Este veredicto se supera mediante la práctica del qigong; si la teoría del qigong se enseña claramente, producirá un cambio en el viejo marco de referencia. En este caso, esta información significa que las personas no siempre necesitan comida, sino que pueden también depender de su alimentación del qi. Hay algunas personas que no han comido por varias decenas de años y que no solo viven vidas normales, sino que también tienen hijos. Esto muestra cuán grande es la influencia del marco de referencia.

La aparición de yiyuanti creó el universo autoconsciente

La teoría de la completud Hunyuan afirma que todo en el universo viene del hunyuan qi original. Esto sucedió, por un lado, a través de la división en unidades cada vez más pequeñas: del hunyuan qi original, a los grupos de galaxias: galaxias, estrellas, Tierra, vida orgánica, ser humano. Y, por otro lado, el proceso sucedió a través de la evolución: del hunyuan qi original a la gravitación y la radiación

—partícula, elemento, compuesto, organismo, planta y animal, ser humano—. Ambas rutas se desarrollaron naturalmente mucho antes de la aparición de yiyuanti. Con su relativa independencia de la actividad de vida del cuerpo, yiyuanti puede reconocer el mundo natural y la manera en la que funciona, lo que permite al ser humano transformar la naturaleza y adaptarla a sus propósitos.

Con el desarrollo del mundo natural, la vida humana apareció, así que la naturaleza contiene la información humana, así como yiyuanti contiene la información del mundo natural. De hecho, todo tiene la información del universo, pero solo yiyuanti tiene la consciencia de esto. Y puesto que yiyuanti pertenece a la naturaleza, hace que la naturaleza sea autoconsciente. Desde la aparición de la vida humana, la naturaleza no continúa cambiando en completo acuerdo con las leyes naturales. El mundo natural está en la etapa humana de la misma manera en que la humanidad está en la etapa humana. Es así que la naturaleza se puede conocer a sí misma y cambiar a sí misma conscientemente.

La vida humana ha tenido grandes avances al reconocer el misterio del mundo natural y al adaptar la naturaleza a su servicio. Aun así, del hombre antiguo al hombre moderno, la humanidad ha atribuido a numerosos dioses aquello que es el potencial y el efecto del mismo yiyuanti —lo que en efecto significa que el universo se reconoce naturalmente a sí mismo a través de la función de yiyuanti—.

En el mundo natural, la ciencia identifica 108 diferentes elementos y siete millones de moléculas conocidas que se combinan para formar lo que los chinos llaman "las diez mil cosas"[2]. Diez mil millones de organismos han existido en la tierra y, en esa larga evolución, los seres humanos hemos aparecido, nos hemos desarrollado, competido y permanecido para ocupar el nivel evolutivo más alto. Después de tan largo proceso, toda esa información está en la cima de yiyuanti humano e incluye la de todo cuanto existe en el planeta, toda la información del hunyuan qi original y toda la información de todo cuanto existe en el universo. Por una parte, dicha información se ha depositado a partir del proceso evolutivo y, por otra parte, ha sido recibida por yiyuanti del mundo

---

[2] En la traducción del chino al inglés, la idea daoísta de los diez mil seres (como se lee en las mejores traducciones del chino al español del *Dao De Jing*, como la de Iñaki Preciado) pasó como las diez mil cosas; aun cuando a las traductoras nos parece más adecuado el término "los diez mil seres", decidimos dejar el texto como "las diez mil cosas", en función de que se respetó en todo el libro la traducción del chino al inglés.

objetivo. La teoría de la completud Hunyuan afirma que la información puede reunir energía y formar todo tipo de materia visible.

Antes de que la vida humana apareciera, todo cambiaba naturalmente con el efecto de la información natural. Después de que los seres humanos aparecieron, la habilidad normal de yiyuanti comenzó a trabajar y condujo al mundo natural hacia un estado de autorreconocimiento. Desde que los seres humanos aparecieron, el universo dejó de ser el universo natural y ahora es un universo autoconsciente. No obstante, puesto que la consciencia humana normal es estrecha y está distorsionada, la consciencia del universo no es completa. Cuando la habilidad especial humana se acceda, desarrolle y use ampliamente, todas las funciones de yiyuanti serán invocadas. Tal desarrollo no solo pondrá a los humanos en el centro del mundo natural, al ser capaces de usarlo para su servicio, sino que también les permitirá completar su propia transformación natural en seres completamente conscientes e independientes. Después de que las leyes de la vida se entiendan verdaderamente, tal como la unidad de jing, qi y shen, el universo logrará su propio y nuestro propio verdadero autorreconocimiento y consciencia.

SECCIÓN TRES
La actividad de la consciencia

La consciencia, como se entiende en el Zhineng Qigong

Yiyuanti es el estado más refinado del hunyuan qi en el universo y la consciencia es el estado activo de yiyuanti —el contenido y el proceso del movimiento de yiyuanti—. Esta definición tiene tres partes: un significado específico de consciencia que se refiere al movimiento de ideas en el mundo subjetivo (llamado pensamiento lógico o conceptual o abstracto); un significado generalizado de consciencia que se refiere a la reflexión de toda actividad de vida en el mundo subjetivo, y una tercera parte que es la actividad de la consciencia especial.

La consciencia es resultado de la reflexión en yiyuanti de todos los procesos de vida. Esto incluye información del mundo social y del mundo natural, así como de las actividades de la vida interna. Las actividades de la consciencia varían a través de las diferentes etapas de la vida humana. Los infantes no tienen lenguaje o conceptos, pero su yiyuanti puede, no obstante, dirigir el cuerpo, ya que su consciencia está ocupada principalmente con información relacionada con los sentidos y el movimiento. Conforme avanza la infancia, la mente se vuelve capaz de reflejar la imagen de los objetos completamente y, cuando puede hacerlo, llega al estado de pensamiento imaginativo. Una vez que se alcanza la adultez, las concepciones se forman con facilidad y la consciencia entra a un estado de pensamiento lógico. Si la gente practica qigong a un cierto nivel, entonces su actividad conceptual de consciencia se transformará en una observación activa de yiyuanti y en la dirección de yiyuanti de los procesos de vida internos. A un alto nivel de qigong, el estado de completud de la consciencia especial se desarrollará.

Clasificaciones de las actividades de la consciencia

Para ayudar a la práctica, el Zhineng Qigong divide las actividades de la consciencia en varias clasificaciones. Hay cinco principales en las páginas siguientes, cada una con sus subniveles correspondientes. Estas son las clasificaciones de la consciencia: de acuerdo con su contenido, de acuerdo con su objeto, de acuerdo con su dirección, de acuerdo con su relación con las dimensiones de la vida humana y de acuerdo con sus propiedades.

La actividad de consciencia de acuerdo con su contenido

1. La consciencia relacionada con las acciones y el sentido

También podemos llamar a esto pensamiento sensoriomotor, dado que la consciencia en el infante está fuertemente combinada con los sentimientos y las acciones del cuerpo. Cuando el niño juega con un juguete, por ejemplo, las órdenes conscientes se combinan directamente con las acciones. El niño no tiene el concepto de lo que es jugar y tocar algo, pero siente la estimulación directamente y sin pensar. Los adultos tienen esta misma respuesta instintiva usualmente solo cuando experimentan una situación de emergencia y literalmente no tienen tiempo de pensar.

El pensamiento sensoriomotor se usa en la práctica de qigong para ayudar a unificar el cuerpo y la mente. Cuando xing y shen se unifican, se puede fortalecer la capacidad física a un grado extraordinario. La vida humana conoció este estado en su desarrollo temprano, y a través de éste pudo generar un poder y una agilidad increíbles. En los niños, sin embargo, esto no es consciente ni a propósito, sino simplemente una reacción natural.

2. La consciencia relacionada con la imagen de un objeto
Este estado está principalmente relacionado con la infancia, pero también ocurre en los adultos. El entendimiento consciente que tiene el niño de un objeto está principalmente relacionado con la imagen del mismo, lo que es provechoso en cuanto que produce una imagen clara con mucha información. Este tipo de consciencia se llama pensamiento imaginativo. Tiene una naturaleza directa que la hace mejor que el pensamiento lógico para resolver algunos tipos de problemas y también es un mejor estado de consciencia que el pensamiento lógico para movilizar el qi, ya que brinda una gran cantidad de información de completud desde los ojos. Los artistas, usualmente, tienen un buen pensamiento imaginativo. La psicología moderna ha resaltado el hecho de que muchas personas zurdas son también de este tipo. Es una forma de consciencia que es muy útil en algunos niveles de la práctica de qigong.

3. La consciencia conceptual
Esta es una habilidad mental que usa ideas abstractas para resolver problemas, así como en matemáticas o mediante deducciones lógicas. Es una actividad que involucra principalmente conceptos o símbolos, incluido el lenguaje. Este estado de consciencia tiene un contenido muy diferente a la realidad de los objetos de todos los días y, por lo tanto, se llama pensamiento abstracto o pensamiento lógico. Comúnmente, esta actividad de consciencia no moviliza el qi muy bien, puesto que la gente en la actualidad no sabe cómo usarlo para ello.

4. La consciencia relacionada con la experiencia y la observación
Podemos llamar a esto pensamiento sensación-observación (ti cha si wei, 体察思维). Es la consciencia que se usa para sentir y observar la propia actividad de vida interna; idealmente, este es el tipo de estado mental que se encuentra en la práctica de qigong. Cuando la gente practica qigong se necesita enfocar en sus propios procesos de vida internos, sintiendo el movimiento y los cambios dentro de estos procesos. A este estado de consciencia se refiere la frase Budista Zen, *yin ding shen hui* (因定生慧) que se traduce como: "La estabilidad profundiza la observación". En el

Zhineng Qigong, se trata de enfocar la consciencia para fortalecer la actividad de vida. Durante el proceso no existe pensamiento lógico ni juicio ni deducciones. Los sentimientos y las emociones pueden estar ahí, pero se observan sin hacer un análisis. A mayor estabilidad hay más observación y, mientras mayor sea la observación, hay más estabilidad. La consciencia directamente siente y observa los distintos cambios internos.

5. La consciencia especial
Este tipo de consciencia solo ocurre en aquellos que tienen una práctica avanzada de qigong o en aquellos que tienen cierto grado de habilidad especial, desarrollada de alguna otra manera. Esta es una consciencia establecida a partir de la habilidad especial de yiyuanti y es capaz de percibir directamente la información de completud de un objeto. Cuando la consciencia común experimenta inspiración, recibe este tipo de información de completud. Este es un nivel altamente efectivo de actividad de consciencia. A través de la experiencia de la consciencia especial, la gente comprenderá profunda y completamente el misterio de la naturaleza y formará con ella una relación armoniosa.

Estos cinco tipos de consciencia existen, en alguna medida, en los adultos, y se presentan en grados variables en diferentes situaciones. Están enlistados arriba como niveles de desarrollo mejorado, en los cuales, el más alto debería contener al más bajo, aunque este no siempre es el caso, dado que las distorsiones del campo de referencia de yiyuanti implican que el potencial puede no siempre aparecer.

La consciencia de acuerdo con su objeto

1. La consciencia científica
Se refiere al pensamiento lógico basado en abstracciones racionales. En general, la actividad de la consciencia científica consume el hunyuan qi del cerebro, pero solo tiene una pequeña influencia en el qi corporal.

2. La consciencia artística
Esta es una consciencia con un alto grado de información de completud, usa las emociones como un medio y fusiona la percepción, el entendimiento,

la imagen y el conocimiento. Puesto que la actividad de la consciencia artística está relacionada con el pensamiento imaginativo, puede causar cambios en el hunyuan qi corporal.

3. La consciencia Dao De (道德)

Se refiere a las distintas actividades de consciencia que se ocupan de los estándares de valor de la vida. Esta actividad de consciencia sucede en el nivel fundamental del sistema de referencia de yiyuanti. Puede afectar directamente las emociones y los estados de ánimo de la gente.

4. La consciencia de qigong

Se refiere a la consciencia dirigida a perfeccionar la propia actividad de vida interna. Es el puente para guiar a las personas a un nivel más avanzado.

La consciencia de acuerdo con su dirección

1. La consciencia dirigida hacia afuera

La actividad de la consciencia dirigida hacia afuera tiene dos significados. El primero se refiere a enfocarse en el ambiente externo, aunque al mismo tiempo, también significa la reflexión de los procesos internos, puesto que incluso el cuerpo es algo externo a yiyuanti. El segundo significado se refiere al pensamiento o, más precisamente, a la actividad de la consciencia cuando gira alrededor de una pregunta central y luego se expande hacia afuera; esto incluye el pensamiento imaginativo, el pensamiento lógico y todos los tipos de aprendizaje, el juicio, la deducción y la invención. Estas formas de pensamiento son todas consciencia dirigida hacia afuera. Este tipo de actividad mental dirige al hunyuan qi humano hacia afuera, agotándolo en lugar de almacenarlo.

2. La consciencia dirigida hacia adentro

La consciencia dirigida hacia adentro es la práctica de qigong. Tiene dos significados. El primero es enfocar la mente en un simple y sencillo pensamiento o intención y, a causa de ello, unificar pensamientos múltiples y divagadores en uno concentrado. Esta es una manera de enfocar la actividad de la consciencia expandida de regreso hacia adentro. El segundo significado de una consciencia dirigida hacia adentro es enfocarse en el propio cuerpo y en el qi y, después, más profundamente, en el mismo yiyuanti. Este tipo de centralización de la mente puede dirigir el qi de regreso hacia adentro, para nutrir, fortalecer y mejorar el control consciente de los procesos de la vida.

Tanto la habilidad normal como la habilidad especial tienen una consciencia dirigida hacia adentro y hacia afuera.

En el nivel de la habilidad normal, dirigir hacia afuera quiere decir que la mente se enfoca en el mundo externo y el pensamiento se expande hacia afuera. Esto es "lo externo de lo externo". Cuando la gente usa la habilidad normal para enfocarse en objetos a través del pensamiento lógico o imaginativo, eso es "lo interno de lo externo". Cuando la gente practica qigong, su consciencia está concentrada en su propia actividad de vida; esto es "lo externo de lo interno". No obstante, cuando la consciencia está concentrada en sentir la actividad de sí misma, esto es "lo interno de lo interno".

En el nivel de la habilidad especial, estos gradientes inician de nuevo. Cuando el efecto de la consciencia especial se enfoca en el mundo externo, sucede "lo externo de lo externo". Si la habilidad especial se apoya en el sistema de referencia normal para juzgar sus resultados, se limita a sí misma y se queda en "lo interno de lo externo". La consciencia de aquellos que tienen una habilidad especial, pero no una práctica diligente de qigong, no va más allá de este nivel. En tal caso, la habilidad especial está aún limitada por el marco de referencia normal, que aún distingue entre el sujeto y el objeto y, por lo tanto, no es una consciencia completamente dirigida hacia adentro.

Solo después de que una persona tiene la experiencia del verdadero estado de la consciencia especial, puede lograr que la fijación del viejo sistema de referencia se deshaga. Este es el verdadero "interno de lo interno". Cuando esto sucede, si la consciencia de la habilidad normal y la consciencia de la habilidad especial se pueden fusionar y lo externo y lo interno se apoyan y combinan entre sí, entonces se obtiene un estado de alto nivel. Por lo tanto, ya no hay más diferencias entre interno y externo, lo interno es externo y lo externo es interno, todo fusionado, junto; todo se vuelve uno, completo.

La consciencia de acuerdo con su relación con las capas de la vida humana

Esta es una consciencia generalizada que se refiere a la reflexión de todo tipo de actividad de vida en yiyuanti.

1. La consciencia al nivel biológico de las células
Esto se refiere a la información del metabolismo de las células reflejada en yiyuanti. Esto ocurre en el momento en que yiyuanti se forma, además, a través del proceso de crecimiento, nueva información biológica continúa entrando en yiyuanti y gradualmente completa la información de vida del individuo. Al mismo tiempo, la información del mundo objetivo también se refleja en yiyuanti, en una cantidad más pequeña y más difícil de extraer, pero ambos conjuntos de información aún se reflejan en yiyuanti de acuerdo con la compatibilidad universal del hunyuan qi. Por lo tanto, la información que no se detecta y que está inactiva, que no se puede extraer y que no se puede siquiera sentir en su estado latente, no obstante, sigue estando ahí y sigue siendo capaz de influenciar la actividad de yiyuanti.

2. La consciencia en el nivel biológico de los órganos
Esto se refiere a la información que viene de la actividad de los órganos y de los materiales que se producen durante esta actividad, tales como las hormonas, y a cómo esta información se refleja en yiyuanti. Esta información es diferente del metabolismo de las células. Una vez fortalecida por medio de la repetición se puede reconocer y extraer de yiyuanti y prosigue para formar el nivel de consciencia llamado pensamiento sensoriomotor.

3. La consciencia relacionada con la actividad emocional
Este nivel de consciencia se establece con base en los dos niveles precedentes. Se refiere al movimiento del qi del cuerpo humano que se refleja en yiyuanti para producir un cierto sentimiento interno. Este sentimiento se expresa a través de la emoción. Este es un proceso complicado. La consciencia *Dao De* queda establecida en este nivel.

4. La consciencia relacionada con el pensamiento
Esto básicamente se refiere al pensamiento lógico e imaginativo.

La consciencia de acuerdo con su propiedad subjetiva u objetiva

La primera parte de esto es la consciencia subjetiva, que se refiere a la autoconsciencia humana y a la manera en la que yiyuanti mantiene el balance de los procesos de vida normales. La consciencia subjetiva puede ser tanto obvia como latente. Es la información de la completud hunyuan humana en yiyuanti. Esta autoconsciencia evolucionó a través del desarrollo de la especie. Es una consciencia subjetiva que pasa a través de los niveles de consciencia biológico, emocional y mental y dirige estos niveles para proveer todo lo que se necesita en la vida humana. La consciencia subjetiva siempre tendrá un efecto en la vida de las personas, incluso si se encuentran durmiendo o en coma, una influencia subjetiva siempre existirá en algún nivel.

Lo opuesto de esto es la consciencia objetiva. Todo lo que podemos pensar fuera de nuestros procesos de vida es consciencia objetiva. La gente usa principalmente la consciencia objetiva.

La formación de la consciencia

La consciencia humana se forma a través del continuo hunhua de yiyuanti con el hunyuan qi externo. Se desarrolla a medida que yiyuanti progresa del estado de autoconsciencia al estado distorsionado. Los órganos de los sentidos ponen al infante en contacto con el mundo objetivo y la joven consciencia se establece lentamente bajo la guía del lenguaje adulto. Éste es una influencia vital durante el proceso, cuya progresión en el desarrollo, tanto de las especies como de los individuos, es larga y compleja. Podemos ver primero el aspecto filogenético de la especie.

El desarrollo de la consciencia en la especie

Todas las cosas en el universo se forman a partir de la continua diferenciación, evolución e interacción del hunyuan qi original. De manera similar, la consciencia humana es el mundo subjetivo formado por el continuo proceso de hunhua de yiyuanti original con el medio ambiente natural y la sociedad humana, lo que ocurre a través de las interacciones en el trabajo y las comunicaciones mediante el lenguaje.

La historia humana civilizada tiene tan solo unos pocos miles de años, pero la evolución a partir de los animales duró millones de años. Hubo un periodo muy largo en el cual la inteligencia humana, el lenguaje y el uso de herramientas fue muy simple. La consciencia en aquellos momentos estaba en la etapa de yiyuanti autoconsciente. Las personas vivían y trabajaban juntas, con un estilo de vida que se reflejaba en yiyuanti y que naturalmente formaba una consciencia acorde, ocupada con la supervivencia personal y las necesidades del grupo. La gente era incivilizada y simple, pero su consciencia estaba ya completamente a cargo del cuerpo y de la mente. Todos eran parte del grupo y estaban sujetos a la disciplina del grupo. La gente se encontraba en un estado libre y consciente que era puro, pero que no estaba completamente desarrollado.

A medida que avanzó el uso de las herramientas, el lenguaje y los órganos humanos vocales, la información en yiyuanti se incrementó y promovió un mayor desarrollo de las células del cerebro que, a su vez, fortalecieron el funcionamiento de yiyuanti. El pensamiento basado en palabras se desarrolló como pensamiento imaginativo, basado en un lenguaje sistemático, y la gente empezó a tener formas preliminares de pensamiento, independientes de la vida física.

Las actividades de la consciencia y las del cuerpo se separaron lentamente. La mente comenzó a verse a sí misma como una entidad separada capaz de completar procesos a través del uso de símbolos, sin necesidad de recurrir a la realidad que ellos representan. Originalmente, la adoración a los tótems se desarrolló a partir de este nivel de consciencia.

Con un mayor desarrollo de la productividad y de los acuerdos para cohabitar en grupo, las formas de matrimonio empezaron a parecer razonables y las ideas morales se desarrollaron lentamente. En situaciones en las que antes la gente solía disfrutar la belleza de la naturaleza, ahora empezaron a crear sus propias ideas de belleza y entonces el arte humano empezó, lo que expandió más aún las funciones de yiyuanti. El pensamiento conceptual gradualmente toma el lugar del pensamiento imaginativo y surge el lenguaje escrito.

Lo siguiente que ocurre son las nociones de propiedad privada. Cuando esto sucede, se reemplaza la consciencia de grupo por una mentalidad de propietario. Por un lado, este marco mental es una expansión de la consciencia, puesto que promueve el desarrollo humano, pero, por otro lado, lleva a la gente a formas egocentristas de pensamiento. El deseo de poseer cosas comienza a controlar la vida humana. Ya sabemos que cuando la atención humana ocupa la materia externa, la materia también ocupa a la persona. Consecuentemente, la esencia "libre y consciente" que era aparente en las etapas tempranas de desarrollo se obscurece. La gente comienza a ser manejada por la materia externa y su consciencia se vuelve disipada. A través de la búsqueda de lo material, el nivel correspondiente de habilidad normal se desarrolla. En esta relación resultante entre la gente y las posesiones, cada uno reafirma al otro, por lo que las relaciones se estabilizan en este nivel.

Finalmente, llegamos al día de hoy, donde la gente está aferrada a modos de pensamiento que sostienen que esta relación entre la habilidad normal humana y la materia es lo único que existe. Por lo tanto, el estado actual de yiyuanti distorsionado y fijo impide un mayor aprendizaje humano acerca de las leyes de la vida. En realidad, la consciencia lógica de la ciencia de hoy en día no puede entender directamente la verdadera naturaleza de la sustancia. Lo único que puede hacer es deducir las relaciones generales obvias de cada parte.

La consciencia humana se forma lentamente a través del desarrollo de las especies. A través de este proceso, el hunyuan qi humano y el hunyuan qi del mundo externo continuamente hacen hunhua para crear una nueva sustancia. Muchas funciones humanas evolucionan durante este proceso, lo que permite que los tejidos internos y las estructuras mejoren continuamente. Hay un proceso intrincado y continuo del hunyuan qi, que se transforma en materiales que se depositan posteriormente en el cerebro. Una vez que estos materiales se convierten en información genética, el desarrollo de la consciencia individual puede replicar la formación de la consciencia de las especies en un tiempo mucho menor.

El desarrollo de la consciencia en los individuos

La consciencia se desarrolla en los individuos de una manera muy similar a como se desarrolla en las especies, aunque hay diferencias obvias. Un bebé recién nacido no tiene una consciencia específica, pero tiene la completa capacidad genética de formarla. Todo el comportamiento que sucede alrededor del infante se refleja en yiyuanti para formar el sistema de referencia. Cualesquiera que sean las circunstancias, el sistema de referencia se formará como una reflexión de ellas. Lo que es importante es que el niño no solo recibe información natural que lo ayuda a reconocer el mundo objetivo, sino también la información de la consciencia y el lenguaje adulto. Esta es una etapa vital del desarrollo, la clave para diferenciar a los humanos de los animales. Podemos ver esto en las siguientes dos secciones.

1. Formación de la consciencia en el niño recién nacido

A partir de que el bebé llega al mundo y se embarca hacia la independencia, los órganos sensoriales empiezan a recibir la estimulación de las circunstancias. Dado que las mismas señales inducirán en yiyuanti ese mismo efecto, los sentidos se desarrollan lentamente a través de la repetición, hasta que yiyuanti y los órganos de los sentidos quedan firmemente conectados. La información obtenida de esta manera se fortalece en yiyuanti para convertirse en una impresión. Muchas impresiones integradas se convierten en el marco de referencia usado en el manejo de las relaciones entre el sujeto y el objeto. Con base en este sistema de referencia, los órganos sensoriales transmiten información al cerebro, donde las características, similitudes y diferencias de la sustancia se reflejan en yiyuanti, antes de que su percepción se produzca.

A través de este proceso, los aspectos materiales del mundo objetivo se imprimen en el mundo subjetivo de yiyuanti. La sensación y el sentimiento se convierten en una reflexión directa de la imagen de un objeto. Esto establece un patrón simple en yiyuanti en una etapa temprana del aprendizaje, que después se convierte en el fundamento para medir el mundo objetivo. Cuando la estimulación ocurre, la información se introduce en yiyuanti y yiyuanti responde. Puesto que los infantes no han desarrollado aún una consciencia conceptual, su yiyuanti envía información directamente combinada con el movimiento. Ya hemos llamado a esto pensamiento sensoriomotor; es una respuesta repentina e instintiva. El niño en esta etapa tiene aún el estado claro y uniformemente distribuido de yiyuanti original, pero gradualmente este estado cambia. Toda la información que se refleja en yiyuanti afecta las células del cerebro y causa cambios materiales, y entonces el mundo objetivo se refleja en el sistema de referencia y se vuelve fijo.

A medida que el niño tiene más contacto con el mundo, la estimulación añadida se desarrolla tanto en yiyuanti como en las células cerebrales. Cuando la información objetiva está conectada dentro de yiyuanti como una imagen completa de un objeto y cuando yiyuanti es entonces capaz de integrarla, una nueva función se desarrolla, a la que los psicólogos llaman pensamiento imaginativo. En la ciencia del Zhineng Qigong, el pensamiento imaginativo es un tipo de consciencia de completud. Es un método efectivo de aprendizaje acerca de la totalidad esencial de un objeto, puesto que presenta mucha información. Sin embargo, como la imagen aparece independientemente en yiyuanti, entonces la memoria de la imagen también empieza. Esto significa que, con un mayor desarrollo, yiyuanti será entonces capaz de abstraer la esencia de esta imagen y, para ese momento, la consciencia humana habrá llegado a la etapa del pensamiento conceptual.

Todos estos modos de pensamiento los usan los adultos, en distintos grados, difiriendo en cuanto a su capacidad y el método que usan, dependiendo de su carácter y ocupación.

2. El efecto del lenguaje adulto en la formación de la consciencia

El lenguaje de los adultos tiene un rol muy importante en la formación de la consciencia de un niño. Las voces no solo son estimulación objetiva, sino que también representan cosas específicas. Los niños reciben la estimulación del mundo objetivo, para lo que dependen completamente de la información genética de su cuerpo físico y cuentan con yiyuanti, que es capaz de aceptar información infinita. Para fortalecer y almacenar la información, sin embargo, es necesario recibir estimulación constante. Lo más importante es el impacto del lenguaje adulto, que ayuda a los niños a mejorar su atención en los objetos alrededor de ellos. La combinación del lenguaje y los objetos incrementará la cantidad de información y simplificará su entendimiento.

El proceso cognitivo incluye la sensación, percepción, imagen y concepción, pero los niños no tienen ninguna idea acerca de los objetos que ven y no los reconocen de acuerdo con este proceso. Los infantes, en realidad, reconocen el mundo más fácil y rápidamente con apoyo en el lenguaje. A través de una continua conexión con el mundo exterior, el niño lentamente establece el sistema de referencia interno y la respuesta al estrés y, cuando empiezan a hablar, combinan el lenguaje de los adultos con el objeto de atención. Cuando los adultos dicen: "Gatito, gatito", el niño mira al gato y luego, cuando el niño empieza a hablar, "gatito, gatito" ya no es más un verbo conceptual sino el nombre de un objeto específico. Esta es la conexión entre el lenguaje y la consciencia. El proceso tiene un impacto en yiyuanti, lo que causa un gran cambio en las células del cerebro y estimula el desarrollo del niño.

Las circunstancias presentes en los primeros años de vida del bebé, mientras el cerebro continúa desarrollándose, son vitales. Si el niño de alguna manera se encontrara en el mundo animal y fuera incapaz de recibir estimulación humana, su yiyuanti tendría entonces imágenes relacionadas con la vida de los animales. Si esto sucediera, entonces el *hunhua* con el mundo animal produciría en las células del cerebro un correspondiente cambio material que fijaría la información animal, aun cuando los genes contengan toda la información humana. Los casos documentados de niños "salvajes" son una prueba de esto. Aquellos que desde una etapa temprana quedaron aislados o fueron adoptados por animales —como lobos, tigres, monos, leones o elefantes— y que no tienen la experiencia del cuidado humano, del lenguaje o del comportamiento social, adoptan las características de los animales.

Entonces, ¿por qué, siendo que muchas funciones humanas provienen del instinto, las circunstancias pueden cambiar tanto estas funciones?

Algunos experimentos psicológicos han demostrado que las funciones instintivas de los animales y los humanos solo se desarrollan a través de ciertas experiencias de vida.

En un experimento realizado por A. H. Risen, colocaron a un mono recién nacido en una caja negra y luego lo sacaron de ahí tres meses después. Para entonces, debido a la falta de estimulación externa, la vista del mono era mucho peor que la de los monos normales. Aunque la vista del mono bebé se reestableció después de tres meses de alimentación normal, si lo hubieran mantenido en la caja por un periodo más largo, ya no habría recobrado la vista.

En otro experimento, realizado por M. K. Harlow, colocaron a un mono recién nacido junto con dos monos falsos: el primero hecho de alambre de acero y el segundo, más similar en apariencia a un mono normal. El joven mono finalmente permaneció cerca del mono de apariencia real. Una posible explicación de esta demostración es que los monos pequeños buscan la compañía de los adultos no solo por la comida, sino por la información, incluida la emoción como una forma de estimulación-información. Más allá de eso, cuando este mono creció y tuvo sus propios bebés, no sabía cómo cuidar de ellos, puesto que no recibió este cuidado cuando era pequeño, por lo que no tuvo este patrón de información en su mente.

En un experimento más, realizado por K. Lorenz, se metió a un ganso recién nacido en una caja negra, sin permitirle tener contacto con su madre por 24 horas. En circunstancias normales, un ganso bebé caminará siguiendo a su madre. Sin embargo, Lorenz ya había demostrado previamente que podía hacer que un ganso recién nacido caminara detrás de un ganso de madera. En el caso de este experimento, cuando se liberó al ganso bebé, este no caminó detrás de su madre ni detrás del ganso de madera. Esto demostró que el comportamiento de seguir a la madre no es innato, sino el resultado de una impronta temprana. De la misma manera, cada especie tiene su propio periodo de impronta. Si los animales pequeños no reciben la estimulación necesaria durante este periodo, no mostrarán las funciones del instinto. El periodo de impronta de un pollo es de 10 a 16 horas después de su nacimiento. Para un ganso, es de 24 horas. Para un cachorro de perro, el periodo es de 3 a 7 semanas después de haber nacido.

Los experimentos descritos prueban que el comportamiento instintivo de los animales necesita estimularse a través de experiencias tempranas. Los animales recién nacidos a quienes se priva de estimulación circunstancial, tendrán desórdenes funcionales asociados.

Niveles de consciencia

El nivel de consciencia funcional

La consciencia es el contenido y el proceso de la actividad de yiyuanti que tiene lugar en el contexto del sistema de referencia. La consciencia está estratificada en forma y contenido e incluye diferentes actividades que se realizan en diferentes niveles de yiyuanti. La consciencia funciona de diferentes maneras en cada uno de estos niveles. Hemos dividido las actividades de consciencia en tres niveles, de acuerdo con su contenido y nivel en yiyuanti. Son los siguientes:

1. El nivel de la imagen, la percepción y la sensación
Este nivel de consciencia está directamente afectado por el hunyuan qi de las células cerebrales. Cuando las células del cerebro reciben información y cambian, el hunyuan qi de las células también cambia y entonces, de esta manera, la información recibida por las células del cerebro se refleja en yiyuanti, nivel en el que se integrará la información fragmentada como información de completud. La percepción, la sensación, el sentimiento y el pensamiento imaginativo se llevan a cabo todos en este primer "espacio de reflexión". Yiyuanti afecta directamente toda actividad de vida a través de su impacto en las células del sistema nervioso, mediante un proceso que también hace posible el pensamiento sensoriomotor y el pensamiento imaginativo. Las emociones también pertenecen a este nivel. Toda esta información se almacena en yiyuanti para convertirse en su marco de referencia y se puede también recuperar y enviar fuera como instrucción. Tanto el yiyuanti humano como el naoyuanti de los animales avanzados, incluyen habilidades de este nivel de consciencia. Para los humanos, este es el contenido de base del sistema de referencia de yiyuanti, que continuamente hará hunhua con la información externa a lo largo de la vida.

2. El nivel conceptual de consciencia
Este es el segundo "espacio de reflexión" de yiyuanti, es característicamente humano y se forma con base en el nivel de imagen-percepción-sensación. El naoyuanti de los animales puede, hasta cierto punto limitado, reflejar objetos, así como sus propios cambios internos. Esto significa que cuando

los objetos externos forman una imagen en naoyuanti, la imagen también se forma de nuevo en otro nivel más alto. Esta imagen difiere de la primera. La primera es una exacta y detallada imagen del objeto, pero la segunda es simplemente un símbolo procesado de la primera imagen —una abstracción de ella—. El establecimiento de este nivel de consciencia marca el inicio de las palabras y el lenguaje. Cuando esta función se desarrolla, los animales evolucionan a humanos y naoyuanti se convierte en yiyuanti.

Puesto que el concepto abstracto se puede almacenar y enviar fuera como instrucción, el pensamiento lógico y la invención creativa se llevan a cabo, ambos, en este nivel. Los conceptos se pueden abstraer de la información de las imágenes y también se pueden obtener del aprendizaje del lenguaje. Este nivel de consciencia es, hasta cierto punto, una reflexión anormal del primer nivel de imagen-pensamiento, por lo que hay poca información específica, dado que la imagen original ha pasado por un proceso de abstracción y ha perdido mucha de su energía. Esto significa que no tiene mucho qi y, por lo tanto, su influencia en el hunyuan qi de las células del cerebro es pequeña. Es por esto que el pensamiento lógico generalmente no afecta mucho los procesos del cuerpo. Sin embargo, aun cuando el concepto abstracto de la imagen es, en algunos sentidos, de más baja calidad que la imagen original, aun así, está formado a partir de los detalles originales y, entonces, aunque no parezca obvio, la concepción aún contiene la información de completud del objeto. El sistema de referencia normal de yiyuanti opera dentro de estos dos "espacios de reflexión".

3. El nivel de consciencia del pensamiento verdadero
Esto se realiza dentro del sistema de referencia de las habilidades especiales, en un tercer espacio de reflexión de yiyuanti. La actividad de pensamiento en este nivel va más allá del pensamiento lógico. Se llama *shi xiang si wei* (实象思维) o pensamiento verdadero. Esto difiere en contenido del pensamiento imaginativo y del pensamiento lógico. En la práctica de qigong, la consciencia llamada pensamiento sensación-observación o *ti cha si wei* (体察思维) es el estado de transición para alcanzar este nivel. Toda la información recibida o enviada en el nivel de consciencia del pensamiento verdadero es la verdadera existencia de la completud. Cuando el sistema de referencia de la habilidad normal se combina con el sistema de referencia de la habilidad especial, el sistema de referencia humano completo se forma. El pensamiento en este nivel solo es posible partiendo de la habilidad especial.

Si una persona ya tiene habilidades especiales, pero aún está limitada a un sistema de referencia normal, todavía no puede tener acceso al nivel de consciencia del pensamiento verdadero.

La relación entre los tres niveles mencionados anteriormente, se puede ilustrar con el diagrama sistemático de la página siguiente (fig. 2).

Nivel de consciencia del tiempo-espacio

Al ser el contenido y el proceso de la actividad de yiyuanti, la consciencia está más allá del tiempo y del espacio. Aquí se describe en estos términos solamente por conveniencia.

La teoría de la completud Hunyuan afirma que la consciencia humana es una fábrica única que existe fuera del tiempo y del espacio y que se forma en yiyuanti a través de los procesos de vida. La autoconsciencia y el marco de referencia, juntos, forman el mundo subjetivo. El metabolismo biológico, la actividad emocional, la actividad del pensamiento y la moralidad humana constituyen gradientes dentro de la completud de la consciencia, con el metabolismo biológico en el nivel más bajo y la moralidad en el más alto. Ver esquema de la página 167 (fig. 3).

Cómo se produce la actividad de la consciencia

La consciencia tiene una gran cantidad de contenido en términos de conocimiento aprendido, memoria, pensamiento, emoción, etcétera. La psicología ha estudiado estas actividades en términos de sus formas cambiantes, pero no ha investigado la esencia de la consciencia misma. La teoría de la completud Hunyuan ha descrito la esencia de la consciencia en términos de yiyuanti. Ahora podemos hablar acerca de cómo la consciencia ocurre o cómo se dan las instrucciones y se activan las emociones que directamente se relacionan con la práctica de qigong.

Cómo se producen los pensamientos

¿Por qué la gente tiene todo tipo de pensamientos? ¿Y cómo se transforman en la mente para tener un efecto en la vida? Quien se dedique a la ciencia del qigong debe responder a estas preguntas. En la teoría de yiyuanti, la actividad completa de la consciencia incluye un gran número de elementos que veremos en

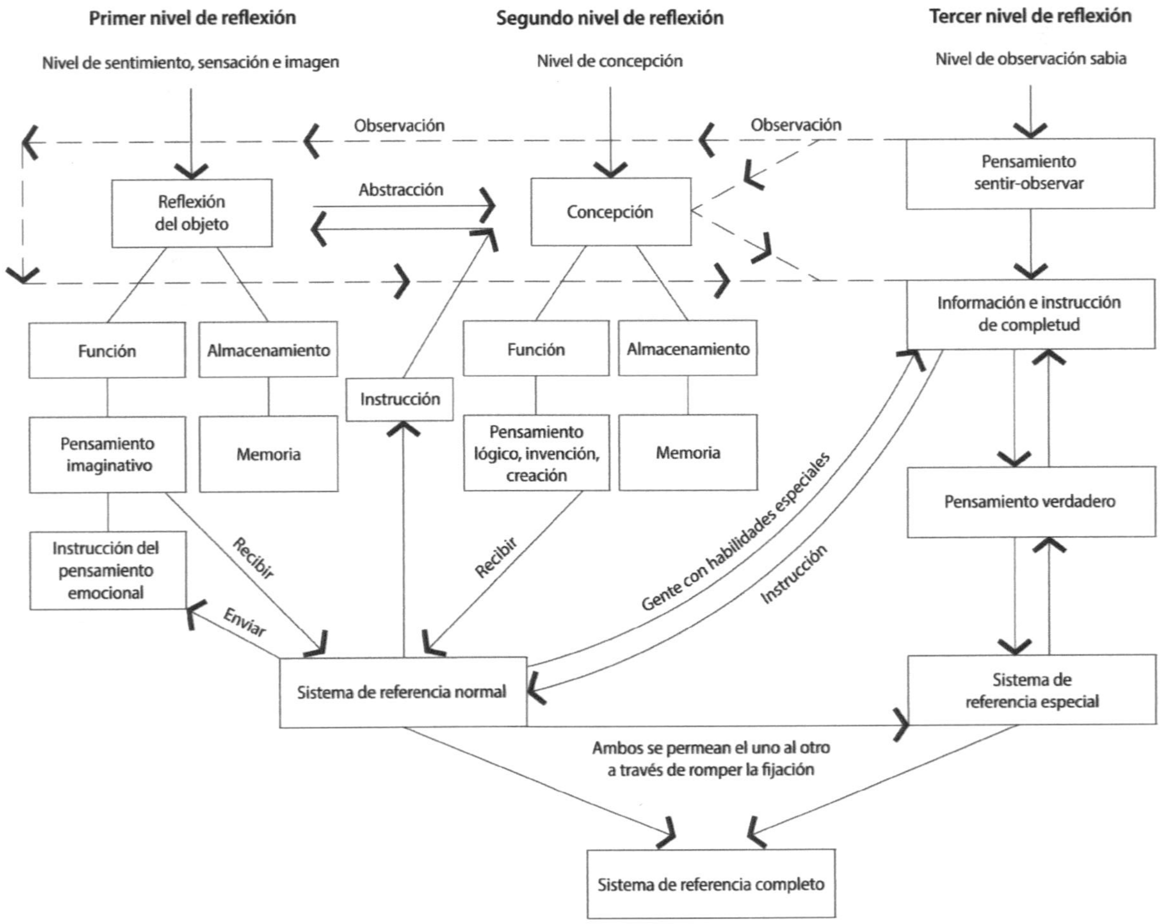

FIGURA 2. DIAGRAMA ESQUEMÁTICO DE LA ACTIVIDAD DE LOS TRES NIVELES DE CONSCIENCIA.

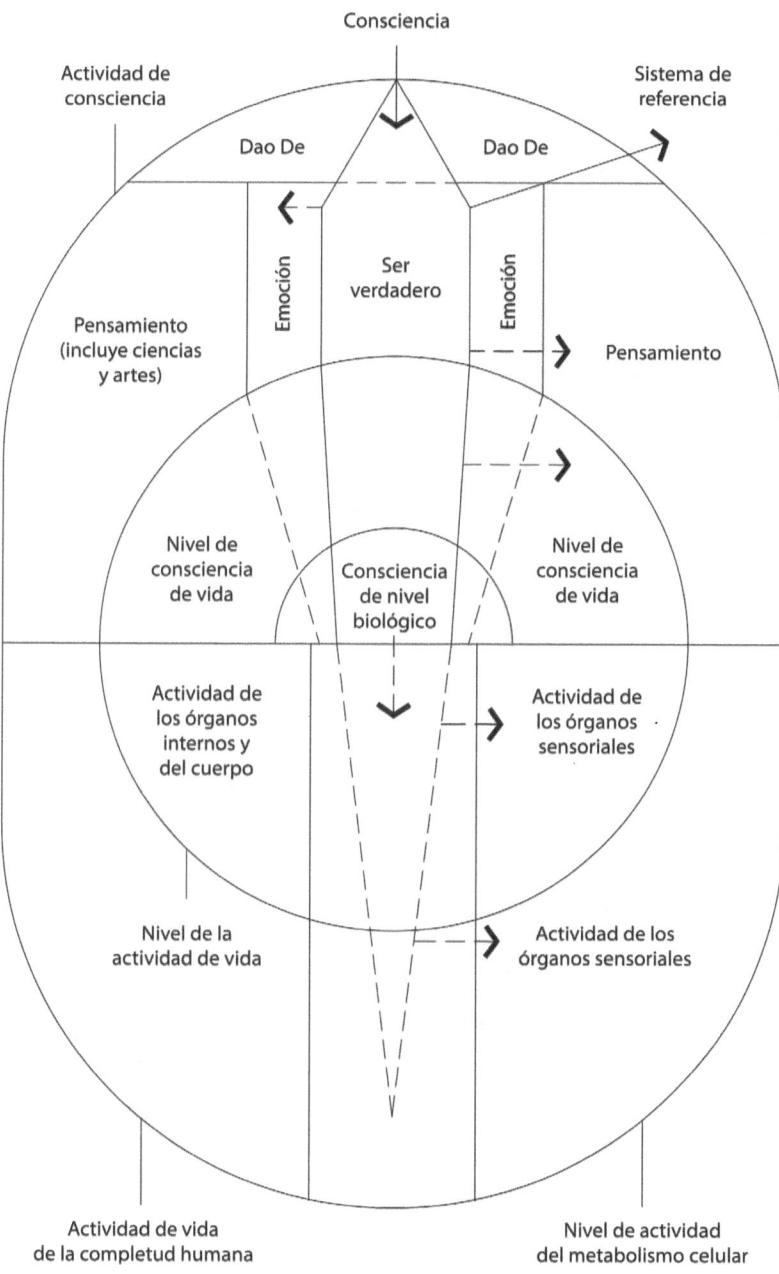

FIGURA 3. DIAGRAMA ESQUEMÁTICO DE LA ESTRUCTURA TEMPOROESPACIAL DE LA CONSCIENCIA Y SU RELACIÓN CON LA ACTIVIDAD DE VIDA.

orden. Estos son: el impulso original, el reunir hacia una dirección, la actividad iniciadora y la actividad de respuesta.

1. El impulso original

Los pensamientos de todo tipo tienen procesos y contenidos. El impulso original es el iniciador del proceso. Ya sea que se trate de un pensamiento espontáneo, de un pensamiento inducido por estimulación externa o de un pensamiento que se genera conscientemente, todos tienen un impulso original. Ahora podemos analizar el pensamiento espontáneo.

Ya sabemos que yiyuanti es un receptor de información con muchas capas, con todo tipo de información interna y externa reflejada en él. El grado en el que cada pieza de información se refleja en yiyuanti, ya sea fuerte o débilmente, está afectado por el estado de las células nerviosas y la cantidad y la calidad de la información misma. Sin embargo, esto también se decide en función del valor de la información para la vida humana y esto depende del sistema de referencia de cada individuo. En todo momento, hay una gran cantidad de información que interactúa y se integra en yiyuanti. Alguna información queda cubierta. Alguna información se fortalece y resalta. Como parte del movimiento de cada momento, la información que se fortalece se convierte en un centro provisional de toda la información. Este proceso es el impulso original de la consciencia.

2. El reunir hacia una dirección

La formación del centro de información temporal perturba el equilibrio de yiyuanti, al darle un enfoque interior hacia el centro de información. Esto, a su vez, fortalece el centro de información, dado que toda la información relacionada que hay al respecto del tema en yiyuanti se reúne para darle un orden estructurado. Este proceso de integración es la actividad que ocurre antes de la formación del pensamiento, en la que mucha información se reúne y dirige hacia un punto y se intensifica inmediatamente. Esto es principalmente un proceso de cambio de información, no obstante, se espera que ocurra un débil cambio de energía en el cerebro al mismo tiempo. Una vez que el pensamiento se forme, la actividad comenzará.

3. La actividad iniciadora

Con el orden de la información sobre completud formado y fijo, una instrucción de la consciencia se formará en yiyuanti y actuará en las células del cerebro relacionadas. Esto traerá una serie de cambios físicos y químicos, lo que formará las ondas cerebrales que se pueden detectar mediante aparatos bioquímicos. Las señales de las células del cerebro se envían a aquellos órganos que responderán con un efecto que, a su vez, retroalimenta a yiyuanti. De esta manera, el pensamiento se estimula mediante una reacción en cadena que genera la actividad de la consciencia. Cada nuevo pensamiento que emerge trae consigo cambios químicos que tienen efecto en todo el cuerpo.

4. La actividad de respuesta
Cuando las células del sistema nervioso transmitan señales a los órganos que actúan en respuesta al estímulo, estos órganos cambiarán de acuerdo con esta información y el cambio quedará reflejado entonces en las células del cerebro. La sucesiva reacción de las células del cerebro causará un cambio en su hunyuan qi. Esta serie de cambios se integra en yiyuanti, lo que ocasiona que el pensamiento original se altere aún más. De esta manera, la posición temporo-espacial del punto de inicio original se cambia y las nuevas instrucciones de la consciencia se crean, lo que inicia una nueva circulación de respuestas. Por ello, el impulso cambia, otro centro de información se forma, otro punto de comienzo inicia y otro pensamiento se mueve a través de la mente.

De esta manera es como la consciencia enfocada e instruccional se forma y opera. Cuando la mente no tiene un propósito, la consciencia generalmente cambia espontáneamente de acuerdo con su contenido. Al nivel de la habilidad normal, la consciencia comúnmente se apoya en palabras; pero las palabras tienen un cierto significado, por lo que cada concepción tiene un contenido específico, una cierta estructura temporo-espacial.

Cuando el pensamiento se forma en yiyuanti, su información completa aparecerá y se expandirá hacia afuera y se conectará con toda la demás información relacionada. Este contenido relacionado, que serán todas las asociaciones de la mente en relación con un tema, se puede elegir con un propósito o producirse al azar. Si la atención está enfocada en un sistema de información ordenado, la información se elegirá con un propósito deliberado. Sin embargo, cuando la información no esté relacionada y esté fragmentada, entonces la consciencia no tendrá propósito y los pensamientos distractores se formarán con facilidad.

La producción de la emoción

La emoción representa las actividades de la vida que están principalmente relacionadas con la psicología. Los científicos han estudiado el tema de las emociones, pero aún no son capaces de tener una definición perfecta al respecto. Desarrollaremos una aquí y diremos que la emoción es un tipo de desbalance psicológico, causado por la estimulación, que es tanto interno como externo. Una persona articula esto físicamente, a menudo, a través de las expresiones faciales, sobre todo, de alegría, ira, tristeza o miedo. Durante un estado emocional, la gente experimentará subjetividad psicológica y un cambio fisiológico.

1. ¿Cómo se produce la emoción?

De la historia del desarrollo de las especies, sabemos que la emoción es resultado de la evolución. Al adaptarse a la estimulación, los animales atraviesan por cambios en el cuerpo, lo que genera reacciones de estrés que se convierten en una parte de la herencia genética. Gradualmente, se desarrollan expresiones del cuerpo que se relacionan con estos cambios. La expresión diferirá de acuerdo con la estimulación —dependiendo de qué tan satisfactorio sea algo o no— y será una expresión del cambio físico y químico completo que afecta el cuerpo. Las emociones humanas son similares a las de los animales, pero son finalmente mucho más complejas, dado que las necesidades humanas se han desarrollado tanto moral como materialmente. En términos del desarrollo de un individuo, la emoción viene de los genes y se adquiere a través del aprendizaje. Los niños, por ejemplo, muestran sus emociones a través de expresiones faciales básicas que son similares en todo el mundo, mientras que las sutiles diferencias que se ven en diferentes nacionalidades son aquellas que se adquieren a través del aprendizaje.

2. El mecanismo de la emoción

La teoría de la completud Hunyuan afirma que la emoción es una expresión de un cambio repentino en el hunhua del hunyuan qi humano y el hunyuan qi externo. Hay dos mecanismos básicos para la producción de una emoción.

El primero es un cambio del qi humano, que guía hacia un cambio en el sistema de referencia de yiyuanti que consecuentemente produce una emoción. Los antiguos enunciaban esto como: "Los cambios en el qi producen emociones". Sabemos que las personas son una completud de jing, qi y shen, en la que los tres tienen su propio balance. Cuando el hunyuan qi humano se ve afectado por el qi externo, el balance se pierde y el cambio resultante se refleja en el sistema de referencia de yiyuanti, lo que produce sentimientos internos que estimularán o inhibirán la actividad de la vida.

Generalmente, si el qi sube y sale rápidamente, inducirá enojo; si el qi entra y baja rápidamente, ocasionará miedo. El qi enfocado en un único punto traerá pensatividad; un qi que se desordena repentinamente causará susto; un qi estancado inducirá tristeza. El qi que fluye suavemente y bien, por otro lado, es placentero, por lo que un maestro de qigong cambiará el movimiento del qi para ajustar la emoción del paciente. La expresión de la emoción representa todo lo que está ocurriendo en el cuerpo, así que un practicante de qigong será capaz de usar distintos métodos de práctica y movimiento para alterar su propio qi y ajustar su propia emoción.

El segundo mecanismo es un cambio en el sistema de referencia de yiyuanti que altera el hunyuan qi humano y consecuentemente lleva a la emoción. Los antiguos enunciaban esto como: "La consciencia lleva a un cambio del qi". Este mecanismo se desarrolla con base en el primero. Es una emoción humana avanzada, diferente de las de los animales. Los factores materiales y mentales pueden ambos hacer que la consciencia cambie el qi. El sistema de referencia en yiyuanti juzgará de qué calidad es esa influencia en la vida para entonces dar una respuesta. Esta respuesta es la emoción: la producción de un sentimiento interno que incita a más cambios en el cuerpo y en el qi.

Se dice que cuando el interior está feliz, habrá naturalmente una sonrisa en la cara (aunque algunas personas pueden ocultar sus emociones y no mostrarlas). Para muchos individuos, sin embargo, las emociones llevarán a un cambio interno del qi que simplemente no podrán dejar de expresar. La expresión afectará aún más el movimiento del qi y la sangre y consecuentemente agravará o disminuirá la emoción. Por eso, la medicina tradicional china dice que la ira eleva el qi, que la felicidad ralentiza el qi, que el pensar estanca el qi, que la tristeza disipa el qi, que el miedo suprime el qi y que el susto inquieta el qi. Todas estas emociones producen cambios en el qi y estos cambios impactan en el sistema de referencia y de nuevo intensifican la emoción. Por lo tanto, el segundo mecanismo contiene al primero. También podemos concluir que, en el primer mecanismo, cuando el sentimiento interno producido por el movimiento del qi se forma en yiyuanti, la respuesta del sistema de referencia influenciará el cuerpo y el qi del individuo y afectará la emoción.

La actividad de la consciencia es una forma única de movimiento

La actividad de la consciencia es la forma más avanzada del movimiento como sustancia

El movimiento de la sustancia en el universo está dividido en cuatro categorías: movimiento físico, movimiento químico, movimiento de vida biológico y movimiento de consciencia. Esta secuencia también representa el movimiento de un nivel más bajo a un nivel más alto.

1. El movimiento físico

Esta es la forma más básica de movimiento en el mundo material. Existe en todas partes. El movimiento mecánico, el de desplazamiento y el térmico son ejemplos de movimientos físicos en el macrocosmos. El movimiento cuántico, los cambios en el campo de ondas electromagnéticas y la transferencia de masa-energía son todos ejemplos en el microcosmos. El movimiento físico es el componente básico de todos los movimientos.

2. El movimiento químico

Se refiere a la síntesis y la descomposición de sustancias tanto orgánicas como inorgánicas. El movimiento se lleva a cabo en el nivel atómico y molecular. El movimiento físico debe acompañar el movimiento químico, aunque no puede tomar su lugar.

3. El movimiento de la vida biológica

Este es un fenómeno biológico específico compuesto por ácidos nucleicos, polímeros, proteínas, etcétera. Involucra los procesos metabólicos, la capacidad de reproducción y la habilidad para adaptarse al ambiente. Los movimientos físico y químico están incluidos en los de la vida biológica, aunque son distintos de ambos.

4. El movimiento de la consciencia

Éste se refiere al movimiento de yiyuanti al reflejar la existencia objetiva. Es un fenómeno de la vida humana que los animales no tienen. Solo puede haber actividad de la consciencia si existe un sistema nervioso completo y se basa en el movimiento físico y químico de este sistema, aunque es diferente de ambos.

Las características de la consciencia

La consciencia es el movimiento de información en yiyuanti. Constituye el mundo humano subjetivo, pero es también un tipo de existencia objetiva puesto que puede interactuar con el mundo objetivo. La consciencia es un movimiento distinto de los movimientos físicos, químicos o biológicos descritos en la ciencia moderna.

1. El movimiento único de la consciencia

La actividad de la consciencia es el movimiento de la información. Esto no depende ni de la materia visible ni de la sustancia invisible (como la luz, la electricidad, el magnetismo o el calor) sino del hunyuan qi que es yiyuanti. La consciencia puede ser el pensar en el mundo subjetivo o puede ser una influencia sobre los objetos en el mundo externo.

Ya hemos afirmado que el significado específico de la consciencia es la consciencia conceptual. La formación de concepciones es el proceso por el cual las imágenes de materiales objetivos se reflejan en yiyuanti y se abstraen aún más. Durante este proceso, los aspectos de la materia y la energía del objeto se borran y solo la información permanece. La consciencia es la actividad de esta información. La información también es una completud. Puede interactuar con la información de otros objetos y puede reunir hunyuan qi e interactuar con el hunyuan qi de otros objetos. La habilidad para hacer esto pertenece al campo de la inteligencia especial. En el nivel de la habilidad normal, la información puede interactuar con otra materia cuando aún está contenida por su materia relacionada.

2. Información completa

La actividad de la consciencia es el movimiento de yiyuanti y la información en yiyuanti es infinita, razón por la cual puede reflejar información en el mundo objetivo, así como ser capaz de activamente crear información. La información completa de la consciencia no es innata; se forma después del nacimiento a través del hunhua de yiyuanti con el mundo externo.

3. Los movimientos de la consciencia decididos por la voluntad

I. La velocidad elegida conscientemente
La velocidad de yiyuanti y la actividad de la consciencia son superluminares. Aun así, cuando un pensamiento se forma, la actividad de ese pensamiento se puede controlar. Cuando la consciencia trabaja más rápido que la velocidad de la luz, la gente puede pensar en un objeto lejano, mientras otras personas sensibles pueden sentir que algo se proyecta en éste; podríamos llamarlo ya sea consciencia o qi. Este tipo de actividad de consciencia pura casi no tiene energía, pero el tipo de consciencia que se puede controlar es usualmente una combinación de un pensamiento específico y el hunyuan qi del objeto. Este es el movimiento de hunyuan qi guiado por la consciencia.

II. El objetivo elegido conscientemente
La orientación consciente no está limitada por la dirección, la distancia o la ubicación. Una vez que la consciencia ha elegido un objetivo, puede trabajar en él, de la misma manera que un maestro de qigong puede hacer una curación a distancia. Sin importar cuán lejos o en qué dirección, la consciencia puede directa y precisamente trabajar en el objeto elegido.

III. La transformación elegida conscientemente
La consciencia contiene la información completa del universo y, por lo tanto, puede construir la información de todos y cada uno de los objetos. Cada información diferente alterará de distintas maneras el hunyuan qi y manifestará un cambio ya sea en el hunyuan qi o en la estructura del objeto. En el qigong tradicional esto se enuncia como: "La consciencia guía al qi para cambiar y el qi hace que el cuerpo cambie". La consciencia puede adicionalmente transformar el hunyuan qi en formas de energía tales como la electricidad, el magnetismo, el calor, la luz, etcétera. La consciencia puede impactar en muestras experimentales, así como en los aparatos que miden esas muestras.

4. La penetración
El hunyuan qi de yiyuanti es esencialmente similar al hunyuan qi original, en consecuencia, es compatible con el hunyuan qi de todos los niveles, por lo que la actividad de la consciencia basada en yiyuanti es, por lo tanto,

también compatible con el hunyuan qi de todos los niveles. Cuando esta compatibilidad se combina con la orientación, la penetración también está presente. La penetración es un aspecto natural de la consciencia. En el momento en que la consciencia elige pensar en un objeto, ya lo ha penetrado. Pero si un pensamiento busca penetrar un objeto, normalmente no puede, puesto que la consciencia misma ha cubierto el objeto y lo ha bloqueado.

5. La independencia
La formación de la consciencia está limitada por circunstancias externas e internas y por la actividad de las células del cerebro. No obstante, la consciencia es relativamente independiente, lo que significa que puede ir más allá de sus propias influencias materiales. Esto es más obvio en aquellos con una preparación más avanzada. Un buen practicante de qigong puede ignorar las influencias externas, aun si las circunstancias se consideran generalmente como difíciles. Incluso aquellos sin una práctica de qigong, pero con una gran fuerza de voluntad, pueden también evitar sentirse molestos si es lo que prefieren. Esto prueba que la consciencia tiene una relativa independencia.

SECCIÓN CUATRO
Las funciones de la consciencia

La consciencia es la más alta y evolucionada forma de movimiento. Puede afectar y alterar la vida humana, así como la materia del mundo objetivo.

Cómo la consciencia guía la vida humana

El sistema nervioso se desarrolla a lo largo de todo el cuerpo con base en la información genética. La ciencia médica reconoce esto, pero no reconoce la forma en la que las funciones de la consciencia guían la vida humana. Sabemos que el cuerpo humano recibe información externa a través de los órganos sensoriales, que envía hacia afuera la información correspondiente y que ajusta el balance entre sí mismo y las circunstancias apropiadamente. Este proceso está regido por el sistema nervioso. Es el proceso por el cual yiyuanti recibe y envía información. Algunos contenidos de esta actividad serán explícitos y algunos permanecerán ocultos y se convertirán en información subconsciente.

Si un niño quiere aprender a nadar, por ejemplo, debe adquirir la técnica durante la práctica de nado, para establecer así en la mente la información completa acerca de la natación. Esto no se puede aprender como conocimiento a partir de los libros, se debe adquirir a través de la práctica. La información consciente y subconsciente juntas forman la completud de información de las técnicas de nado y, solo de esta manera, las instrucciones que guían el movimiento del cuerpo entero se formarán. La consciencia que guía tales actividades de vida no existe espontáneamente después del nacimiento, se forma al acompañar el hunhua de la experiencia consciente.

Un niño recién nacido controla su actividad de vida instintivamente. Cuando la información sensorial entra a yiyuanti, la conexión entre toda la información se establece y, consecuentemente, el reflejo condicionado se forma. Al mismo tiempo, un cambio correspondiente sucede en la estructura de las células del cerebro. El sistema nervioso guía la actividad de la vida a través de la reflexión de la información objetiva externa. Una vez que un concepto se forma, contiene mucha información de vida y entonces puede directamente afectar los procesos de la vida. Sin embargo, puesto que una concepción es una abstracción de un objeto, ésta se puede concebir como no específica o irreal. De esta manera, la gente no nota el hecho de que la consciencia conceptual puede controlar la vida humana.

El proceso de la consciencia que guía la actividad de la vida se ha discutido en el capítulo previo sobre el hunyuan qi humano, mientras que el cómo es afectado por el estado de ánimo se discutirá en el próximo capítulo sobre la teoría del Dao De. De lo que hablamos aquí es de cómo yiyuanti afecta la actividad de vida.

Cuando la consciencia se forma, ya sea un pensamiento o una emoción, una resonancia sincrónica ocurrirá en yiyuanti. Este cambio afectará el hunyuan qi de las células del cerebro, que enviarán información a través de la médula espinal y las ramificaciones nerviosas al hunyuan qi de cada parte del cuerpo. El hunyuan qi de cada parte del cuerpo puede, por lo tanto, cambiar de acuerdo con la información de la consciencia. Así es como la consciencia afecta la vida humana. Las siguientes páginas contienen ejemplos de estas funciones y efectos.

Cómo la consciencia influencia las actividades generales de la vida humana

Las actividades de la vida con un propósito incluyen todas las interacciones sociales y de trabajo relacionadas con el vestir, la alimentación, la vivienda y el transporte. Todas éstas se controlan a través de la consciencia y se llevan a cabo a través del cuerpo. Cada una de las acciones de la vida sigue la regla de que la consciencia guía al qi y el qi guía al cuerpo.

Cuando yiyuanti se activa a causa de cierta información específica, la instrucción se puede enviar de manera precisa a un tejido, siguiendo una ruta específica, lo que causará la acción correspondiente. La acción misma se sostiene gracias a complicados procesos del qi que se reúne, como son todas las acciones del cuerpo. El qi viene de partes específicas del cuerpo, pero principalmente del dantian bajo. Cuando la consciencia da la instrucción de actuar, el qi inmediatamente se concentra a través de muchas rutas en un tiempo muy corto y después se transfiere hacia la fuerza. En la ciencia del qigong, este es el proceso en el que "la consciencia guía al qi y el qi guía al cuerpo". Cualquier acción del cuerpo involucra un proceso de coordinación y hay un patrón para cada uno. La acción del lanzamiento de jabalina, por ejemplo, involucra la mano, el brazo, el cuerpo y las piernas. El patrón de acción se forma en yiyuanti y el qi se distribuye a través de la consciencia y luego se transfiere hacia el poder para completar cada acción. La fuerza integrada se puede formar, puesto que la naturaleza complicada de la actividad se lleva a cabo bajo una instrucción de completud unificada, donde el pensamiento consciente e inconsciente se reúnen a través del entrenamiento.

Cómo la consciencia influencia la actividad psicológica de la vida humana

La consciencia puede cambiar la intensidad de la fuerza humana

Las rutinas de la vida —caminar, vestirse, comer, trabajar—, todas requieren fuerza. La producción de la fuerza es una función del sistema motor humano. En ciertas condiciones, la consciencia puede alterar la intensidad de esa fuerza, ya sea incrementándola o disminuyéndola. En general, una consciencia altamente intensa o excitada por un fuerte deseo puede aumentar la fuerza. En contraste, una atención distraída, la negatividad o el miedo pueden disminuir la fuerza.

Hay muchos ejemplos en la vida rutinaria de tareas que normalmente son difíciles de realizar que se realizan de manera sencilla. Hay un ejemplo de la guerra, de un grupo de soldados que fue perseguido por sus enemigos durante la noche. Debido a la intensa urgencia de su situación, lograron saltar un río muy ancho, mucho más lejos de lo que lo hubieran logrado ordinariamente.

Los residentes del lugar decían que estos soldados debían estar protegidos por los dioses para poder cruzar el río sin siquiera mojarse, pero, en realidad, los soldados no pensaron en cruzar el río o en no cruzarlo, tan solo saltaron cuando la idea llegó a su mente. Esto es una unidad de cuerpo y mente.

Sucedió un gran cambio en aquellos soldados, por efecto de una consciencia intensa y una fuerza extraordinaria se generó. Si se hubieran detenido a pensarlo, su fuerza se habría disipado y no habrían podido lograrlo. He platicado con estos viejos soldados y todos coinciden en que no lo pensaron, y se sorprendieron tanto como los demás de haber saltado esa distancia. De manera similar, los atletas rara vez rompen récords durante sus entrenamientos, pero normalmente lo hacen durante sus competencias, cuando su estado psicológico se eleva para estar a la par de su estado fisiológico. Sin embargo, si no tienen un buen estado mental, no pueden ni siquiera alcanzar sus niveles normales. Así es como la consciencia puede mejorar la fuerza.

Un estado patológico también puede incrementar la fuerza, como en el ejemplo de dos o tres hombres incapaces de superar a una mujer físicamente débil, pero histérica. Mucha gente ha experimentado situaciones como esta, pero quizás no les han prestado mucha atención.

El entrenamiento de qigong también puede mejorar la fuerza de la consciencia. Hay maestros de qigong que pueden levantar pesos tremendamente grandes o usar partes del cuerpo para romper acero o concreto. Algunos maestros de qigong pueden usar la fuerza para detener motores de autos. Su impresionante fuerza no viene de las circunstancias externas, sino de su propio cuerpo interno dirigido por la mente.

Los factores emocionales también pueden debilitar la fuerza. La depresión y la tristeza pueden causar cansancio y poca eficiencia al trabajar y el terror excesivo puede hacer que la fuerza desaparezca. Esto es: "El susto desordena el qi, el miedo suprime el qi", como se describe en la medicina tradicional china. Puesto que la mente no es lo suficientemente fuerte para permanecer estable, el qi pierde el control y la fuerza se disipa.

La consciencia puede causar cambios físicos en el cuerpo humano

La mente puede directamente cambiar la sustancia en el cuerpo humano. Esto puede suceder, ya que la consciencia puede transformar el metabolismo, al cambiar las síntesis químicas y la composición química en el cuerpo. Esto puede ocurrir en eventos como los descritos anteriormente, a través de la fisiología o la patología, pero es especialmente obvio en la práctica de qigong.

Hay una anécdota, en la historia china, que sucede durante el periodo de los Tres Reinos, sobre un general que lideraba tropas en la guerra. Sus soldados estaban sedientos de tanto marchar y no había nada que beber. Entonces, el general les dijo que había muchos árboles de ciruelas más adelante y que comer ciruelas curaba la sed. Los soldados comenzaron a salivar de solo pensar en esto y aliviaron su sed. La ciencia médica llama a este tipo de cambio un reflejo condicionado, pero lo que sucede en realidad es que la mente está causando un cambio en la sustancia. Este proceso involucra complicados cambios fisiológicos y bioquímicos. Otro ejemplo es el de una pareja recién casada o recién reunida que se embaraza durante el periodo seguro: la consciencia ha traído prematuramente un óvulo.

También hay muchos ejemplos en los que se demuestra que la mente causa alguna enfermedad. Hay otra historia sobre Wu Zi Xu, un famoso general en la antigua China, quien una vez trató de llevar a cabo una gran tarea, pero se enfrentó a problemas muy grandes. Fue tal su preocupación, que su cabello encaneció durante la noche. Hay otros ejemplos de la vida diaria. Cuando la gente se siente preocupada y no puede dormir, su cara luce más delgada al día siguiente. Esto es pérdida de peso real causada por la reducción de shen y de qi. En cambio, cuando una persona platica toda la noche con un buen amigo, ninguno de ellos pierde peso ni se ve más delgado al día siguiente.

También están aquellos quienes padecen de alta presión arterial cuando están enojados e incluso vomitan sangre. Esto sucede porque el nervio simpático se excita como resultado de la ira, el hígado y los vasos sanguíneos se contraen, el suministro de sangre al hígado se ve afectado y ocurre un incremento en la presión de la sangre en las venas. En estas condiciones tan serias, la gente vomitará sangre. En la guerra soviética, muchos soldados sufrían úlceras, puesto que estaban tan nerviosos que sus hormonas tenían una producción excesiva y causaban un desbalance endócrino en el cuerpo. En tal estado la enfermedad ocurrirá.

En un estado de qigong, también ocurren grandes cambios materiales en el cuerpo humano. Cuando un maestro de qigong "duro" dirige su qi, un tumor puede aparecer en un brazo y el tumor se puede mover a lo largo del brazo. El tumor es formado por la consciencia que concentra qi y puede ser tan duro que puede resistir los piquetes de cuchillos.

Algunos maestros de qigong duro pueden presionar una daga contra su cuello sin producir daño alguno, e incluso llegan a doblar la hoja con la presión de su cuerpo. Asimismo, otro maestro de qigong duro dejó caer todo su peso corporal en la punta de una espada que tocaba su ombligo y después rotó alrededor de ella. De acuerdo a ciertos cálculos, el área de apoyo tendría que soportar una presión mayor a veinte mil kilos. Esto no puede ser explicado por los físicos o la ciencia médica —puesto que es el resultado de un cambio material causado por la consciencia.

En 1988, di un curso en Jiamusi. Hablé principalmente de usar la consciencia para dirigir el qi y curar enfermedades y acerca del efecto del campo de qi. Una mujer en el curso tenía pechos pequeños y trató de usar su consciencia para hacerlos crecer, pero no usó su consciencia de una manera correcta: sus pechos no se hicieron más grandes y en cambio ella se provocó un tumor duro. Se lo comentó al instructor, quien le respondió que como ella había hecho crecer el tumor con su consciencia, ella podía deshacerse de él también con la misma. Así que la mujer pensó constantemente: "El tumor se ha ido, el tumor se ha ido", hasta que finalmente desapareció.

La consciencia puede cambiar la sensibilidad humana

En todo momento una enorme cantidad de información está trabajando en los órganos sensoriales humanos. La consciencia afecta la sensibilidad con la cual la gente reacciona a diferentes grados de estimulación. El grado de reacción puede no corresponder con el grado de estimulación. La atención que la gente pone al estímulo y a su propio estado psicológico interno en ese momento, incrementará o disminuirá la reacción.

1. Disminuir la sensibilidad

I. No poner atención disminuirá la sensibilidad

La gente en la antigüedad decía: "Si no pones atención al ruido, puedes ignorar el sonido. Si no pones atención a tus ojos, puedes no reaccionar ante la luz solar. Si no pones atención a tu lengua, puedes no notar un buen sabor". Todos los días la gente tiene experiencias similares. Alguien que está leyendo atentamente, por ejemplo, no notará lo que alguien más está diciendo. Y cuando alguien está pensando muy profundamente no reaccionará a los estímulos de alrededor. Los soldados en la guerra pueden incluso recibir un disparo y no notarlo. Cuando la gente se lastima en la vida cotidiana, pero sin realmente poner atención, como cuando se cortan un dedo mientras rebanan vegetales, no sienten el dolor que sentirían si se prepararan para ello.

II. Resistir la atracción de la mente hacia la estimulación puede disminuir la sensibilidad

El ser consciente del estímulo, pero al mismo tiempo negarse a ser atraídos hacia él, es un proceso fisiológico natural para disminuir el dolor. Resistir la estimulación valiente, persistente y confiadamente debilitará la sensibilidad.

Hay otra historia famosa del periodo de los Tres Reinos, relativa a Guan Yu, quien necesitaba cirugía para que le cortaran y extrajeran un hueso deteriorado, luego de haber sido envenenado. Guan Yu era un héroe famoso, sin temor al enemigo, así que se negó a ser afectado por el dolor de la cirugía y se la pasó jugando un juego de mesa durante todo el tiempo que duró este proceso. Hay un ejemplo similar durante la Revolución Cultural, cuando para promover el espíritu de valor, un médico militar dispuso que doce soldados que gozaban de perfecta salud tuvieran cirugías sin anestesia. Esta no es la manera correcta de proceder con las cirugías, pero aun así demuestra el gran efecto de la consciencia en la disminución de la sensibilidad a las reacciones.

2. Mejorar la sensibilidad

I. La atención puede mejorar la sensibilidad

Tanto la fisiología como la psicología están de acuerdo en que la atención puede mejorar la estimulación de las células nerviosas. La ciencia del Zhineng Qigong afirma que poner atención a un objeto fortalecerá la relación entre el objeto y el sujeto. La sensibilidad del sujeto se mejora, por un lado y, por el otro, la estimulación de la información aumenta. Por lo tanto, la aceptación consciente de cierta información fortalecerá de manera específica dicha información. Si se pone atención, por ejemplo, a unas voces que se encuentran lejos, entonces se pueden escuchar aun cuando realmente no tengan el suficiente volumen, mientras que una charla ruidosa junto a nosotros se puede ignorar. Se puede obtener una alta sensibilidad a través de un largo periodo de práctica de atención. En consecuencia, muchas sutilezas se vuelven claras y muy evidentes.

Hay otra historia de la China antigua, sobre un hombre que colgó una pequeña pulga en su casa para practicar su vista. Tres años después, la pequeña pulga se había vuelto muy grande en sus ojos, y el hombre era capaz de percibir cada sutil estructura de su cuerpo. Podríamos decir que esta historia es ridícula, pero el hecho es verdadero. Muchas áreas de la práctica de qigong se basan en esta regla.

II. La sugestión psicológica puede mejorar la sensibilidad
Si un hombre puede realmente sentir una estimulación externa débil, al autosugestionarse, diciéndose a sí mismo que es capaz de sentirla, entonces su sensibilidad mejorará. Este proceso es más fácil cuando se realiza en un estado calmo. Por ejemplo, es común sentir dolor cuando uno se corta la piel con un cuchillo, pero si a una persona, antes de tener una cirugía, se le informa que el doctor no va a usar anestesia, entonces esa persona sentirá un dolor extremo incluso si una vara sin punta recorre su piel. Lo mismo sucede durante la práctica de qigong. Si se sugestiona a un estudiante, especialmente si lo hace un maestro de qigong, esto incrementará su experiencia de qigong y, como resultado, la habilidad especial aparecerá más fácilmente.

El efecto de la actividad de la consciencia en la salud

Ya hemos descrito algunos de los efectos de la consciencia en la salud. Ahora veremos otros más, puesto que la consciencia puede controlar y ajustar la actividad de vida del cuerpo entero. Esta es la razón por la que decimos "shen es el maestro". Los estados mentales placenteros harán a la gente más sana; los estados desordenados podrán causar enfermedad.

Cuando la gente tiene conflictos con sus colegas o se siente enojada en compañía de otros, normalmente pierde el apetito después. Pueden tener una sensación de opresión en el pecho, una sensación de estar llenos, de mareo o un incremento en la presión arterial. La causa de estos síntomas es el enojo que conduce a un desorden mental y provoca un cambio en el qi.

Hay un ejemplo muy revelador de un amigo que comió sosa cáustica por accidente. Sus colegas inmediatamente usaron una solución para lavarle el estómago. Él se sintió muy incómodo después, con dolor en la garganta, dolor de estómago y sudor abundante. Se sintió gravemente enfermo y finalmente lo llevaron de urgencia al hospital. Al día siguiente, sus colegas le dijeron que no había comido sosa cáustica en absoluto, sino una inofensiva mezcla de glutamato monosódico. Sus colegas estaban molestos por el hábito de este hombre de estar siempre probando cosas en su lugar de trabajo y decidieron jugarle esta broma para darle una lección. El hombre tuvo una reacción tan adversa porque conocía los efectos de ingerir sosa cáustica. Esto se agravó más con la desorientación mental por la que pasó tras el lavado de estómago que sufrió a manos de sus colegas, algo que tendría que haberle ocasionado una pequeña, aunque real incomodidad. Así, en cuanto sintió dicha incomodidad, reaccionó con dolor y se le contrajo el estómago, lo que le causó más dolor. Este es el efecto de los nervios. La gente puede sentir síntomas aun cuando no tiene ninguna enfermedad.

Una mente desordenada puede agravar incluso las enfermedades sencillas. Hubo un hombre, en 1984, quien sentía un extremo dolor de estómago. Entonces, lo examinaron en el hospital, le diagnosticaron cáncer y le dijeron que tenía pocas probabilidades de sobrevivir. Se sintió absolutamente desesperado. El dolor progresivamente fue empeorando hasta que finalmente los analgésicos más fuertes no le funcionaron; perdió más de diez kilos en veinte días. Después, luego de más pruebas diagnósticas, le informaron que no era cáncer, sino una úlcera estomacal y una piedra en el estómago. Liberado de las malas noticias, el hombre se recuperó rápidamente.

La actividad de la consciencia puede incluso causar la muerte. Hace setenta años, un hospital realizó experimentos con prisioneros que estaban sentenciados a muerte. A dos de ellos les vendaron los ojos y a uno de ellos se le practicó un drenado de sangre. Al segundo prisionero se le permitió escuchar el sonido de la sangre que fluía hacia el contenedor y se le dijo que a él también le harían un drenado de sangre. Después de un tiempo, el primer prisionero se desangró hasta morir. Poco tiempo después, el segundo prisionero también murió, aun cuando a él, en realidad, no le habían practicado el drenado de sangre. Murió por la sugestión psicológica. El periódico *Beijing Evening* también reportó una noticia acerca de una persona de intendencia que a menudo trabajaba debajo de un cable de alto voltaje. El hombre siempre estaba preocupado de que el cable algún día cayera y lo tocara. Entonces, un día el cable cayó y lo tocó y murió de inmediato. Después, se reveló que su hígado y su corazón se habían quemado, aun cuando el día que el cable le cayó, éste no tenía corriente eléctrica. El hombre murió por la sugestión psicológica.

Ahora podemos mencionar algunos ejemplos opuestos. En los años cincuenta, en un hospital ruso, se le realizó una craneotomía a un paciente con cáncer en el cerebro. El doctor no le dijo nada acerca de la enfermedad, solo le dijo que la cirugía había sido exitosa. El paciente estaba muy feliz y se fue de viaje para celebrar y regresó un año y medio después para que lo examinaran. El doctor estaba sorprendido de encontrar al paciente aún vivo y en muy buen estado de salud. Este es otro resultado de la autosugestión; el paciente no sabía la verdad y no tuvo la carga psicológica. Recibió solo buena información. Hay otro caso similar, reportado en la revista *Technology and Life*, de una mujer con cáncer de mama avanzado que optó por no recibir cirugía y en lugar de ello se fue a viajar. Después de un tiempo, se confirmó que su enfermedad se había abatido y ella había sobrevivido.

Un buen estado mental puede fortalecer la vitalidad de la gente. Una vez se informó de cuatro mineros que sobrevivieron, luego de quedar atrapados debajo de la tierra durante quince días después de un accidente. Sobrevivieron porque no sabían cuánto tiempo había pasado, porque un viejo trabajador siempre les dio buena información, lo que fortaleció sus esperanzas, y puesto que la situación consumió muy poca energía. Hubo otro reporte en el *Liberation Daily* sobre un hombre sordomudo joven, quien supuestamente murió después de haber tenido una fiebre muy alta. Su familia lo enterró. Un año después, un trabajador fue a reconstruir la tumba y se encontró al joven aún vivo en su tumba. Estas noticias fueron muy sorprendentes. Solo podemos suponer las razones de su supervivencia: que estaba acostumbrado a no recibir estímulos sensoriales a causa de su discapacidad, que no sabía cuánto tiempo había pasado; que las circunstancias carecían de estímulos o que su metabolismo era extraordinariamente bajo.

El efecto de la consciencia en la materia externa

Los efectos de la mente mencionados anteriormente se pueden considerar como productos de la consciencia psicológica. El efecto de la consciencia en la ciencia del qigong, sin embargo, va más allá del campo de la psicología. La manera en la que la consciencia afecta los objetos externos es un ejemplo. Hay dos experimentos publicados por el Departamento de Ingeniería Aplicada en la Ciencia en la Universidad de Princeton. En uno, los investigadores colocaron dos espejos, uno frente al otro, y monitorearon la distancia entre ellos con un equipo de precisión. Los investigadores entonces les pidieron a unos voluntarios que pensaran que la distancia entre los dos espejos se acortaba. Después de algunas miles de repeticiones, el análisis estadístico probó que la consciencia humana había movido los espejos. La alteración era muy pequeña, pero aun así era una alteración. En el otro experimento, los investigadores les pidieron a los voluntarios que incrementaran la temperatura en la pantalla de lectura de un termómetro electrónico. De nuevo, después de algunas miles de repeticiones, el análisis estadístico final mostró que la temperatura se incrementó. Estos ejemplos muestran cómo la consciencia cambia los objetos externos.

La súper habilidad de algunos practicantes de qigong es un mejor ejemplo. Zhang Baosheng hizo el siguiente experimento: le pidió a un líder del gobierno que sostuviera una pelota con la mano; enseguida, Zhang Baosheng sujetó la mano de esta persona, ejerció su qigong y, después de un momento, la pelota desapareció y apareció en el bolsillo de otra persona. Zhang Baosheng también movió el reloj de otra persona adentro de una botella de agua. Otros maestros de qigong pueden mover cerillos u otros objetos pequeños y otros más pueden cortar pasteles, naranjas y cables eléctricos por la mitad. Algunos pueden cambiar la estructura molecular del agua. Todos ellos crean estos cambios a través del uso de sus propias mentes. Hay muchos experimentos similares, en todos ellos se demuestra la inmensa energía de la consciencia. ¿Hasta qué punto la consciencia es capaz de cambiar el mundo objetivo y subjetivo? Aún no lo sabemos.

La consciencia también tiene otra función. Aquellos con habilidades especiales pueden sentir imágenes visualizadas por otras personas. Se ha demostrado, por ejemplo, que, si varias personas imaginan un triángulo al mismo tiempo, otra persona con ellos es capaz de sentirlo. Y en 1986, en la conferencia sobre comunicación académica de la Asociación de Estudio de Qigong en Beijing, un maestro de qigong sintió cada una de las imágenes en la mente de Liu Jianhua, el presidente de la Asociación de Estudio de Qigong de Beijing. Ma Weiqing, el niño con habilidades especiales puede escribir con su mente.

Hubo un estudio en la Universidad de Michigan, en el que se demostró que la consciencia de una persona puede hacer hunhua con la información sobre la apariencia de otra persona y provocarle cambios físicos. Era un estudio sobre parejas en el que se concluyó que éstas se parecerán físicamente después de vivir juntos por un periodo largo de tiempo, aun si son muy distintas al inicio del matrimonio, y que mientras mejor sea la relación, más se parecerán.

Yo mismo he observado cómo un niño adoptado a una edad muy temprana por una pareja sin hijos, más tarde, cuando tenía cinco años, se veía realmente muy similar a sus padres adoptivos. Mientras más amen los padres a sus hijos, más se parecen los hijos a ellos. Esto demuestra que cuando una imagen o alguna otra información se almacenan de manera estable en la consciencia, puede hacer que la actividad de la vida humana se desarrolle de acuerdo con sus patrones.

En realidad, es el sistema nervioso el que decide la dirección del desarrollo. A causa de la actividad nerviosa humana avanzada, la consciencia ocupa el cuerpo entero, por lo que necesita información para cambiar el mismo. Hay muchos milagros en el Zhineng Qigong, todos logrados a través del efecto de la consciencia. Un maestro de qigong puede pensar en la imagen de otra persona y combinar esa imagen con la suya propia, de manera que, bajo una luz tenue, él mismo se parecerá a la persona que está imaginando. Si la gente piensa a menudo en una cierta imagen, su apariencia cambiará de acuerdo con ella.

Estos ejemplos muestran el efecto de la consciencia común en la materia objetiva y subjetiva. La función de la consciencia de un maestro de qigong es incluso mucho más grande y aquellos con habilidades especiales tendrán aún más efecto.

Cómo la consciencia trabaja con la materia

La consciencia afecta el cuerpo humano principalmente a través del movimiento de reunir/dispersar del hunyuan qi humano. Esto se ha descrito en el capítulo sobre el hunyuan qi humano. Aquí hablaremos del efecto de la consciencia en la materia externa.

El mecanismo de la consciencia, cuando afecta la materia externa

1. La consciencia transforma el hunyuan qi en energía para afectar la materia externa

La mente puede transformar el hunyuan qi del cuerpo humano o el hunyuan qi de la naturaleza en energía simple, tal como el sonido, la luz, la electricidad, el magnetismo, el calor, etcétera y luego usar esto para trabajar en los objetos.

2. La consciencia trabaja directamente en la completud de la estructura temporo-espacial del objeto y lo cambia

La consciencia contiene la información completa del universo, por lo que cada concepción ya contiene la información general de sí misma. Entonces, cuando la información de esa concepción se envíe, afectará directamente a la información del objeto y también reunirá hunyuan qi del ambiente para trabajar con el objeto, de acuerdo con la información de la instrucción.

Factores que afectan el trabajo de la consciencia en los objetos externos

1. La concentración

Sabemos que en la consciencia común hay muchos centros de excitación y niveles de contenido en yiyuanti. Esto dificulta el tipo de actividad centrada en un objetivo que puede manifestar la potencia de la consciencia. Si la gente puede fortalecer el poder de su mente desde la primera formación del pensamiento y dejar que forme uno solo, entonces la consciencia de completud se puede formar. En consecuencia, la información de la habilidad especial se puede usar. Un deseo sincero y honesto y una atención enfocada fortalecerán la intensidad de la consciencia y formarán un único pensamiento.

2. La elección precisa del objetivo

La comprensión profunda y activa del objetivo ayudará a la consciencia a combinarse con él, lo que traerá como resultado un hunhua efectivo.

3. Claridad de yiyuanti

Para que la consciencia forme una completud comprensivamente conectada, la claridad de yiyuanti es vital. La calma mental evitará o reducirá el estímulo que el hunyuan qi produce en yiyuanti y consecuentemente incrementará su claridad.

4. El deseo subjetivo

Una honesta y convencida motivación incrementará la concentración de la consciencia y su precisión objetiva.

SECCIÓN CINCO
Los aspectos de la teoría de la consciencia Hunyuan

La teoría de la consciencia incluye la teoría acerca de yiyuanti y la actividad de la consciencia y se ha referido a las teorías de la consciencia del budismo y del daoísmo y a las teorías de la ciencia moderna, la ciencia médica y la psicología.

La teoría de la completud Hunyuan está sustentada en una práctica diligente de qigong, lo que forma un materialismo de consciencia diferente de las teorías del budismo y del daoísmo. La teoría de la consciencia es una teoría científica acerca de la consciencia, resalta el efecto positivo de la mente en la vida de las personas y también la deficiencia general de consciencia hoy día, por lo que establece las bases del Zhineng Qigong como una nueva ciencia de vida. Concluimos con la teoría de la consciencia con un resumen de sus aspectos.

La teoría de Yiyuanti es un desarrollo de la teoría del Hunyuan qi

Yiyuanti es una espiral ascendente del hunyuan qi original

En el qigong daoísta tradicional, se cree que la consciencia humana es qi original humano y que este viene del qi original del cielo y de la tierra, que es Dao. Por lo tanto, la gente cree que el qi original humano es el mismo que el qi original del cielo y la tierra.

La teoría del Hunyuan qi del Zhineng Qigong es una teoría en ciernes, no es un regreso al origen ni un círculo cerrado, sino una espiral ascendente. Se puede ilustrar así: *Hunyuan qi original invisible* —> *hunyuan qi condensado en materia* —> *yiyuanti con existencia independiente*. Yiyuanti y el hunyuan qi original tienen mucho en común, siendo ambos muy refinadas formas de hunyuan qi y siendo ambos capaces de generar cosas complejas. El hunyuan qi original forma la materia del mundo objetivo a través del proceso de hunhua. Yiyuanti forma la consciencia del mundo subjetivo a través del proceso de hunhua. Los objetos materiales formados por el hunyuan qi original son todos parte de una evolución larga y natural. Sin embargo, el hunhua de la consciencia es un proceso activamente consciente. Los dos son similares pero diferentes, no son un retorno cíclico, sino una espiral ascendente de evolución. Yiyuanti no es ni la cima del desarrollo ni el punto de partida original del hunyuan qi original. Yiyuanti se sigue moviendo hacia delante. La serie de cambios hasta ahora han sido: *yiyuanti original* —> *yiyuanti autoconsciente* —> *yiyuanti distorsionado y fijo*. La práctica de Zhineng Qigong no permitirá que yiyuanti regrese a la secuencia, sino que busca moverlo hacia adelante para conseguir completamente las funciones de yiyuanti: *desde yiyuanti distorsionado* —> *yiyuanti perfecto* —> *yiyuanti hunhua*.

La práctica de qigong no busca regresar la consciencia a un estado original, sino desarrollarla hacia adelante

Ciertas formas avanzadas de qigong han, previamente, promovido un retorno al estado más original y simple. En el daoísmo, el hunyuan qi original generó el cielo, la tierra, la gente y todas las sustancias, y el shen de la gente normal evolucionó desde la verdadera naturaleza hacia la mente, mientras que el cuerpo y el qi también evolucionaron desde un estado inherente hacia un estado adquirido. La práctica de qigong daoísta busca, por lo tanto, regresar al practicante: de una edad avanzada a la juventud, de lo adquirido a lo inherente y, después aún más atrás, al estado del hunyuan qi original mismo.

La práctica budista también busca un retorno hacia un estado original. En el pasado, bajo esta guía, cuando los practicantes avanzaban hasta un cierto nivel, se imaginaban yendo de regreso al estado vacío original y, al hacerlo, descartaban sus vidas. Esto es una tragedia. Hubo un cierto número de practicantes avanzados de qigong que habían alcanzado una muy buena habilidad especial y eran ampliamente conocidos. Ellos eran compasivos y se dedicaban a la gente diligentemente y todo el tiempo promovían una cultura de práctica como una responsabilidad con uno mismo. No obstante, ellos entregaban sus vidas, pues en su opinión, a tan alto nivel de práctica, morir significaba obtener exitosamente el *Dao*. Sin embargo, si ellos realmente hubieran obtenido el Dao, hubieran sido capaces de regresar y continuar ayudando a las personas. El hecho de que ellos no han regresado prueba que no obtuvieron el Dao y que realmente murieron.

La verdad es que la gente no puede regresar al estado de hunyuan qi original ni siquiera en la profunda calma de la práctica de qigong. En la práctica de qigong, la gente puede aún sentir y lo que siente es la quietud y la calma de yiyuanti, lo cual significa que yiyuanti aún tiene la sensación de sí mismo dentro. La sensación es también un tipo de actividad de consciencia. En este caso, la sensación es solo un balance dinámico. El así llamado retorno al estado original buscado por el qigong tradicional es imposible de conseguir.

La teoría de la completud Hunyuan afirma que la consciencia humana está sentada sobre la base de yiyuanti fijo y distorsionado. La práctica de qigong puede eliminar esta fijación y liberar yiyuanti. El desarrollo de la inteligencia especial cambiará el sistema de referencia común y promoverá el sistema de referencia de información especial. Este es el proceso de desarrollo de yiyuanti.

La habilidad normal y la habilidad especial

Desde el punto de vista budista y daoísta, solo cuando la consciencia común queda superada, la consciencia especial se puede presentar. Esta ve al mundo de la habilidad normal como falso y únicamente al estado especial tan poco común como verdadero. La teoría de la consciencia describe a continuación la relación entre estos mundos.

Las actividades de la consciencia normal y de la especial son ambas funciones naturales de yiyuanti

En el nivel de la habilidad normal, la mente se apoya en la información parcial obtenida por los órganos de los sentidos para formar la actividad de yiyuanti, mientras que la habilidad especial forma consciencia con información de completud. Aunque ambas reciben información de diferentes maneras, una vez que ésta ha entrado a yiyuanti es una completud. El Zhineng Qigong, por lo tanto, sugiere que el mundo bajo la consciencia común y el estado especial son ambos verdaderos.

Las dos maneras de enviar información son diferentes

La información enviada por la habilidad especial es información de completud. Puede afectar al Ser o a un objeto directamente, sin recurrir a los órganos de los sentidos de la persona, y con esta característica de conexión directa percibe la naturaleza de la completud. La información recibida a través de la habilidad normal es también una completud en yiyuanti. Cuando la información se envía a través de la habilidad normal, de todas maneras, será separada de nuevo en la información parcial tal como fue recibida. Esto se basa en la interacción de los órganos de los sentidos de la persona y de nuevo construye entre el sujeto y el objeto una conexión en el nivel de la habilidad normal. El objeto manifiesta dos diferentes aspectos bajo la habilidad normal y la especial, pero eso no cambia su forma o esencia.

Los dos estados de consciencia no están completamente separados

La consciencia común es diferente de la consciencia especial. Sin embargo, dentro de yiyuanti, su información es aún información de completud, solo con diferentes grados de fuerza. La habilidad normal de la consciencia percibe los aspectos de un objeto, pero no su información general. La imagen de un objeto dependerá de cómo el observador la mira, a través de qué marco de referencia y de qué contexto cultural, etcétera. Esto indica que mientras la imagen se forma en yiyuanti, alguna información se fortalece y otra se pierde. Puesto que la imagen formada por la habilidad normal no ha percibido la información general del objeto tal como lo hubiera hecho la habilidad especial, no puede presentar la verdadera naturaleza de la completud. Aun así, la imagen sí contiene la característica de completud del objeto, aunque solo en cierto grado, así como la fuerza de la información que permanece latente. No obstante, esto significa que la consciencia común puede también afectar los objetos. Los experimentos en la Universidad de Princeton probaron esto. Por lo tanto, si la gente trata de observar un objeto muy cuidadosa y atentamente, sin ningún pensamiento fijo o concepción existente, entonces el objeto se puede reflejar en su naturaleza más completa posible y una imagen completa se puede formar en yiyuanti. Se trata de la consciencia de la habilidad normal que se convierte en algo muy cercano a la habilidad especial. Cuando se enseña qigong, aquellos estudiantes con el pensamiento imaginativo más fuerte pueden desarrollar más fácilmente la habilidad especial. Bajo las condiciones correctas, la consciencia común puede, por lo tanto, transformarse en un estado especial.

El desarrollo activo de la habilidad especial

En la antigüedad, el budismo y el daoísmo sugerían que el uso de la habilidad especial afectaría de manera adversa el progreso de qigong. La creencia era que la habilidad especial solo aparecía como resultado de suprimir la actividad de la consciencia común, que era vista como una ilusión y no debía ser usada durante la práctica de qigong. Las dos prácticas de consciencia eran vistas como actividades en conflicto.

La teoría de la completud Hunyuan afirma que ambas formas de consciencia son maestras del cuerpo humano y del hunyuan qi humano. Las dos son diferentes, pero no tienen límites claros y se pueden transformar bajo ciertas condiciones. El Zhineng Qigong, por lo tanto, propone la expansión activa de la consciencia común para desarrollar la habilidad especial. Aquellos maestros con habilidades especiales, por ejemplo, aprendieron su mecanismo y método dentro de la consciencia común. Entonces, los estudiantes que practican dentro de la habilidad normal pueden también desarrollar habilidades especiales. La gente puede usar éstas para fortalecer las funciones de cada parte del cuerpo, para asistir en el progreso del qigong y para tratar enfermedades. El desarrollo de la habilidad especial es una etapa clave en el perfeccionamiento de yiyuanti.

Si la consciencia común es o no una barrera en el desarrollo de la habilidad especial, depende de si esta consciencia normal es o no rígida. Si hay mucho conocimiento fijo, con un estándar rígido para todo, entonces el sistema previamente existente predominará y rechazará la reflexión de nueva información. En consecuencia, será difícil desarrollar habilidades especiales. Pero si la consciencia existente es fluida y adaptable, entonces yiyuanti será capaz de aceptar la nueva información directamente y la habilidad especial se desarrollará.

El mayor desarrollo de la consciencia humana

Se necesita resolver el estado de dispersión de la consciencia común

La gente en el estado de habilidad normal hoy día no sabe cómo usar su consciencia hacia adentro, por lo que hay muy poco movimiento ordenado tanto del cuerpo como de la mente. Yiyuanti humano se ve comúnmente afectado por una gran cantidad de información de los sentidos. Como resultado de esto, un número indeterminado de centros de excitación se forman y muchos niveles de información interna continúan interactuando con yiyuanti, incluidas las emociones, que particular y adversamente afectan su estabilidad. Por lo tanto, un foco unificado es difícil de lograr y la mente normalmente está dispersa.

Una gran parte de la población, hoy en día, se encuentra en un estado patológico. Con la inteligencia humana limitada y siendo incapaces de usar su completo potencial no hay una verdadera completud individual o social. Esta es la razón por la que el cultivo de la consciencia constituye la raíz del Zhineng Qigong.

Los niveles de la consciencia humana necesitan mejorar

La consciencia humana se desarrolla progresivamente de un nivel más bajo a un nivel más alto. En la teoría de la consciencia hemos hablado del nivel general de consciencia generalizada, incluidas las emociones del nivel instintivo, el sentimiento, la sensación, la imagen-pensamiento de la consciencia perceptual, el pensamiento lógico de la consciencia racional, el pensamiento sentir-observar de la consciencia de qigong y también la habilidad especial. Considerando un desarrollo de largo plazo, la consciencia común apenas ha alcanzado el nivel del pensamiento racional. El ver este proceso nos ayuda a aprender acerca de las leyes naturales que gobiernan este desarrollo y acerca de cómo podemos construir una base para que la gente siga descubriendo los más altos niveles de la consciencia humana.

La teoría de la consciencia Hunyuan afirma que la consciencia racional es pensamiento basado en la habilidad normal y que la consciencia inteligente se basa en la habilidad especial. Solo cuando la gente entiende cómo usar la consciencia inteligente se pueden desarrollar a un nivel avanzado.

La actividad de la consciencia común está distorsionada y fija

Hemos descrito ya que la actividad de la consciencia se forma cuando yiyuanti autoconsciente se desarrolla en yiyuanti distorsionado y fijo. La consciencia, por lo tanto, está fija en un cierto nivel.

1. Reconocer al maestro equivocado

El sistema de referencia se forma a partir de los patrones de información impresos en yiyuanti desde todo tipo de sensaciones e imágenes. Esto se convierte en la medida por la cual se reconoce y se lidia con el mundo objetivo y que guía el comportamiento de la gente, de modo que ellos comúnmente ven a este marco de referencia como su maestro.

Cuando la gente juzga algo, por ejemplo, ellos piensan que han hecho su juicio libremente, pero en realidad este es el resultado de una comparación con su sistema de referencia. Éste no es ni el maestro ni la actividad de la consciencia misma, es simplemente la evidencia base dentro de yiyuanti formada a partir de todos los patrones de información. La actividad de la consciencia es el contenido y el proceso, como resultado de medir esta información en yiyuanti. No obstante, la consciencia establecida en este sistema de medida no es la maestra del Ser del humano. El verdadero maestro es la función iniciativa de yiyuanti que puede enviar y recibir información. La consciencia es el movimiento y el cambio que ocurre después de que esa función ha comenzado a trabajar. El sistema de referencia es el patrón de medida de la habilidad normal. Es la base que usa la consciencia para reconocer objetos. La práctica de qigong apunta a conocer al verdadero maestro del Ser y a deshacerse de la distorsión, para destruir así el sistema de referencia fijo y liberar la mente.

2. La consciencia se basa comúnmente en la función de los órganos de los sentidos

Sabemos que yiyuanti es capaz de recibir información de la inteligencia tanto normal como especial y de enviarla hacia afuera de nuevo. Y sabemos que durante el desarrollo de los niños todo tipo de información entrará en yiyuanti. Sin embargo, puesto que esta información proviene principalmente de los adultos con un nivel de habilidad normal, solo ese tipo de información se fortalece y entonces la información de la habilidad especial no emerge. Por lo tanto, el sistema de referencia solo contiene información de la consciencia común. Los cambios en yiyuanti guiarán el desarrollo de los niños, por lo que la estructura y las funciones de los tejidos se desarrollan de la misma manera que la información común, mientras que la habilidad especial y la estructura de sus tejidos relacionados se inhiben.

La relación entre los seres humanos y la naturaleza está limitada al nivel de la información sensorial común y, en consecuencia, la libertad humana se ve limitada. Una manera efectiva de resolver este problema es la práctica de qigong, puesto que el desarrollo de la habilidad especial recuperará la habilidad de yiyuanti de enviar y recibir la información de la súper habilidad. Otra manera es cambiar el sistema de referencia de yiyuanti. Solo de estas maneras se puede romper el viejo patrón.

De acuerdo con la física, cada material ocupa un espacio que impide que se fusione con otro material. Esta es la razón por la cual, por ejemplo, los objetos en un escritorio no penetran el escritorio. No obstante, en el nivel de la habilidad especial los objetos sí penetran el escritorio. Mucha gente con consciencia avanzada puede interactuar con monedas, de manera que éstas pueden atravesar el escritorio y caer al suelo. Así funciona la información de la habilidad especial en yiyuanti. Cuando tal información está involucrada, un resultado especial se produce. La habilidad normal produce un resultado normal. El nivel actual de la consciencia humana se debe mejorar a un nivel en el cual también contenga la información especial. Este es el contenido del cultivo de la consciencia.

La consciencia humana se forma a través del proceso de hunhua

La formación de la consciencia es el hunhua de la información innata y la adquirida

Yiyuanti es la marca esencial del ser humano, su función básica es innata, ha sido heredada a través de generaciones y sus bases se mejoran continuamente a través del desarrollo individual humano. La formación de yiyuanti en el feto, a los siete meses está directamente relacionada con el desarrollo de las células del cerebro. Incluso antes del nacimiento, yiyuanti ya puede recibir, almacenar y enviar información. Esta es la condición innata para la formación de la consciencia.

Las células del cerebro de los niños continúan desarrollándose en los primeros años de vida, por lo que establecen una mayor actividad de consciencia basada en el fundamento del sistema de referencia de yiyuanti. Las células del cerebro se desarrollan a partir de un hunhua entre yiyuanti original y el hunyuan qi externo. La información entrante a partir de este proceso es estabilizada por las células del sistema nervioso y forma el marco de referencia, que se convierte en la medida de información posterior. Todas las actividades de la consciencia ocurren desde esta base.

El yiyuanti de un recién nacido es innatamente capaz de formar consciencia. La habilidad se consigue a través del hunhua con la información adulta circundante. Sin este proceso, la consciencia humana no se puede formar, como en el caso de los niños "salvajes". Esta conclusión es similar a la teoría epistemológica de la *tabula rasa*, en la cual un niño nace como una laja en blanco y el saber solo viene a través del conocimiento y la experiencia.

Los animales avanzados tienen un sistema nervioso y una psicología animal, pero físicamente tienen cerebros distintos y no han formado aún una consciencia verdadera. Si los humanos tuvieran que alimentar y enseñar a los animales continuamente por generaciones, el naoyuanti evolucionaría en yiyuanti y formaría consciencia.

La teoría de la completud Hunyuan afirma que las diferencias entre las sustancias se forman durante el proceso de hunhua. La evolución en el universo es un continuo hunhua entre el estado inherente de cada cosa y su estado adquirido. Aquello que se ha adquirido a través de la evolución de las especies es el aspecto innato del individuo y la actividad adquirida del individuo es el estado actual del proceso hunhua de las especies. El estado innato y el adquirido no se pueden separar; se transforman y mejoran entre sí. La consciencia está evolucionando a través de este mismo proceso hunhua.

La consciencia individual y la consciencia social están en una relación hunhua dialéctica similar, en la que la mente del individuo está formada con la sociedad como contexto de fondo. El efecto del pensamiento y el lenguaje adulto en yiyuanti original es en realidad el efecto de la consciencia social en yiyuanti. Tanto la gente como los objetos representan la consciencia social y todas esas impresiones entran en yiyuanti y algunas, consecuentemente, se convierten en el contenido del sistema de referencia de yiyuanti y otras se convierten en el material momentáneo para la consciencia individual. Es posible que una nueva consciencia social se forme a través del hunhua en yiyuanti. Cuando el impacto del nuevo pensamiento es lo suficientemente grande, se convertirá en una parte de la consciencia social y quedará grabada como palabra o arte. La consciencia individual y la social son partes de un proceso dialéctico de fusión y transformación.

La actividad de la consciencia es un proceso de hunhua entre el cerebro y yiyuanti

Yiyuanti está estrechamente conectado con el cerebro, a pesar de su relativa independencia. Lo mismo es cierto para el proceso hunhua entre ellos. Cuando la información parcial de un objeto externo se refleja en yiyuanti, el hunyuan qi de las células del cerebro cambiará y a través de ese cambio entrará a yiyuanti y se convertirá en una parte de su completud. Entonces, podemos decir que los cambios en las partes causan un cambio en el todo. La actividad de la consciencia se forma, por lo tanto, en la totalidad de yiyuanti y del cerebro. Cuando la información se reúne en yiyuanti en un cierto grado y el cambio en yiyuanti alcanza un cierto nivel, la materia se puede formar. Este proceso de sustancia invisible que forma materia se completa en el centro de yiyuanti y es clave para almacenar información en yiyuanti. La memoria de largo plazo no se puede formar sin este paso. Como resultado, las partículas de proteína y las dendritas (que son materiales que tienen características de memoria) se forman en las células cerebrales, cuyo hunyuan qi, a su vez, afecta a yiyuanti.

La consciencia es la esencia humana

La vida humana y la vida animal comparten el metabolismo, la reproducción, los reflejos nerviosos, la actividad emocional, el pensamiento simple, etcétera, pero esto no las hace iguales. La gente comparte todas las actividades de los animales, al comer, excretar y copular, pero realizan estas actividades infundidos con algún grado de contenido espiritual que es el resultado de Dao De, de la racionalidad y del arte. Por lo tanto, podemos decir que los procesos de la vida humana están caracterizados por la consciencia. La sensibilidad y emoción humana son sensaciones y emociones conscientes bajo la guía de una consciencia más alta.

Las acciones humanas se realizan no solo para satisfacer las necesidades de vida del cuerpo sino también para satisfacer las necesidades del espíritu. Las personas persiguen y crean activamente sus propias necesidades espirituales y son capaces de poner estas necesidades por encima de las de su cuerpo. Por lo tanto, la motivación de la vida humana es diferente de la naturaleza instintiva de los animales, puesto que se vive con libre albedrío y mediante instrucción consciente. La consciencia es la actividad esencial de la vida humana, es lo que diferencia al hombre de los animales.

Los procesos del pensamiento humano están limitados por el marco de referencia formado en yiyuanti. Todas las actividades de la consciencia tienen lugar con este contexto de fondo. Sin embargo, no deberíamos considerar la actividad de la consciencia, a través del sistema de referencia, como maestra. Hemos descrito la consciencia como la esencia de la vida humana, para hacer la distinción entre los humanos y los animales. No obstante, si erróneamente consideramos el sistema de referencia como el maestro, en lugar de la consciencia pura de yiyuanti, entonces la consciencia pierde su naturaleza libre y consciente y tendríamos en su lugar un patrón de referencia anticuado, rígido y fijo. Yiyuanti es el verdadero maestro de la vida humana —es la esencia del ser humano—. Sin embargo, el impulso original de la consciencia está fijado por los viejos patrones de la ciencia, el arte y Dao De. Toda actividad de consciencia tiene un cierto contenido; la consciencia sin contenido no existe y es el contenido del sistema de referencia de yiyuanti el que está continuamente cambiando y mejorando a lo largo del desarrollo humano, lo que permite a la mente humana hacerse más refinada, precisa y verdadera.

La consciencia fija y distorsionada se produce por dos razones. La primera consiste en que el sistema de referencia no contiene la información de la habilidad especial, lo cual lleva a una consciencia de ciencias y artes fija y limitada. La otra razón es que el modo de Dao De —o el valor moral— establecido en el sistema de referencia está basado en la ganancia personal. Por lo tanto, la gente ha formado modos egoístas de pensamiento social que los han limitado al deseo de bienes materiales. La consciencia Dao De tiene tal impacto en la esencia humana, puesto que es el contenido fundamental del sistema de referencia. Es la base de la motivación de las actividades humanas y provee información sobre cómo relacionarse con el mundo externo (qué amar, qué odiar, qué tomar, qué dar). Estos juicios dominan la actividad de la vida humana tan fuertemente que pueden llevar a la mente más allá de los límites del cuerpo humano, y entonces la gente puede vivir o morir por sus ideas. El impacto de la consciencia en la actividad de la vida ya se ha descrito. El impacto del Dao De en la actividad de vida humana se discutirá en el siguiente capítulo sobre la teoría del Dao De.

Compasión verdadera como agua

CAPÍTULO VI
La teoría del Dao De

Dao De (道德) describe la acción y el núcleo central del hunyuan qi. El Dao De de la teoría de la completud Hunyuan se desarrolla a partir del Dao De de la cultura tradicional china. Difiere de la teoría moderna del Dao De y de la teoría del Dao De del qigong tradicional. De la misma manera en que la teoría de la consciencia es una expansión de la teoría del Hunyuan qi, la teoría del Dao De se expande más allá de la teoría de la consciencia.

SECCIÓN UNO
Resumen del Dao De

El Dao De en la cultura tradicional china

En la cultura clásica china, *Dao* y *De* son dos palabras con significado distinto. Dao se refiere a la esencia del misterio cósmico y a una existencia completamente independiente, sin límites ni tiempo, que es la fuente de todo. Y De es la función o efecto del Dao: el Dao en acción. Sin embargo, cuando se usa De junto con Dao en relación con la gente, significa moralidad. En el estudio de la ética, la moralidad se refiere a las costumbres de un determinado grupo social que regulan las relaciones personales y sociales, y que prescriben los modos de comportamiento que aseguran la supervivencia del grupo. Desde este punto de vista, Dao De es el estándar de lo correcto y lo incorrecto que ajusta el comportamiento de la gente a través de la opinión pública, las costumbres y la consciencia. El clásico libro daoísta, el *Guan Zi* (道德), describe el *Dao* como "la existencia sin forma e invisible que está en todas partes en el universo. Produce y transforma todo, y al hacer esto también se le llama *De*". En el *Dao De Jing* (道德经), Lao Zi dice lo mismo de diferente manera: "Todo en el universo viene del Dao, pero en su crecimiento es nutrido por De". Y Zhuang Zi lo pone de esta manera: "El Dao mismo es vasto y sin forma, pero el que todo dependa de él es De".

Todo cuanto existe es, entonces, generado por Dao y sostenido por De. Y todo cuanto existe se ajusta a las leyes de Dao y de De. En el *Dao De Jing*,

Lao Zi escribe: "Dao le da nacimiento a todo y protege todo, pero no lo posee todo. Trabaja duro pero no busca crédito por sus acciones. Cultiva y lo sostiene todo, pero no gobierna ni domina...". Al describir estas características del Dao, Lao Zi está presentando una ley natural que ilustra el De de más alta calidad. Para los antiguos, Dao y De eran en realidad la misma cosa, o dos lados de la misma moneda, un lado era la existencia, *Dao*, y el otro lado era la función, De. También podríamos decir que Dao es ser y De es hacer. Todo cuanto existe tiene su propio Dao y De: gatos, árboles, monjes, simios... todo.

En los antiguos días, los confucionistas también llamaban *li* (礼) al Dao De, al cual el estudio de la ética moderna categorizó como Dao De. Sin embargo, el *li* de los antiguos chinos vinculaba el Dao De de los humanos con todo el Dao De, puesto que veían como un todo el lugar del hombre en el mundo material, y desde esta perspectiva, decían que el Dao De no solo regula el comportamiento social —como dice la ética moderna— sino que también ajusta y equilibra los procesos del cuerpo y la mente.

El significado de Dao De en la ética tradicional china es, por lo tanto, diferente del de la ética moderna. Tradicionalmente, el Dao De es un estándar de conducta dentro de las relaciones humanas que afecta los procesos del cuerpo y aporta salud a la gente. En la antigüedad, se consideraba una parte vital de la práctica. El Dao De está en las relaciones de las personas, y un buen Dao De está en las buenas relaciones. Una visión completa del mundo a partir de Dao De ve todo cuanto existe (toda la vida humana, la sociedad y el mundo natural) como una completud conectada e indivisible. El objeto de la práctica del Dao De, por lo tanto, es tener una relación armónica con todo cuanto existe.

El significado del Dao De en el Zhineng Qigong

La visión del Dao De del Zhineng Qigong es muy similar a la de los antiguos chinos. De cualquier manera, la teoría de la completud Hunyuan afirma que lo que es llamado Dao De es en realidad el ser natural y la función del hunyuan qi. Y, por lo tanto, el hunyuan qi original es esencialmente similar al Dao. La teoría de la completud Hunyuan afirma incluso que la existencia y la función de cada cosa en el universo es el Dao De de cada cosa.

El *Dao De Jing* lo explica de manera sencilla: aquellos practicantes que obtienen buen De son aquellos que obedecen las leyes del Dao. La teoría de la completud Hunyuan ve todo en el cosmos como un todo estrechamente relacionado y, por lo tanto, el Zhineng Qigong promueve la práctica del Dao De para mejorar la relación con todo cuanto existe —con el ser, con otros, con el mundo natural— y entonces formar una completud armoniosa.

En el qigong tradicional se dice que puede sentirse el Dao intangible a través de una práctica dedicada, y que cultivar el Dao De es realmente el corazón de esa práctica. En los tiempos antiguos, se pensaba que, si la gente cultivaba su corazón y su mente con buen qigong y se ocupaba de la gente con gentileza, entonces su qi sería naturalmente ajustado y obtendría el Dao.

En un buen estado de qigong, Dao puede percibirse como el estado al que los chinos llaman *kong kong dang dang, huang huang hu hu* (空空荡荡, 恍恍惚惚) o "vacío pero no vacío", un sentimiento profundamente sutil de totalidad, difícil de describir, que está más allá de la distinción entre estático y dinámico. Para los antiguos chinos, un alto nivel de práctica de qigong representaba perfeccionar De, y entonces el practicante con maestría naturalmente encarnaba Dao. Como Lao Zi lo expresa: "Aquella que da nacimiento y protege todo, pero no posee nada; aquella que trabaja duro, pero no busca crédito por sus acciones. Aquella que cultiva y sostiene todo, pero no gobierna ni domina…".

El *Dao De Jing* describe este estado de pureza. Con un alto nivel de práctica de qigong, la consciencia está naturalmente centrada y es gentil. Sin pensamientos distractores, el practicante debería tener claridad acerca de muchos temas sin diferenciarlos entre sí, y debería naturalmente seguir reglas y normas sin mantenerlas en su mente. Este estado natural de consciencia, espontáneo y despierto, se denomina *xuan de de* (玄 德) o De profundo.

La ciencia del Zhineng Qigong afirma que el hunyuan qi original es esencialmente similar a aquello que los antiguos llamaban Dao. En una práctica avanzada de qigong, el hunyuan qi original puede percibirse como *huang huang hu hu*. Además, también puede experimentarse el hunyuan qi corporal, así como la transformación entre el qi invisible y la forma corporal y la conexión entre el hunyuan qi y la consciencia. Los practicantes también pueden sentir la interacción entre el hunyuan qi humano y las diferentes capas del hunyuan qi natural. En un avanzado estado de qigong, pueden conocerse todos estos contenidos del Dao De. La meta de la práctica de qigong, entonces, consiste en percibir, entender y trabajar con estas leyes para poder cambiar la calidad de nuestra vida.

De acuerdo con la teoría de la completud Hunyuan, la consciencia humana es el movimiento del hunyuan qi del cerebro o lo que se denomina *yiyuanti*. La consciencia Dao De es la actividad de consciencia más dominante y, por lo tanto, una de las principales metas del Zhineng Qigong es mejorar el hunyuan qi humano a través de la práctica y el cultivo del Dao De. Cuando el Dao De y el hunyuan qi humano estén más altamente cultivados, el qi se conectará más fácilmente con el hunyuan qi del ambiente, y cuando el hunyuan qi natural contenga mayor información humana, estará también más disponible para el uso humano.

Clasificación del Dao De

Dao De natural

El Dao De natural es una generalización que se refiere a la existencia y la función del hunyuan qi de todo cuanto existe. Una infinita variedad de sustancias están continua y espontáneamente transformándose a través de procesos de *hunhua* de acuerdo con sus propias leyes específicas. Las propiedades características de todas esas formas de vida son su Dao De natural. Todo en el mundo natural, incluso las sustancias inorgánicas, tiene sus propias leyes de crecimiento y transformación. Al igual que las estructuras fisiológicas y las estructuras bioquímicas de la etapa fetal humana, pertenecen todas al Dao De natural. La teoría de la completud Hunyuan afirma que cada cosa que existe, no existe ni se transforma en aislamiento sino que todas hacen hunhua con el hunyuan qi de todas las demás en contacto con un contexto de hunyuan qi original. En otras palabras, la realización del Dao De natural requiere hunyuan qi original para iniciar el cambio.

Dao De social

El Dao De social guía a la gente en sus relaciones sociales. En las manejadas correctamente hay estándares de conducta a seguir, todas evaluadas a través de una serie de concepciones tales como bien y mal, bello y feo, honestidad y mentira. Estos son puntos de vista que se forman a partir de acuerdos y veredictos dentro de la sociedad que determina el Dao De social. Estos veredictos indican valores. Estos valores están ahí para proteger a la sociedad durante los procesos de la adaptación humana al mundo natural. El Dao De social para cada individuo es su vida y sus acciones —o lo que ellos son y lo que hacen— dentro de la completud social. El Dao De social difiere en todas las sociedades puesto que sigue las condiciones de clase, nacionalidad e historia. Su función, sin embargo, siempre es la misma: promover las relaciones sociales para mantener la estabilidad de la sociedad y, por lo tanto, la existencia humana. Somos muy exitosos como especie en parte porque vivimos en grupo y en la vida de ese grupo el comportamiento de cada uno de sus miembros tener límites, demarcaciones que son la forma original de la ley y del Dao De.

El Dao De social es una reflexión de la naturaleza del hunyuan qi humano dentro de la capa social y un patrón de valor del marco de referencia de yiyuanti. El hunyuan qi humano cambia en distintas etapas del desarrollo social, pero las relaciones humanas siempre permanecen, y esas relaciones son también un hunhua del hunyuan qi. Por lo tanto, aquellos que viven en sociedad deberían tener claros sus roles, un individuo que cultiva las relaciones sociales armónicas también cultiva su propio hunyuan qi.

Dao De natural/social

El Dao De natural/social se refiere al estado del Dao De durante una etapa específica de desarrollo. Un nuevo bebé llega al mundo sin una consciencia humana y por un tiempo no entra en la escena social y, por lo tanto, la vida inicia como una existencia completamente objetiva. Todas las funciones del bebé en esta etapa pertenecen al Dao De natural. Conforme el niño construye consciencia y comienza a sostener relaciones humanas, el Dao De social se desarrolla. El Dao De natural/social se refiere a la etapa entre estos dos periodos, el proceso transicional donde el Dao De natural se deja atrás y el bebé ya tiende a tener una vida social, aunque los valores básicos de esa vida —las concepciones y limitaciones del bien y el mal, de sí mismo y de otros— aún no se han formado completamente. Para este momento, el niño tiene aspectos tanto de Dao De natural como de Dao De social. El Dao De natural/social tiene las siguientes características:

1. No hay idea de posesión

En la etapa del Dao De natural/social, la mente del niño aún no distingue entre "tú" y "yo", o "tuyo" y "mío". Si los niños quieren algo, van y lo toman directamente, sin preocuparse de a quién pertenece, y cuando han terminado de usarlo, simplemente lo desechan, sin pensar en su costo o en si alguien más lo podría querer. Los niños simplemente toman lo que necesitan y dejan lo que ya no necesitan, y si alguien más quiere usarlo, no les importa.

2. La comunicación es franca y directa

Los niños pequeños son abiertos y directos, reflejan la verdad simplemente, sin mentir o hacer bromas. Sin importar cómo se sienten los adultos con respecto a algo, el niño preguntará o lo dirá directamente. Si los papás le dicen al niño que no diga que cierto objeto está en su casa, entonces el niño contestará "sí". Pero si alguien le pregunta al niño "¿tal objeto está en tu casa?", el niño contestará "este objeto está en nuestra casa, pero dice mi mamá que no le diga a nadie". El niño no puede mentir.

3. El niño generalmente es feliz y no se preocupa ni odia
Incluso si un miembro de la familia muere, el niño permanecerá, en general, feliz. No se arrepienten del pasado ni se preocupan por el futuro, y no fijan su mente en cosas que les han pasado. Si hay peleas, los niños siguen siendo amigos, no guardan resentimientos, ellos simplemente viven el presente, y hay un interés en todo, cada cosa es igual de fresca y llamativa. Su comportamiento es similar al requisito de la frase budista "No tengas apegos del corazón al pasado, presente o futuro".

4. La mente expresa empatía y ve todo como igual
Los niños no piensan sobre sí mismos como seres especiales o diferentes, y no consideran el estatus social de otros. Por el contrario, ven a todos como iguales, sin hacer comparaciones, y juegan felizmente con niños que nunca antes habían conocido. Los niños siguen la indicación de Lao Zi de "ver el corazón de todas las personas como si fuera tu propio corazón". Si alguien es feliz, ellos también son felices, y cuando otra persona llora, ellos también lloran.

5. La vida de grupo se disfruta
Los niños pequeños no quieren estar solos. Si los ponemos solos en una habitación, dentro de un periodo corto de tiempo se quedarán dormidos. Ellos disfrutan estar entre la gente y dentro del grupo son desinhibidos. Los niños siempre juegan juntos y se unen a las actividades de otros. La gente ve este estado y lo llama *chi zi zhi xin* o inocencia absoluta.

Los niños comparten el mismo tipo de Dao De natural/social en todo el planeta. En tiempos antiguos, los maestros de qigong buscaban este tipo de estado. Pero, aunque parece ser un estado noble, no es un estado de completo crecimiento. Las funciones del cerebro y del sistema de referencia de yiyuanti son muy jóvenes, de manera similar a los hombres primitivos. Hay mucha información del mundo objetivo, pero no toda está activada. La actividad de consciencia y el estado de Dao De siguen estando en la etapa de inicio. Aun así, la mente del niño es muy pura, es una base humana pura, y es muy lamentable que, en toda la historia cultural, los humanos no hemos sido capaces de construir sobre esta base y encontrar nuestro propio valor verdadero. En lugar de ello, la gente descubre el valor material, en la búsqueda del cual establecen una visión del Dao De que corresponde con ese valor, y entonces esa base pura se mancha, se contamina.

Dao De social libre

El Dao De social libre existe más allá de los propios deseos egoístas de la mente, más allá de los ánimos alterados y más allá de la diferenciación entre el ser y los demás. La práctica de qigong es la manera de ayudar a los seres humanos a lograr este estado, que desarrolla también habilidades especiales y elimina los defectos del yiyuanti distorsionado y fijo, haciendo que la gente sea capaz de sostener conscientemente una relación armoniosa con el mundo natural y con sus propias sociedades. Es el estado libre de *cong xin suo yu bu yue ju* (从心所欲不逾矩) "seguir tu corazón y hacer cualquier cosa libremente y bien, pero nunca contra las reglas". Este estado es la encarnación de lo que realmente significa ser humano, representa la vida humana elevada a un nivel de completud de consciencia.

El Dao De social libre tiene similitudes con la etapa de Dao De natural/social, pero es esencialmente diferente. Es un nivel más alto de consciencia que apoya activamente una devoción al bienestar de toda la gente, así como la igualdad entre la misma y la armonía con la naturaleza. Los antiguos practicantes erraron en la búsqueda de un retorno al simple e inconsciente estado de Dao De natural/social, un estado imposible de lograr a través de la práctica del qigong. La verdadera meta de la práctica es el Dao De social libre, el Dao De de la igualdad sin egoísmo, cuando las funciones del cerebro humano se desarrollan por completo a un alto nivel de habilidad tanto normal como especial, de amplio acceso y apertura.

El Dao De social libre es el resultado del automejoramiento humano y viene de un entendimiento del verdadero valor humano. Se logra en una sociedad en la cual la gente dedica conscientemente todo lo que hace al bien común. La ruta más efectiva al Dao De social libre es a través de la práctica de qigong para purificar la consciencia, eliminar los deseos egoístas y establecer una mente completamente dedicada a la sociedad. El Dao De social libre ya ha logrado el no egoísmo y busca amar, ayudar y apoyar a otros, viéndolos como si fueran uno mismo, mirando al objeto y a todo como a sí mismo. Éste, por sí solo, es el camino de la evolución humana que todos debemos caminar.

Distintos tipos de Dao De en el proceso de la vida humana

1. Dao De natural
Como parte de la naturaleza, la humanidad obedece las leyes del Dao De natural. El metabolismo humano y todo tipo de actividad en el cuerpo físico pertenecen al Dao De natural.

2. Dao De social
Los seres humanos tienen la habilidad de reflejar, adaptarse y cambiar el mundo natural, pero aun así tienen necesidad de contacto social para desarrollarse completamente. Si las personas no tienen contacto humano o no entran en la sociedad después de su nacimiento, nunca alcanzarán realmente su propio valor. Somos criaturas sociales tanto como naturales, y debemos seguir el Dao De social en nuestras relaciones con otros. En las clases sociales, el Dao De social está restringido por el estatus político y económico y cambia constantemente.

3. Dao De fisiológico
Esto se refiere a la actividad de consciencia de la gente para la satisfacción de sus propias necesidades corporales. El Dao De natural/social de los niños es también una parte del Dao De fisiológico, una etapa en la cual el ser natural y el ser social aún no se han formado y, entonces, el niño tiene relaciones con otros basados sobre todo en las necesidades fisiológicas.

Los adultos conservan un cierto grado de Dao De natural/social como una cierta pureza de corazón, pero el Dao De adulto, que es sobre todo el manejo de relaciones, no está basado en las necesidades fisiológicas. El Dao De fisiológico incluye el metabolismo y el comportamiento regido por las hormonas. Es una actividad de consciencia similar al "subconsciente" de Freud, dado que se manifiesta en el campo social, pero se basa en las necesidades corporales más que en los estándares del Dao De social.

4. Dao De ideal
Este es el ideal de Dao De tal como se conduce desde la educación. Alienta a la gente a esforzarse y luchar, y difiere para cada persona. El ideal para un practicante de Zhineng Qigong es el Dao De social libre.

Estos cuatro tipos de Dao De existen en distintos grados dentro de la consciencia Dao De de una persona. Su conducta Dao De es el resultado de la interacción entre ellos.

La formación de Dao De

En su formación, el Dao De de un individuo atraviesa por todas las etapas de Dao De natural, social, fisiológico e ideal. El carácter del individuo es el principio del Dao De natural y esto inicia en el momento en el que el espermatozoide y el óvulo se fusionan. La teoría de la completud Hunyuan afirma que el Dao De humano está determinado por el hunyuan qi del óvulo fertilizado, y que el proceso entero de crecimiento del embrión y evolución e incluso la formación de un carácter independiente, están todos de acuerdo con el Dao De natural del óvulo fertilizado. Este Dao De incluso dirige la naturaleza del metabolismo y las funciones de los tejidos y los órganos.

Cuando el feto tiene siete meses, todas las funciones del sistema nervioso se integran para formar yiyuanti. En ese momento, yiyuanti está vacío y no puede distinguir objetos. Incluso después del nacimiento, el bebé tiene una existencia natural objetiva con solo reflejos instintivos como mamar leche y obedecer las funciones corporales. No hay actividad de consciencia y la vida ocurre pasivamente, siguiendo las leyes naturales. Todo esto pertenece al Dao De natural y es el resultado de la información hereditaria.

Conforme el niño se desarrolla, también lo hace el Dao De, que se establece durante la formación de la consciencia humana. Los reflejos condicionados también se desarrollan, como cuando al ser amamantado desaparece el hambre y el bebé empieza a expresar felicidad cuando ve a su madre. La información se vierte en el niño y gradualmente el joven yiyuanti viene a recordar la información de acuerdo con lo que es confortable y lo que no: la sensación del cuerpo en respuesta a los estímulos.

Poco a poco, los adultos que rodean al niño le inculcan el lenguaje, las concepciones se forman y las impresiones comienzan. Para estos momentos, el bebé no tiene una idea de posesión o de preocupación, y maneja sus relaciones con otros dependiendo de sus necesidades. Esta es la etapa transicional del Dao De natural al Dao De social. Este es el Dao De formado a partir de la información de la propia actividad interna de vida y el comportamiento adulto circundante reflejado en yiyuanti. Puesto que la totalidad de las condiciones de vida de los niños son preparadas por sus padres, ellos no tienen que preocuparse por esas cosas y no tienen deseos de poseerlas. En tales condiciones, los niños tomarán lo que sea que quieran, pero no guardan las cosas para sí mismos. Con sus necesidades satisfechas, los niños no diferencian entre el ser y los demás o entre tuyo y mío. En cambio, tratan todo de acuerdo con el estado interno del cuerpo y el cuidado de la familia circundante. Por lo tanto, no es correcto decir que la gente nace buena o mala, puesto que su Dao De social no se ha formado en el momento del nacimiento, sino en sus etapas de crecimiento. Los bebés tienen un instinto de supervivencia que los hace buscar mejor comida y mejores condiciones de vida, pero no es lo mismo que el egoísmo, que realmente se relaciona con el deseo de poseer bienes materiales.

Conforme el niño aprende acerca de la vida, el pensamiento imaginativo facilita el crecimiento y la maduración de la corteza cerebral, entonces la consciencia gradualmente llega a la etapa del pensamiento lógico. Las células del cerebro en estos momentos son ya muy similares a las de los adultos.

Conforme el niño se mueve de la familia inmediata y empieza a tener contacto con el ambiente social, descubre muchas cosas nuevas, extrañas y complicadas. Toda esta información se internaliza en yiyuanti y altera un estado de mente antes simple. En estos momentos, el comportamiento Dao De de los adultos tiene una fuerte influencia en el niño. En una sociedad basada en la propiedad privada, buena parte del comportamiento adulto tiende a ser egoísta, y esto tiene una influencia directa en la consciencia del niño y con el tiempo la distorsiona. El niño empieza a ocupar su mente con deseos materialistas —deseos de poseer y tener—, y entonces sus necesidades de vida se transfieren de la búsqueda fisiológica básica de mejorar al deseo de poseer cosas. Este deseo por las cosas materiales combina el egoísmo con el ego y, por lo tanto, el placer previo del niño de beneficiarse de las actividades de la vida es ahora reemplazado por hábitos de deseo para llenar una concepción de sí mismo. Las emociones del niño cambian y las relaciones se hacen dependientes en la mente egoísta.

Las influencias del pensamiento adulto y las ideas culturales del contexto en cuanto al bien y al mal, amor y odio, etcétera, se estampan en el marco de referencia de yiyuanti como el estándar de juicio y la base de la consciencia. Es así como la vida humana se convierte completamente en el estado de Dao De social.

El Dao De individual se forma a lo largo de mucho tiempo: desde la concepción hasta el nacimiento y desarrollo y en la juventud se fija casi por completo; sin embargo, las impresiones de la niñez temprana son muy importantes. La conducta y la actitud Dao De de los adultos acerca de cosas como recompensa y castigo, dejan una profunda impresión en el marco de referencia de yiyuanti. Esto, a su vez, influencía fuertemente la formación del futuro Dao De. La información recibida en la niñez construye la base, y todo lo que concuerde con esta base es lo que se acepta con mayor facilidad, posteriormente, en la vida. Es por esto que algunos niños pueden fácilmente absorber una educación Dao De de bien y honestidad, mientras que otros adoptan más fácilmente la influencia egoísta o deshonesta.

SECCIÓN DOS
El punto de vista básico del Dao De

Virtudes y vicios

Bueno o malo es la concepción más usada por la gente para valorar el Dao De. Bueno se refiere a una conducta que está de acuerdo con los principios del Dao De, y malo se refiere a una conducta que va en contra del mismo. El valor estándar del Dao De de qué es bueno y qué no, difiere en prácticamente todas las sociedades, nacionalidades y clases y a través de la historia. Esta es una razón por la cual en toda la historia humana no se ha desarrollado una cultura verdaderamente avanzada. Si las personas formaran todas una familia armoniosa, las cosas serían diferentes.

El punto de vista del Zhineng Qigong acerca de lo que es bueno está establecido en la teoría de la completud Hunyuan. Expresa que, si algo es bueno para la vida humana y para el desarrollo y progreso de la verdadera esencia de esa vida, entonces es una virtud. Y si no es bueno para el desarrollo humano, entonces es un vicio. Sin embargo, dado que un individuo pertenece a su grupo social tanto como pertenece a la naturaleza e incluso a sí mismo, no podemos usar un principio rígido para juzgar la conducta de una persona.

Dependiendo de la situación específica, debemos mirar las cosas dentro del contexto y bajo el punto de vista de la completud. Entonces, si alguien tiene una conducta que daña el desarrollo del grupo para su propio beneficio, entonces ese comportamiento es malo. Si tal persona es expulsada del grupo, eso puede no ser bueno para él, pero es bueno para el grupo. Y entonces el juicio de lo que es correcto o bello o bueno debe siempre ser flexible.

La idea de lo que es bueno en el Zhineng Qigong se relaciona con un comportamiento que sea de beneficio para la salud y perfección del cuerpo, la mente y el espíritu. Dentro de este "bien" hay tres niveles. El primero es el bien en relación a la conducta —o comportamiento compasivo—, que es hacer el bien y ayudar a otros cuando lo necesitan. El segundo es el bien del corazón y la mente —o mente compasiva—, donde cada pensamiento es de bondad y siempre deseando el bien para otros. Y el tercero es la bondad pura y verdadera —o compasión pura—, que no tiene concepción en el corazón y en la mente de lo que es bueno, pero todo lo que se hace es naturalmente bueno. Lo que comúnmente se conoce como una gran bondad o una gran compasión mezcla estos tres niveles, en la cual el rango de lo bueno es amplio y alcanza a todo y a todos, sin miras a qué o a quién hacer el bien, sino solo un bien equitativo. Si otros son buenos contigo, entonces tú eres bueno con otros. Si otros no son buenos contigo, tú sigues siendo bueno con los otros. El bien mayor es un estado natural del corazón. A través de él, todas las necesidades de conducta se cumplen. No tiene pensamiento para sí mismo, pero enseña a otros a usar el bien para el beneficio público, ayudando a todos a dejar la vida mundana y lograr un mejor estado de vida. El gran bien no es pensar en el bien sino ser el bien: bien como sustantivo, no como adjetivo. Es el nivel del *Gran De*, la manifestación natural de un estado de completud, de yiyuanti fusionado con el hunyuan qi original. A esto se le denomina el estado hunyuan *yi shi*.

Punto de vista de la consciencia

La consciencia (良心) es el más profundo regulador de conducta. Es la mente despierta, la manifestación del sentimiento Dao De del individuo, el comportamiento de una persona reflejado en su corazón.

La teoría de la completud Hunyuan afirma que la consciencia es la parte de la "consciencidad"[3] que mantiene una conducta Dao De. Dao De es la cualidad más esencial que un humano social tiene, y la ley que la consciencia humana debe seguir para poder sobrevivir. En un universo desarrollado hasta la etapa de la consciencia humana, el Dao De es el factor activo para la evolución humana, las leyes que los humanos deben seguir que provienen de esta etapa del universo.

---

[3] N. de la t.: si bien la palabra "consciencidad" no aparece recogida en diccionarios, se empleó para diferenciar la consciencia como mente despierta de la consciencia como aptitud o facultad para discernir.

Los factores Dao De se reflejan en yiyuanti una y otra vez, y al hacerlo forman patrones de reacción en el marco de referencia. Este modelo fijo se convierte en formulario para el manejo de las relaciones, influenciando directamente la consciencia y las actividades de la vida física. Si lo que haces está de acuerdo con este modelo fijo, entonces hay un sentimiento de confort y satisfacción. Si no es así, o si empiezas a hacer algo, pero después cambias tu intención original lejos del modelo fijo, entonces esto detiene el movimiento de información dentro del patrón de reacción y hay un sentimiento de incomodidad. Esto es la consciencia. Si operamos de acuerdo con ella, entonces hay un buen sentimiento, y si operamos contra ella, entonces el sentimiento es malo.

La reacción fija de la consciencia humana puede cambiarse, pero el cambio no se da de manera fácil, puesto que está ya fija en el marco de referencia de yiyuanti e íntimamente conectada con la vida humana en general.

El requisito Dao De de la teoría de la completud Hunyuan

Estamos en un momento en la historia en el que los seres humanos se moverán del "reino de la necesidad" al "reino de la libertad". La gente se causa muchos problemas a sí misma por ignorancia de las leyes de la vida, pero cuando se comprendan estas leyes, la gente vivirá en el momento presente de acuerdo con ellas y se moverá de una vida como una existencia de necesidad hacia una vida de libertad.

Los seres humanos se verán a sí mismos como seres libres y conscientes en este periodo y construirán un mundo de gran armonía. Esto unificará al individuo con la sociedad, con la naturaleza y consigo mismo, conduciendo a una nueva era de la historia humana. En ese momento, la ciencia del Zhineng Qigong desarrollará el uso de las habilidades especiales y usará conscientemente las leyes del Dao De para acelerar el paso del desarrollo humano. Por esta razón, los practicantes de Zhineng Qigong debemos tener disciplina, seguir las reglas del país y respetar la moralidad social. Basados en la teoría de la completud Hunyuan, el requisito del Zhineng Qigong de "armonía, felicidad, naturaleza y civilidad" es un requisito invaluable tanto individual como colectivo.

Armonía

La armonía (he xie, 和谐) se refiere al orden de la completud, es el estado de un objeto saludable donde cada parte del objeto se mueve de acuerdo con ciertas leyes y es su propia manifestación especial de belleza. La armonía es el principio de la felicidad natural y la civilidad. Incluye la armonía humana con la naturaleza y la armonía humana con la sociedad.

1. Armonía entre la humanidad y la naturaleza

La teoría de la completud Hunyuan afirma que la vida humana y la naturaleza son una completud. Ser humano es ser parte de la naturaleza, y la naturaleza es una parte del ser humano. La humanidad es la manifestación de la consciencia del mundo natural.

Desde que apareció la humanidad, su información se ha estado mezclando con el mundo natural. La gente siempre ha transformado la naturaleza de acuerdo con sus propios deseos, pero las transformaciones han traído conflicto, destruyendo la naturaleza y poniendo en peligro la vida humana puesto que no ha habido respeto y apego a las leyes de completud entre los seres humanos y su entorno. El misterio completo de la interacción entre la vida humana y la naturaleza se revelará gradualmente conforme la ciencia moderna y la ciencia del qigong se desarrollen.

En la interacción entre el mundo humano y el mundo natural hay siempre un intercambio de materia, energía e información. Entender y dominar las leyes de estos intercambios ayudará a formar una completud humana y de la naturaleza armonizada, benéfica para el desarrollo humano. Esta completud no es un retorno al mundo natural, sino una naturaleza humanizada evolucionada de acuerdo con las leyes de la esencia humana.

2. Armonía entre la gente y la sociedad

La sociedad se forma de la interacción entre la humanidad y el mundo natural. Es, por lo tanto, un punto central a través del cual se lleva a cabo esa conexión. La relación entre una persona y otra es realmente una conexión entre la gente y la naturaleza. Si queremos construir una relación armonizada entre las personas y el mundo natural, debemos construir una relación armonizada entre la gente y la sociedad. Esta relación incluye la armonía colectiva, así como la armonía entre la gente y los objetos.

I. Armonía colectiva

Un colectivo de gente es la base para la realización de la cualidad fundamental humana. Solo a través de las relaciones sociales las personas puede llegar a ser realmente conscientes de sí mismas y manifestar su verdadero ser.

A lo largo de la historia, la gente ignorante de su propio ser verdadero ha batallado y masacrado en un concurso de necesidades de vida y ganancia material, y los ha mantenido en un estado de barbarie. Pero si las personas permanecen juntas y en armonía, ese estado de mayor armonía solo puede ser benéfico para su propio estado.

Una armonía colectiva es una garantía para el desarrollo humano. En tal estado, surge de manera natural nuestro propio potencial de sabiduría. Una armonía colectiva viene de la armonía de pensamiento, armonía de acción, armonía de relación y armonía de organización. La armonía social es la integración de la parte con el todo, de la autoconsciencia y la disciplina y de la igualdad y la autoridad. Aunque autoridad aquí no se refiere a la gente, sino a un propósito social integrado y una disciplina. La meta y beneficio último de este tipo de integración social, es la creación de un fundamento para la realización de nuestro propio ser verdadero: libertad, autoconsciencia, autocontrol e independencia.

Para que los practicantes se encuentren a sí mismos a través del Zhineng Qigong, necesitan colectivizar su pensamiento, pensar en el bienestar de otros antes que en el suyo propio y mezclar el beneficio personal con el beneficio del grupo, construyendo así una familia y unas relaciones sociales armónicas. La mayoría de las relaciones hoy en día están desbalanceadas y dañan al ser y a la sociedad. Cuando las personas no están en armonía consigo mismas, afectarán e influenciarán a otros con esta desarmonía. El Zhineng Qigong busca construir relaciones armoniosas de alto nivel.

II. Armonía entre la gente y los objetos

En el proceso de su desarrollo, la humanidad constantemente ha transformado el ambiente, aportando información en el mundo natural hasta cambiarlo y rehacerlo como parte de nuestras vidas diarias. Los logros científicos modernos han hecho de los objetos alrededor de nosotros una extensión de nosotros mismos: las computadoras extienden nuestros cerebros, los autos extienden nuestros pies. Los elementos naturales se han convertido en extensiones que se han vuelto órganos sociales. Todo este contacto ha tejido una unión entre la humanidad, la sociedad y la naturaleza. Conforme la gente entienda cada vez más las leyes de su propia vida y de su relación con el ambiente, del cielo y la tierra fusionados juntos, y de jing, qi y shen, entonces creará un mundo armonizado benéfico para todos.

No es difícil cultivar la armonía entre los seres humanos y la naturaleza. La meta de ambos es, después de todo, la misma: construir un buen orden de completud. Esto se logra a través de un amor consciente de lo colectivo, y a través de conducir la vida y lo que sea que hagamos de acuerdo con las necesidades de la colectividad. Esto se logra apartándose de las motivaciones egoístas y construyendo un sentido de responsabilidad en nosotros mismos que aporte todo lo que tenemos a favor de la colectividad. Y se logra creyendo en uno mismo: liderando desde una posición de maestría de uno mismo y actuando así, de manera consciente, hacia el colectivo.

Felicidad

La felicidad (huan chang, 欢畅) es una manifestación de la vitalidad y un resultado de la armonía. Es un estado que refiere a la jovialidad y a la paz de espíritu. La felicidad en el individuo es una manifestación del qi y la sangre fluyendo bien, de un yiyuanti claro y brillante y de una vitalidad floreciente. En el colectivo, es una atmósfera unificada y benevolente donde el trabajo es diligente y atento. La felicidad colectiva reside en amarse los unos a los otros. El amor en el corazón es un poder, una fuerza interna, y amar a alguien es desearle un estado perfecto. Este tipo de amor es un amor universal, va más allá de la tan común experiencia egoísta de amor en nombre de las necesidades emocionales o la ganancia. El amor universal es el fundamento de la felicidad.

No es difícil ser feliz. Es fácil si la gente respeta y aprende de los demás, si ama, ayuda, comprende y da a los demás y si reconforta y apoya a los otros. Y esta actitud no a partir de una solicitud del otro sino efectuada libre e incondicionalmente desde nuestro interior. Un colectivo puede fácilmente ser tanto vigoroso como feliz si sigue el principio de Confucio: "No hagas a los otros lo que no deseas para ti". O como lo dice otro dicho chino: "Dar a otros es obtener benevolencia; ayudar a otros es cultivar la felicidad".

Naturaleza

Naturaleza (zi ran, 自然) aquí se refiere a las leyes de la vida de los seres humanos que son benéficas para el ser y el colectivo. Esto incluye la relación entre jing, qi y shen. Podríamos llamar al resultado de estas leyes un estado natural:

un relajado pero atento estado del corazón y la mente. Este es el estado de ser humano, el estado de Dao De. Un estado natural de acuerdo con el requisito de armonía y con las leyes de la vida humana. Es una decisión de felicidad. Para el individuo, un estado natural no es una ocurrencia azarosa sino un cierto nivel de cultivo del Dao De. El estado natural se conoce y manifiesta en comportamientos de todo tipo. Es un elemento importante para garantizar la armonía colectiva humana. Esta armonía tiene que ser construida sobre la base de leyes naturales benéficas para el desarrollo humano, pero no significa un retorno al estado original del hombre en una armonía de tipo animal con la naturaleza.

Civilidad

Civilidad (duan zhuang, 端庄) se refiere a un comportamiento dignificado, lleno de gracia, noble y generoso. Es una muestra natural de abundante shen y qi. La civilidad es natural cuando el Dao De es fuerte y puro. Es resultado del cultivo tal como un estado natural es resultado del cultivo. La civilidad puede ser vista como una manifestación especial de la belleza. "La belleza es el estado de abundante vitalidad interna", escribió Zhuang Zi.

La civilidad no es un adorno superficial. Es el resultado de un qi saludable y abundante. En la vida diaria la civilidad se cultiva a través de un comportamiento abierto y recto, de una conducta honesta y un diálogo franco. La civilidad es una comunicación honesta, desde el corazón, en donde la palabra es el vínculo con el otro. A través de tal comportamiento, la civilidad emerge naturalmente y el Dao De mejora día con día.

Armonía, felicidad, naturaleza, civilidad; son virtudes que en la actualidad no pertenecen a una educación ordinaria. Por lo tanto, no son el contenido común del Dao De social. El requisito Dao De de la ciencia del Zhineng Qigong puede ser visto como una integración de humanismo, naturalismo y colectivismo: del ser, el balance y el pensamiento desinteresado, no egoísta.

SECCIÓN TRES
Cómo influye el Dao De en el movimiento de la vida

Hemos afirmado ya que yiyuanti afecta al hunyuan qi corporal de tres maneras. En primer lugar, a través del hunyuan qi de las células del sistema nervioso; en segundo, a través del hunyuan qi de las secreciones de esas células y en tercero, yiyuanti afecta directamente el hunyuan qi corporal. De estas tres maneras yiyuanti regula la transformación de la fisiología y patología humanas. El Dao De tiene una influencia en la actividad de la vida humana de dos maneras. Primero, transforma las emociones a través del ser verdadero, que entonces causa la transformación del hunyuan qi corporal. Y segundo, el Dao De influencía la generación y calidad del hunyuan qi corporal, de nuevo, a través del ser verdadero. Por lo tanto, el Dao De tiene una fuerte influencia en la práctica de qigong.

La relación entre el Dao De y las emociones

Cuando se recibe un estímulo del mundo exterior, hay una transformación en las emociones. El movimiento de las emociones está condicionado por la actitud hacia el objeto que está provocando el estímulo, aunque el marco de referencia lo vea como una cosa por la que hay que sentirse feliz o enojado, ofendido o no, amado o severamente criticado. Esa actitud es determinada por la consciencia Dao De, que percibirá al objeto como bueno o malo, agradable o nauseabundo, por lo que el Dao De es el estándar interno basado en el marco de referencia y que, por lo general, es muy difícil de sobrepasar.

Las emociones y el Dao De no son la misma cosa, pero hay una conexión directa entre la producción de las emociones y el estado de Dao De. Cuando las personas que tienen distintos niveles de Dao De encuentran un estímulo idéntico, sus diferentes actitudes producen emociones distintas que se demuestran externamente como conductas únicas. Si la emoción desarrolla una gran fuerza puede producir un problema de Dao De, y podemos perder el control. Por lo tanto, las emociones tienen una gran influencia en la transformación del qi corporal.

La emoción es una parte de la consciencia, es el sentimiento que se produce cuando yiyuanti se conecta con la transformación del qi corporal. Es el resultado de la pérdida de consciencia por la autoconsciencia (deja de verse a sí misma), de la pérdida de independencia por yiyuanti, de ser altamente influenciable por lo que sea que ocurra.

Es fácil para una persona perder su balance una vez que la emoción se presenta. Pero si la autoconsciencia no reacciona a la emoción, entonces la alteración ante la transformación del hunyuan qi corporal es mucho menor. El hunyuan qi corporal siempre se está transformando a un menor grado en momentos de calma y a un mayor grado en momentos de alteración. Cuando hay una reacción, la transformación de qi puede verse grandemente influenciada, y si la reacción es fuerte puede afectar negativamente al hunyuan qi corporal y causar enfermedades. Las emociones saludables son las positivas, llenas de esperanza y felices que pueden fortalecer la salud del cuerpo y de la mente. Por el contrario, las emociones negativas tales como la ira, la tristeza, la preocupación y el miedo pueden causar enfermedades. Como dice el *Huang Di Nei Jing*: "Cuando estás enojado el qi se eleva, pero cuando estás feliz, fluye lenta y fácilmente. La tristeza hace que se pierda el qi... el miedo baja el qi... el temor confunde al qi... y la preocupación congela al qi hasta estancarlo". Podemos deducir de esto que las emociones pueden causar reacciones en los órganos y producir enfermedades. Toda esta transformación de las emociones es resultado de la irritación social externa. A esto se le llama *zi yi er dong qi* (志一而动气): el cambio emocional hace que el qi cambie.

Desde otra perspectiva, la transformación del qi de los órganos internos también trae un cambio en la emoción. Cuando la gente está débil y enferma sus emociones son inestables y son fácilmente influenciados por el mundo externo. El *Huang Di Nei Jing* también dijo: "Si el qi del hígado es débil, provoca miedo, y si es muy abundante, pero no fluye bien, provocará ira. Si el qi del corazón es débil provoca tristeza, pero cuando el qi del corazón es abundante, provoca risa y felicidad".

La relación entre el Dao De y el hunyuan qi humano

El Dao De se forma en un proceso dividido en etapas por las que todas las personas atraviesan, desde el Dao De natural de un bebé al Dao De natural/social y después al Dao De social. Cada persona viene con distintos grados de estos tres tipos de Dao De, y todos ellos tienen un efecto importante en los procesos de la vida humana. Puesto que el Dao De es una existencia y una función de la completud humana, está fuertemente conectado con el hunyuan qi humano.

El Dao De natural humano se origina a partir del estado del hunyuan qi previo a la fertilización del óvulo. En este momento, el hunyuan qi invisible determina el Dao De natural del óvulo fertilizado. Conforme las células se separan y dividen en el óvulo fertilizado, lo visible y lo invisible constantemente cambian y se sintetizan entre sí. En este momento, una gran producción de hunyuan qi es, en efecto, lo que nutre el proceso entero. El Dao De natural del feto es el hunyuan qi del feto y la acción natural de ese qi.

Después del nacimiento, el bebé gradualmente va teniendo actividad de consciencia y una perspectiva Dao De. Cada una influencia la actividad de vida del cuerpo de manera distinta. Conforme las células se dividen y separan, la transformación del hunyuan qi se manifiesta a través del Dao y del De natural: el ser y la función del qi. El hunyuan qi es la fuerza de vida de este proceso de transformación, que ocurre en un aspecto acorde con la estructura de la materia del cuerpo y en el otro aspecto sigue a la actividad de consciencia. El proceso entero de cambio es la reunión y liberación del qi interno y externo.

Los adultos difieren del Dao De natural de los niños en cuanto a que tienen una consciencia común, así como una obvia consciencia Dao De social. Las concepciones de este Dao De ayudan a distorsionar yiyuanti, que a su vez le da un carácter distorsionado al hunyuan qi humano. Es esto lo que rompe la armonía entre el hunyuan qi humano y el hunyuan qi natural externo, especialmente el hunyuan qi original y, por lo tanto, se obstruye la absorción y el uso de ese qi.

Hay muy poca distorsión en el estado de Dao De natural/social del bebé, puesto que aún no hay una oposición clara en la mente entre el sujeto y el objeto. El ser no está aún encerrado por el ser y yiyuanti no está aún en las cadenas del marco de referencia, por lo que el hunyuan qi humano y el hunyuan qi del ambiente aún están armonizados. Lo interior y lo exterior están conectados y pueden fácilmente fusionarse y transformarse entre sí a través del proceso de abrir/cerrar. Por lo tanto, el bebé recibe qi con facilidad y tiene una fuerza de vida abundante. Todas las funciones son naturalmente fuertes y la mente y el cuerpo crecen rápida y saludablemente.

Lao Zi escribe acerca de este estado: "El Dao De es muy profundo. Observemos al bebé: los insectos venenosos no lo pican, las bestias cazadoras no lo atacan y las aves de rapiña no lo apresan. Los huesos y tendones son suaves y flexibles, el cuerpo firme y ágil. El bebé no conoce el coito, pero sus genitales se pueden elevar porque hay esencia en abundancia. Puede llorar todo el día, pero aún conservar una voz clara puesto que el qi está en armonía". Al parecer, Lao Zi está hablando de un niño, pero también está describiendo un estado de alto nivel de Dao De.

Conforme el niño se desarrolla, el Dao De natural gradualmente se convierte en Dao De social, los deseos se hacen más fuertes y la perspectiva egoísta se genera. Este tipo de consciencia restringe el hunyuan qi humano. Los caminos del cuerpo que facilitan el intercambio entre el hunyuan qi humano y el hunyuan qi externo se contraen, el intercambio se reduce y la fuerza de vida se debilita. Los deseos y las emociones conflictivos consumen el hunyuan qi y afectan la salud.

Los adultos maduran en tantos aspectos físicos y mentales que deberían, de muchas maneras, funcionar de forma más completa que un bebé. Pero esto no sucede siempre, ni siquiera es frecuente. De hecho, la habilidad de los adultos para adaptarse y resistir ataques del ambiente disminuye.

Mientras el bebé puede usar los pantalones entrenadores chinos (abiertos por debajo) y jugar afuera en el invierno, descalzo en la nieve y la lluvia y no sentir frío ni sufrir de enfermedades, un adulto no puede soportar tales cosas. Es verdad que los grados de salud están determinados por muchos aspectos, tales como la fuerza de voluntad, el positivismo, las circunstancias, etcétera. Pero también es verdad que aquellos con una naturaleza egoísta que gustan de dar órdenes a otros a menudo no son saludables, son susceptibles a enfermedades y encuentran difícil recuperarse incluso de pequeñas enfermedades. Esto es porque la mente está cerrada y la conexión entre la naturaleza y la sociedad está rota. No hay suplementos para la fuerza de vida, no hay refuerzos. El hunyuan qi externo no puede entrar y el qi interno es consumido por las emociones.

El cultivo del Dao De crea una base para que el practicante absorba más hunyuan qi natural. Pero no es suficiente cultivar tan solo el Dao De y enfocarse únicamente en las relaciones de uno mismo. Se necesita mucho tiempo para cultivar un Dao De de alto nivel. La práctica es esencial para mejorar el qi interno y la fuerza de voluntad, junto con la habilidad para usarlo activamente para crear un buen estado de vida. Sin la voluntad no hay control de uno mismo, no hay cambio y no hay camino para el Dao De social libre. El nivel medio requiere práctica, qi y la fuerza de voluntad para cambiar el antiguo sistema de referencia. En una cierta etapa en el cultivo del Dao De, el egoísmo y la conducta desinteresada llegan a estar en conflicto entre sí. El nuevo marco de referencia se convierte en una amenaza para el anterior, se genera ansiedad, preocupación, irritación y es difícil mantener la paz.

En esta etapa es mejor ignorar lo viejo y cultivar lo nuevo. Gradualmente lo nuevo vencerá, aunque esto también esté basado en el deseo y las contradicciones aún abunden. No obstante, hay que mantenerse en armonía.

La relación entre el Dao De y la práctica de qigong

A través de la comparación entre un niño y un adulto podemos ver que el carácter distorsionado es una gran obstrucción en la absorción del hunyuan qi natural. Si buscamos mejorar la cualidad fundamental humana a través de la práctica de qigong, entonces también debemos mejorar nuestro Dao De. El Dao De social distorsionado gradualmente evolucionará para convertirse en Dao De social libre. Mientras menos distorsionado esté el Dao De social, menos distorsionado está el ser y menos fijos son los efectos del marco de referencia en yiyuanti. La claridad de consciencia es necesaria para recibir hunyuan qi natural.

Varios modelos del marco de referencia influenciarán directamente la manera en la que la información funciona en yiyuanti. La información del marco de referencia distorsionado también está distorsionada. Esto restringe la absorción y el intercambio del hunyuan qi externo, y también puede nublar la claridad de yiyuanti, limitando su actividad. Si el poder del marco de referencia distorsionado es reducido, el grado de influencia que tiene en yiyuanti es menor y, por lo tanto, el *xu ling ming jing* (虚灵明静) de yiyuanti —su pureza brillante y efectiva— es capaz de brillar más. El hunyuan qi de yiyuanti entonces se fusiona fácilmente tanto con el hunyuan qi corporal como con el hunyuan qi externo para formar el estado llamado *shen rou qi zhong* (神入气中). Al mismo tiempo, el hunyuan qi natural puede fácilmente entrar al cuerpo para uso humano. Los antiguos enfatizaban esto. El texto clásico daoísta, el *Guan Zi*, decía:

> Este qi no puede ser bloqueado con poder, pero puede ser guardado con De. No puede ser llamado con la voz, pero puede ser sostenido por la mente. Conéctate a él, respetuosamente, con tu mente, no lo pierdas. A esto se le llama un De exitoso. Cuando estás calmo lo puedes tener, cuando estás preocupado lo pierdes. El efecto tan puro del qi está en tu corazón. El qi entra y el qi sale. El qi es infinitamente fino e infinitamente grandioso. Es finura y grandeza que no pueden ser medidas. La razón por la que lo pierdes es la preocupación. Si el corazón se mantiene en silencio, el Dao será naturalmente estable.

Esta cita nos dice que el Dao está en todas partes. Cuando entra al cuerpo, puede nutrir tanto a éste como a la mente: Pero no podemos mantener el Dao con poder. Solo puedes permanecer con él a través de De. Este De no es un De social, sino un objetivo de práctica, un estado de desprendimiento, un estado benevolente y respetuoso en una mente sin límites: un estado de completud. Y, entonces, cuando la gente trata a otros con un corazón benevolente, pacífico y respetuoso, al mismo tiempo su corazón se ajustará. Naturalmente, conectará con el Dao y tendrá beneficios. Los seres humanos no logran conectarse con el Dao a causa de toda su perturbación emocional. Zhuang Zi decía:

La fama y la fortuna, el deseo y el conocimiento, las emociones fuertes de todo tipo, el color y la apariencia de las cosas y de los principios, todo esto traerá equivocaciones a tu corazón. Tristeza, preocupación e ira disminuyen a De junto con tu sabiduría. Permanece en silencio, sin estas cosas en tu pecho. Entonces, permanecerás honesto y recto, y la quietud será clara y brillante, y el brillo estará vacío. Y si estás vacío, entonces no querrás hacerlo todo, pero serás capaz de hacerlo todo de manera natural y bien. Esto es *wu wei* (无为).

Los antiguos llamaban a la práctica de qigong *xiu dao*: practicar Dao. Cuando se alcanza un alto nivel se le llama *De Dao*: alcanzar Dao.

SECCIÓN CUATRO
Dao De, ser verdadero y esencia humana

¿Qué es el ser verdadero?

Cuando yiyuanti se relaciona con la vida individual pero permanece independiente en su interacción con el mundo exterior, lo denominamos el ser verdadero (zi wo, 自我). En yiyuanti a la reflexión de este estado se le llama autoconsciencia y se basa en la integración de las funciones de yiyuanti y el marco de referencia. El ser verdadero es el maestro de toda la actividad de vida. Puede reconocer el mundo objetivo, así como al ser individual y el movimiento de yiyuanti. El ser verdadero se puede fusionar y transformar con todo el *hunyuan ti* (混元体) del universo. Lo que es más importante: el ser verdadero puede moverse de manera independiente dentro de un cierto rango de pensamiento e imaginación.

Si explicamos al ser verdadero desde la teoría de Yiyuanti, entonces las funciones de recibir, enviar y procesar información son el ser verdadero. Sin embargo, el marco de referencia dentro de yiyuanti no es el ser verdadero; es tan solo una herramienta usada por yiyuanti en el proceso de su funcionamiento. Confundir el marco de referencia con el ser verdadero es "reconocer al maestro equivocado", como se afirmó en la teoría de la consciencia. El marco de referencia tiene un cierto estatus, puesto que yiyuanti debe hacer uso de él para llevar a cabo sus funciones de conectar con los objetos y llevar a cabo una transformación. Así, yiyuanti debe seguir un cierto modelo en sus acciones, por lo que sigue siendo difícil separar las funciones de yiyuanti, el ser verdadero y el marco de referencia.

El sistema de referencia fija y limita el funcionamiento de yiyuanti dentro de un cierto rango relativamente angosto. Entonces, la gente vive a través de una idea de Ser inflexible, rígida y distorsionada. La manera de romper las limitaciones del marco de referencia es expandir al máximo su rango. Esto no solo significa expandir el rango de funcionamiento de las habilidades normales, sino también desarrollar habilidades especiales. Cuando el sistema de referencia de la sabiduría especial ocupe por completo yiyuanti, el ser verdadero humano entrará en un nuevo mundo.

La relación entre el ser verdadero y el individuo

El individuo es el fundamento del ser verdadero

Existen tres partes sobre esto:

1. Yiyuanti se produce en una etapa específica del desarrollo del sistema nervioso y no puede formarse sin las células nerviosas del cerebro. Por otro lado, yiyuanti también es el resultado de la interacción entre el individuo y la sociedad.

2. El marco de referencia de yiyuanti está basado en diferentes tejidos y órganos (especialmente los órganos de los sentidos) y lleva a cabo sus funciones para recibir información externa constantemente. Por lo tanto, el marco de referencia no puede formarse sin los órganos y tejidos del cuerpo. Pero al mismo tiempo, necesitamos saber que en el marco de referencia que ya se ha formado, hay modelos de consciencia de la ciencia (la verdad), modelos de consciencia de las artes (la belleza) y modelos de consciencia de Dao De, o lo que los chinos llaman *zhen shan mei* (真善美): bondad, verdad y belleza.

3. El ser verdadero se forma a través de la actividad de la vida humana. Después de que se construye el marco de referencia, la conexión entre yiyuanti y los procesos de vida del cuerpo mejoran. La distinción entre el cuerpo y el mundo circundante aparece de manera gradual en el marco de referencia, provocando una independencia que separa más al individuo del ambiente.

Este no es un punto claramente demarcado para el bebé, sino un cambio que naturalmente ocurre en yiyuanti. Dentro de yiyuanti, una vez que la actividad de vida interna se separa del contexto del ambiente natural, el marco de referencia dominará la actividad de vida y el ser verdadero empezará a formarse. El ser verdadero cambiará en grados a lo largo de la vida, separándose en el ser ideal, el ser real, el ser natural y el ser social, pero todas las separaciones todavía están basadas en el modelo básico del marco de referencia. El sistema de referencia influencía profundamente el carácter individual en lo que concierne a la autoconsciencia, la autoperspectiva, el orgullo apropiado y los valores de vida, etcétera. Solo bajo ciertas condiciones puede cambiarse el ser verdadero, como a través de la práctica de qigong o el cultivo de la consciencia del qigong.

El ser verdadero lleva a cabo sus funciones a través de la actividad de vida individual

En el proceso de su formación y después de que se ha formado, el ser verdadero manda información a la vida individual a través de yiyuanti. Toda la información que haya hecho hunhua en yiyuanti se enviará a cada parte de los tejidos del cuerpo a lo largo de la vida. La actividad de vida corporal responde a la consciencia, especialmente cuando la consciencia acaba de ser formada. La consciencia humana se desarrolla siguiendo el proceso del marco de referencia de yiyuanti, y a través de este proceso el estado de consciencia del ser verdadero se confirma en forma gradual. Esta es una etapa crucial en el desarrollo de yiyuanti y del ser verdadero. Sin embargo, el fortalecimiento del marco de referencia restringe al ser verdadero, restringiendo, por lo tanto, el carácter libre de yiyuanti.

Por un lado, el ser verdadero dirige las capas física, mental y social de la vida a través de yiyuanti y. por el otro lado, dirige la relación entre el individuo y la sociedad a través del modelo Dao De en el marco de referencia. Esto significa que el carácter humano natural y el carácter humano social están completamente fusionados a través del ser verdadero.

El ser perfecto

El ser perfecto es un estado integrado de verdad, bondad y belleza que se logra solo a través de la práctica. Es un estado perfecto de práctica de Dao De. En la ciencia del Zhineng Qigong, el ser perfecto se refiere al Dao De social libre.

Para el mundo objetivo, "verdad" se refiere al estado natural, original de sí mismo, mientras que para los seres humanos "verdad" es el correcto reconocimiento del mundo objetivo. Para describir el verdadero estado del mundo objetivo, usamos el pensamiento lógico. Esta es la manera en la que funciona la ciencia moderna, que ve la verdad desde fuera, como un aspecto del mundo externo. Pero cuando se observa de manera subjetiva, la verdad se traduce como honestidad.

El interactuar con otros a través de un estado de corazón verdadero es manifestar la verdad. Esto tiene dos aspectos: el primer aspecto es muy simple y directo, como la inocencia de un niño, que es saludable porque siempre coincide con la bondad; el segundo aspecto también es directo, pero puede causar daño porque es la manifestación de mala información desde dentro. Es también un tipo de honestidad, pero no coincide con la bondad, puesto que la bondad se refiere a pensamientos y acciones benéficas para el desarrollo del individuo y de la sociedad.

En la ciencia del qigong, bondad se refiere a los pensamientos y las acciones que concuerdan con las leyes universales de la completud y que benefician la integración de la humanidad y la naturaleza. Para lograr este estado, se requiere no solo el correcto reconocimiento de las leyes universales de la completud, sino también la práctica para experimentarlas. Este proceso puede reflejar la verdad del mundo objetivo y manifestar bondad, beneficiando tanto al individuo como a la sociedad. A través de este proceso, la verdad y la bondad se unen, que es el estado de Dao De social libre.

En términos generales, la bondad y la verdad tienen una relación muy cercana con la belleza. La bondad viene del estado natural de la verdad, que es belleza, y la belleza trae alegría a la gente puesto que es la manifestación de la armonía. La teoría de la completud Hunyuan afirma que la bondad, la verdad y la belleza manifiestan todas diferentes aspectos del ser verdadero. La belleza es la manifestación armoniosa del ser verdadero, y puesto que la armonía está llena de información saludable, puede acrecentar la vitalidad humana y traer alegría. La bondad es la manifestación en el mundo externo de las buenas intenciones y acciones del ser verdadero, y esto incluye el cuerpo y toda su actividad de vida. En esta visión, la bondad coincide con un marco mental neutro, con motivaciones y acciones neutras que promueven la formación de qi neutral y que se manifiesta en el ser siempre inalterado de la completud. Es por esto que la bondad puede levantar y animar a la gente y producir un buen sentimiento.

La verdad es la existencia esencial del ser verdadero. Es el resultado de la ruptura de yiyuanti con el marco de referencia distorsionado y que le permite demostrar el total de sus capacidades. Esta es la liberación del ser verdadero, y con ella viene la verdad humana. El ser verdadero no puede emerger con maestría a causa del marco de referencia distorsionado que lo restringe y lo controla, pero una vez que este marco se supera, las funciones de completud de yiyuanti se harán cargo. Cuando esto ocurre, las palabras y las acciones humanas no solo serán bondad, sino también belleza. Belleza del lenguaje, belleza de acción, belleza del alma, todas emergerán de manera idónea. En ese momento, el ser verdadero logrará un estado tal de libertad que no obedecerá leyes ni las violará, ya sea que esas leyes sean sociales, naturales o universales. Cuando el ser verdadero logre el Dao De social libre, los seres humanos no necesitarán pensar acerca de leyes, puesto que ellos mismos serán la manifestación natural de la verdad, la bondad y la belleza.

A pesar de las similitudes que existen entre este estado y el estado del ser verdadero del bebé, el Dao De social libre no es un regreso a la inocencia original sino una espiral progresiva ascendente.

Un estado de libertad, entonces, es el resultado del reconocimiento y la maestría de las leyes de vida de la completud por los seres humanos. Es un nuevo mundo construido a partir del desarrollo de las habilidades especiales humanas para romper el marco de referencia distorsionado. Esta es la verdadera libertad humana en el mundo natural, la liberación de la esencia humana.

La condición actual de la existencia humana

La esencia de la naturaleza humana es rígida y distorsionada

La vida humana empezó a usar la consciencia y el lenguaje conforme evolucionó del mundo animal, dominando la vida al darle instrucciones conscientes al cuerpo. La consciencia se produce como resultado de la integración de la información interna y externa por yiyuanti. Este proceso y el proceso de mandar instrucciones pueden ser percibidos ambos por la consciencia misma.

Las sociedades primitivas vivían en una manifestación de bajo nivel del estado de consciencia. La vida era simple. Pero cuando las condiciones de trabajo y los medios de producción se desarrollaron, también cambiaron y mejoraron en gran medida las funciones de los órganos y los tejidos humanos. La audición humana fue capaz de distinguir más tonos, timbres y cadencias; la visión fue capaz de distinguir colores y formas mucho más complejas; la mano se convirtió en una herramienta intricadamente hábil para la realización de tareas complicadas y la consciencia desarrolló el pensamiento lógico. Con el mejoramiento de todas estas habilidades, el estado del ser humano debió haberse desarrollado más, pero este no fue el caso. En su lugar ocurrió un cambio que rechazó el concepto de comuna primitiva y limitó la expansión de la consciencia humana: la formación del concepto de propiedad privada.

El despertar de la percepción sensorial humana, canalizada a través de distintos órganos sensoriales, es la reflexión en yiyuanti de la interacción entre el hunyuan qi humano y el hunyuan qi externo de los objetos. Esto debiera ser un proceso rico y colorido de fusión y transformación, un proceso de hunhua enraizado en un estado de ser espontáneo y manifestado a través de una consciencia libre y flexible.

Pero cuando los deseos egoístas se apoderaron de yiyuanti, se volvieron la guía del comportamiento humano como un punto fijo, rígido. Yiyuanti dejó de enviar instrucciones libremente y toda su función de completud se vio limitada. Las labores humanas cambiaron a causa del deseo de poseer en algo que se convirtió, en general, en un método para ganarse la vida en lugar de la realización de su propia consciencia. Las metas de la vida se externalizaron, cuando el verdadero sentido del trabajo está en la labor del cuerpo de completar el ser de la mente. Al mismo tiempo, la sensación humana cambió de una habilidad amplia capaz de percibir la información de completud tempo-espacial, a algo que está limitado a órganos particulares que reciben información parcial, es decir, los sentidos en el nivel de la habilidad normal.

Cuando el deseo de poseer cosas materiales controló el sistema de referencia de yiyuanti, las percepciones humanas se apagaron, el comportamiento natural libre se reprimió y el valor primordial humano se perdió. Cuando una persona posee bienes, también es en parte poseída por esos bienes, el deseo ocupa su pensamiento y posee su ser. Desde esa condición, la gente fácilmente cae en un estado de confusión y alteración.

En el otro extremo del dualismo materia/espíritu, cuando la gente no puede alcanzar su propio espíritu perfecto, crea la idea de un dios perfecto y entonces depende de ese dios para que le haga favores. De ambas maneras, material y espiritual, la esencia humana libre y autoconsciente está distorsionada. En la sociedad capitalista, la gente aboga por la libertad, la igualdad y la humanidad; sin embargo, las causas raíz de la distorsión —el egoísmo y la teología— en realidad se desarrollan aún más y, entonces, la verdadera esencia humana permanece desconocida, los deseos materiales se acrecientan y la humanidad permanece espiritualmente vacía.

La gente no entiende su propia naturaleza esencial

La ciencia ha llevado a cabo muchas exploraciones profundas del mundo natural, pero la humanidad aún conoce relativamente poco acerca de sus propios procesos de vida. Las recientes investigaciones han penetrado solo en capas superficiales de la vida humana, de manera que mientras se conoce ya la doble hélice básica del ADN y su proceso en reversa, casi nada se entiende de sus funciones de completud. La comprensión de nuestra propia vida interior está aún en una etapa temprana.

Hay quienes investigan la vida humana desde el ángulo de la física, habiendo establecido campos como la biofísica, la biomecánica, la electrobiología y la biomagnética. Se han tenido grandes logros en estos campos, sin embargo, es evidente que los cambios biofísicos en el cuerpo humano son solo la base de la vida humana, pero no la revelación de su esencia. De la misma manera, la bioquímica, la biología molecular y la citología molecular han escarbado en la naturaleza molecular de la vida humana y han encontrado leyes que las rigen. No obstante, la actividad de vida bioquímica también existe en otras formas de vida orgánica y algunos animales avanzados presentan una bioquímica muy similar a la de los seres humanos. De modo que mientras la bioquímica ha investigado aspectos del fenómeno de la vida, no ha investigado la esencia de la vida humana misma.

Otras investigaciones han observado la actividad de vida a través de diferentes modelos teóricos de psicología, pero de nuevo, éstos realmente estudian tan solo varios fenómenos que acompañan la actividad psicológica, apuntando solo al carácter objetivo del ser, cuando el carácter subjetivo es la clave para entender la naturaleza última de la existencia humana.

Así, la ciencia moderna todavía reconoce solo algunos aspectos de la actividad de vida humana: la parte física, química, biológica y psicológica que pertenecen todas a una capa de análisis dentro de las habilidades normales. No puede descubrir las leyes del ser, puesto que no puede usar las habilidades especiales que contienen la esencia humana real.

¿Cuáles son, entonces, las leyes de la cualidad esencial humana?

Dao De es la base interna de la esencia humana

Si entendemos al ser verdadero, entonces sabremos que es la verdadera esencia de ser humano. El ser verdadero es una existencia libre y consciente de movimiento de vida, la manifestación de una mente despierta. Es la parte de la consciencia que está consciente de sí misma. Por lo tanto, la identidad humana fundamental en realidad se hace aparente a través de las relaciones sociales reflejadas en el marco de referencia de yiyuanti.

La consciencia Dao De es una capa profunda de la actividad de la consciencia

La teoría de la consciencia afirma que la consciencia humana por lo general incluye cuatro aspectos diferentes: la consciencia científica, la consciencia artística, la consciencia Dao De y la consciencia qigong. De estas, la consciencia Dao De es la capa más profunda y la raíz fundamental. Las siguientes razones nos muestran por qué:

1. La consciencia Dao De es una impresión temprana que se produce en los niveles más profundos del marco de referencia de yiyuanti

La teoría de la consciencia afirma que en la etapa del feto, e incluso en el nacimiento, yiyuanti es yiyuanti original, que quiere decir que en esta etapa el individuo es consciente solo a través del instinto humano natural.

Sabemos que los animales con altos niveles de instinto han tenido la larga labor de desarrollar sus funciones de vida, tejidos y estructura física hasta la etapa en la que la evolución ha formado la consciencia humana, el lenguaje y el Dao De. En comparación, el crecimiento de un nuevo individuo es un proceso rápido, que pasa de un carácter natural a un individuo social en pocos años.

En la formación de la consciencia, el Dao De aparece en la etapa más temprana, haciendo de él la impronta más profunda en el marco de referencia de yiyuanti. Cuando el bebé está feliz por tener la leche de la madre, demuestra que ha combinado el juicio emocional de bueno y malo con la capacidad original para distinguir, que es el origen del Dao De. El primer campo de consciencia del niño se construye para establecer relaciones con otros. Ese es el principio del ego individual y del fenómeno de la emoción, donde un aspecto del Ser controla el movimiento de la vida dentro del cuerpo y el otro aspecto comienza a construir relaciones con otros. Esto demuestra que el ser verdadero está basado en la actividad de vida del cuerpo y en Dao De.

Dao De es el fundamento, la base interna de la esencia humana, se forma primero, para luego desarrollar la consciencia individual y el lenguaje. El Dao De es la primera impronta en el sistema de referencia. Le toma un largo tiempo madurar, puesto que el Dao De humano sigue en desarrollo, mientras que el lenguaje y la consciencia relacionada ya han madurado.

2. El rol de Dao De en la actividad de la consciencia

Conforme el niño crece y se desarrolla, la consciencia lentamente domina la actividad de vida del cuerpo hasta que se vuelve un hábito natural. Aprendemos a andar en bicicleta, pero olvidamos los detalles de cómo se hace y solo lo hacemos. Una vez que se dominan las acciones físicas básicas, el control del movimiento ya satisface los requerimientos de la vida diaria, y entonces esta forma de aprendizaje se detiene a nivel macroscópico de la actividad de vida. Esta es la relación entre la consciencia y los procesos de vida internos: una vez que la consciencia está satisfecha, simplemente deja de aprender.

La relación entre la consciencia y el Dao De es diferente. En un ambiente social complejo, los humanos necesitan manejar sus relaciones mientras observan ciertas reglas y estándares. Los juicios Dao De se hacen en circunstancias que cambian constantemente, intensificando el Dao De en la consciencia. De esta manera, el Dao De se convierte en el motor del comportamiento humano y también en el ejecutor del valor de la vida. El comportamiento es resultado de la consciencia, y la regulación de ese comportamiento en la esfera social es Dao De. Esto significa que la consciencia Dao De es el motivador fundacional de la consciencia común, mientras que también la guía y la regula. El Dao De es el mismísimo núcleo de la actividad de la consciencia, una consciencia profunda que tiene un efecto importante en el ser verdadero. Los antiguos lo llamaban "corazón en medio de la mente".

El Dao De se está desarrollando junto con la cultura humana

El Dao De siempre se desarrollará en unión con la cultura humana material y espiritual. Históricamente, la gente se reunía en grupos y estos grupos formaban sociedades; esto trajo cambios fundamentales a los métodos de producción y formó nuevos patrones de vida. Cuando se alteran de esta manera las relaciones humanas, la nueva visión Dao De correspondiente a los nuevos patrones de vida entra en conflicto con la anterior. Cuando la nueva visión Dao De se acepta, la sociedad mejora junto con la esencia de la cualidad humana. Toda la historia del desarrollo humano es una evolución del estado de este ser esencial humano. Podemos entender el efecto del Dao De más claramente desde diferentes etapas de la historia humana.

En los tiempos anteriores a las civilizaciones, el hombre primitivo ya había desarrollado la consciencia y superado las relaciones de los grupos animales. Ya había superado las luchas destructivas dentro del grupo y empezado a manifestar las características humanas únicas encontradas en las relaciones sociales.

Puesto que los seres humanos deben satisfacer sus requerimientos de consciencia, así como los físicos, la gente se unificó y formó grupos sociales. Bajo condiciones difíciles o en tiempos de baja productividad, es difícil mantener la vida humana en solitario, entonces la gente debe trabajar en conjunto para reunirse y compartir. Esta es la comuna o tribu primitiva.

En esas épocas, la consciencia humana era una reflexión de las circunstancias difíciles. El Dao De se demostraba a través del trabajo comunitario, de las personas trabajando en favor de la colectividad, incluso a través de los matrimonios comunales. Este tipo de Dao De natural/social es una reflexión del ser del hombre primitivo. En esta etapa, el yiyuanti humano estaba en la etapa original autoconsciente; sin embargo, aún necesitaba entrar a la etapa distorsionada y superarla. La ciencia del qigong dice que este es un estado de bajo nivel, pero al mismo tiempo es de alto nivel puesto que el cuerpo y la mente están unificados y son, por lo tanto, muy fuertes. Las características de las tribus indígenas alrededor del mundo ilustran este estado de totalidad.

Conforme la productividad incrementó, llegó la propiedad privada junto con una clase social explotada. La esclavitud en sus distintas manifestaciones se convirtió en parte de la sociedad. Muchas personas en las comunas primitivas perdieron su libertad a manos de otras personas, que los comprometieron a trabajar para controlarlos y manejarlos únicamente a través de los esfuerzos de la mente. Esta fue otra etapa de separación, cuando la consciencia humana se complicó y distorsionó, ya fuera a través de las condiciones de vida o por el deseo de monopolizar. Y así fue como el esclavo se volvió limitado y ocupado por el amo, y el amo se volvió limitado y ocupado por su propia necesidad de poseer.

Históricamente, esto inclinó a la consciencia humana hacia el campo del conocimiento, que condujo a la segunda división del trabajo en la historia del desarrollo humano. Después de eso, se desarrolló la consciencia de clases junto con la división entre el trabajo intelectual y el trabajo físico, y entonces apareció la distinción de clases, las nociones de lo individual, la monogamia, las ideas privadas y la propiedad. Todo esto trajo una transformación fundamental del Dao De. Mayores desarrollos de conocimiento restringieron las habilidades especiales, pero al mismo tiempo propiciaron el avance humano a través de una intensificación de la consciencia. La mente se hizo más capaz de controlar la actividad de vida, se abrió la sabiduría y junto con ella vino la capacidad de pensar y resumir leyes universales.

La visión completa del Dao De de la dinastía Zhou en particular, se considera la edad de oro de la cultura china. En esos momentos, existían cientos de escuelas de pensamiento y todas buscaban la naturaleza de una buena vida. Las mujeres embarazadas meditaban, comían bien y tenían prácticas constantes de la mente para educar al feto. Los principios morales formados en la dinastía Zhou trajeron un gran florecimiento de la cultura china que aún al día de hoy afectan el pensamiento y sabiduría de su gente.

El inicio del feudalismo trajo cierta libertad a los esclavos y el principio de una economía agrícola de pequeña escala. Los campesinos aún eran explotados por una clase de terratenientes, pero podían al menos trabajar sus propias tierras. La familia se convirtió en la unidad social básica, lo cual mejoró la actividad del trabajador. La sociedad feudal de China duró un largo periodo y dejó una gran influencia. El inicio de la propiedad privada creó una gran carga de pobreza e ignorancia para muchos, pero también trajo el desarrollo de las artes y avances en las habilidades y la inteligencia. La inequidad del Dao De feudal y la correspondiente consciencia social fortalecieron las diferencias de clases y rompieron el balance físico y mental de los individuos.

El individualismo alcanza su cumbre con la sociedad capitalista, y entonces el carácter distorsionado de yiyuanti se acerca a su punto más alto. Sin embargo, la frase Daoísta *wu ji bi fan* (物极必反) indica que todo lo que alcance un extremo debe regresar en dirección opuesta. Incluso la cima de la distorsión crea, al mismo tiempo, las condiciones para la liberación humana. La gente con el tiempo superará los límites de la familia y hará conexiones sociales más amplias que empujarán la esencia humana hacia una nueva etapa.

La sociedad capitalista ha construido a la civilización moderna como la cima de la opulencia material y la calidad de vida. Sobre esta base, la esencia humana está avanzando. Se ha formado ya una consciencia social de igualdad, amor universal y libertad, y aunque ha sido falso y de visión estrecha desde el principio, no obstante, ha liberado gente de la podredumbre rígida del pensamiento feudal. De esta manera, el desarrollo completo de la propiedad privada ha elevado las habilidades normales hacia la cima, mientras que al mismo tiempo la esencia humana continúa abriendo brecha en el proceso de su propio desarrollo.

El capitalismo está basado en la satisfacción de necesidades individuales, pero su interrelación social es en realidad muy amplia, tanto, que sus patrones de productividad se ven similares a aquellos de las sociedades primitivas. Pero solo cuando las concepciones egoístas de propiedad privada se resuelvan conforme la gente se vuelva más desprendida y se dedique a la sociedad, la consciencia Dao De humana cambiará de una manera fundamental. Desde el pequeño ser surgirá un ser verdadero que esté íntimamente conectado con el mundo natural. La consciencia humana superará la distorsión del marco de referencia de yiyuanti basada en las necesidades individuales y las habilidades especiales se desarrollarán de manera integral. El yiyuanti humano gradualmente logrará su propia evolución hacia un yiyuanti completo y un yiyuanti hunhua con el Dao De humano, dirigiéndose completamente a un estado de Dao De social libre.

Sin ningún uso consciente de sus propias leyes, el desarrollo de la consciencia Dao De, como se mencionó anteriormente, ha sido un proceso lento. El día de hoy, la ciencia del qigong puede usar las leyes que guían el proceso de desarrollo del Dao De para acelerar la evolución de la esencia humana. Con el uso consciente de la consciencia y el conocimiento, la gente puede evolucionarse activamente a sí misma.

La historia del desarrollo humano puede dividirse en tres aspectos:

- Primero, el desarrollo físico y mental o el cuerpo y la mente. Esto incluye la estructura física y las funciones corporales, así como las etapas de yiyuanti desde su estado original hasta el yiyuanti consciente de sí y el yiyuanti distorsionado. En la actualidad, se están creando materias científicas independientes para formar ciencias integradas, y éstas a su vez formarán un sistema de completud capaz de construir una nueva metodología y visión del mundo. Este conocimiento facilitará la transformación del yiyuanti distorsionado.

- Segundo, la unidad de producción humana de gente que trabaja y vive en conjunto ha disminuido progresivamente en tamaño, desde el clan original a la familia, a los hogares, a las parejas y a los solteros. Esta progresión es un problema de egoísmo causado por la propiedad privada y es el pico de la distorsión. El fenómeno desaparecerá una vez que el estado del ser humano libremente consciente se haya realizado.

- Tercero, las conexiones sociales humanas continuarán haciéndose más amplias, de la familia a un grupo, a una sociedad, a un país, hasta que finalmente la gente cree un mundo sin estados, sin fronteras y con gran armonía.

La transformación del Dao De está restringida por estos tres aspectos y, al mismo tiempo, provocan su desarrollo. El desarrollo humano debe transformarse dentro de sus conexiones sociales. Para el individuo, la transformación depende del cambio del ego en el ser verdadero dentro de yiyuanti.

Liberación de la esencia humana

La verdadera esencia de la humanidad ha sido distorsionada a través de su desarrollo. Pero al mismo tiempo, el estado fundamental de la vida humana es mucho mejor que el del hombre primitivo. Después de un desarrollo tan largo, podría pensarse que la raza humana ha alcanzado su cima, pero no es así, puesto que la gente el día de hoy aún no entiende su propia esencia vital y todavía no ha obtenido la absoluta liberación de esa esencia. Una vez que conscientemente busquemos la liberación de nuestro propio ser verdadero, una nueva era nacerá.

¿Cómo alcanzar la liberación?

Hay dos condiciones que juntas pueden ayudar a romper las cadenas de yiyuanti distorsionado y liberar el estado del ser humano hacia una consciencia despierta.

En primera instancia, una vez que deja de buscarse la propiedad privada, la esencia de la naturaleza humana y la función de cada tejido y órgano se liberarán de la limitación de la consciencia privada, entonces, se regresará a una consciencia libre y espontánea. En una sociedad con abundancia material la gente ya tiene suficiente y, entonces, no necesitan pensar en tener más sino que pueden directamente disfrutar la relación hunhua entre los seres humanos y la sustancia, un proceso que es tanto activo como pasivo y un verdadero disfrute.

En segunda instancia, se necesita una buena sociedad para la liberación de la esencia humana para que todas las habilidades puedan florecer y desarrollarse completamente. Esto es la liberación de la consciencia común humana. Sin embargo, la liberación completa requiere que las distorsiones de yiyuanti se superen, y eso significa deshacerse de la consciencia egoísta a través de la práctica y recuperar el poder libre y consciente del verdadero ser humano. En las condiciones de una vida materialmente abundante, la gente puede superar la ganancia egoísta y salir a ayudar a otros, y entonces directamente experimentar sus conexiones sociales. Gradualmente, más y más gente caminará por este camino.

La gente logrará su ser fundamental a través de estas dos condiciones y poco a poco romperá las cadenas de yiyuanti distorsionado. En cumplimiento de estas condiciones, las habilidades normales y especiales se desarrollarán completamente y, como resultado, todas las funciones humanas emergerán. Una relación armoniosa con la naturaleza representará el más alto nivel del Dao De humano. Esta es la manifestación del Dao De social libre: cuando el Dao De, la esencia humana y el ser verdadero estén unificados en el más alto nivel para formar una gran armonía.

El Dao De es una relación. El espíritu fundacional del qigong es la práctica del Dao De.

Vida libre

CAPÍTULO VII
La teoría de la optimización de la vida y la teoría médica Hunyuan

La teoría de la completud Hunyuan es una teoría humanística, su propósito es liberar la esencia de la vida humana. Los principios de la teoría de la completud Hunyuan son herramientas que los practicantes de Zhineng Qigong pueden usar para optimizar sus vidas. De la misma manera, la práctica de Qigong es también una herramienta de la teoría de la completud Hunyuan: el principal método que una persona puede usar para superar sus propias limitaciones y lograr realizarse como un ser realmente libre y consciente. Como meta, esto vendrá a partir de una optimización de las condiciones de vida y un interés en hacerla mejor.

La teoría que explica esto se desarrolla en dos secciones relacionadas. La primera se denomina teoría de la optimización de la vida y se ocupa del mejoramiento de cada etapa de la misma, particularmente de las condiciones del embarazo y cuidado de los niños. La segunda sección se denomina teoría médica Qigong Hunyuan, que detalla cómo los individuos pueden pasar de un estado mórbido o deprimido de vida a uno saludable, y a partir de ahí, a un estado de vida óptimo.

SECCIÓN UNO
Introducción a la teoría de la optimización de la vida

La teoría que aquí se presenta es muy distinta de la de la ciencia genética, que busca mejorar las cualidades genéticas de la población humana al desalentar la reproducción de características inherentes indeseables. La idea de la teoría de la completud Hunyuan de una vida óptima apunta a mejorar la inteligencia de todo, y ayudar a la gente a lograr su propio ser ideal: un ser compuesto de una incuestionable moralidad social y las habilidades generales para lograr su propio ser verdadero. En el qigong tradicional, se alentaba a los practicantes para que lograran una inmortalidad como la de los sabios, más allá del nivel mundano de esta vida, pero muy pocos realmente lo lograban. La teoría de la optimización de la vida de la ciencia del Zhineng Qigong apunta a mejorar a todas las personas y a guiar a toda la población a un nivel avanzado.

Las posibilidades para la optimización de la vida

¿Cómo sacar el mejor provecho de una vida humana? ¿Cómo la podemos hacer óptima o completa? La ciencia moderna puede responder estas preguntas, ya sea en términos de genética o de aprendizaje de la conducta postnatal. La teoría de la completud Hunyuan verá ambos aspectos y después hablará de la teoría Hunhua de la optimización de la vida.

Genética

De acuerdo con la teoría genética, los tejidos y los órganos del cuerpo humano están compuestos por miles de millones de células con una gran multitud de formas, figuras y funciones, todas las cuales se originan de un óvulo fertilizado unicelular. El óvulo contiene la información genética de las líneas de sangre de ambos padres, grabadas en el ADN que pasará al niño la información de sus progenitores junto con características específicas, tales como el color de ojos y piel. De esta manera, puede heredarse tanto la inteligencia como la enfermedad, y hay más de 4 000 tipos de enfermedades genéticas. El eliminar la enfermedad es importante, pero en el siglo XX la ingeniería genética sugirió remover los aspectos dañinos empleando métodos como la selección genética, la esterilización y el aborto. Bajo este tipo de pensamiento equivocado comenzó la clasificación de razas en superiores e inferiores, con planos para copiar y crear individuos recolectando los óvulos y los espermatozoides de las élites.

La teoría de la completud Hunyuan afirma que los materiales genéticos no son responsables de decidir todo acerca de la vida humana. Las medidas para prevenir las enfermedades genéticas son benéficas, pero incluso con controles genéticos siempre habrá mutaciones genéticas entre los individuos. La educación que el niño recibe después del nacimiento tiene un mayor impacto en la moralidad y la inteligencia del individuo, y esto no se decide por materiales genéticos.

Conductismo

Cuando John B. Watson elaboró su teoría de la conducta a principios del siglo XX, proclamó que el humano social es completamente dependiente del entrenamiento postnatal. Toda la inteligencia y las habilidades, dijo, resultan de la experiencia de aprendizaje del niño, y que si se le daban diez bebés saludables, él podría producir un abogado, un doctor, un artista, un financiero, un mendigo o un ladrón a su voluntad, sin importar cualquier preferencia o capacidad innata.

La teoría de la completud Hunyuan concuerda con que las circunstancias del niño son vitalmente importantes para el desarrollo humano, pero no en que son responsables de todo. En la antigua China, la gente también otorgaba una gran importancia a la educación postnatal. Sin embargo, el prerrequisito de Watson de bebés "saludables" es en sí mismo una premisa de la genética. El conductismo se ocupa de solo una etapa de la vida humana y, por lo tanto, de solo una parte del proceso de desarrollo. Las circunstancias presentes en cada etapa del desarrollo humano, desde la concepción hasta la muerte, también afectarán la naturaleza de la completud humana.

Teoría hunhua de la optimización de la vida

De acuerdo con la teoría hunhua de la optimización de la vida del Zhineng Qigong, un ser humano es una completud hunyuan de tiempo-espacio y, por lo tanto, está conectado y es afectado por toda la información del ambiente circundante, incluyendo aquella que sobrepasa el tiempo y el espacio.

El proceso por el cual el hunyuan qi del óvulo fertilizado se desarrollará en el hunyuan qi del individuo se divide en dos etapas. En el momento de la concepción, la información en el óvulo fertilizado hará hunhua con el hunyuan qi circundante para formar una completud humana. Este proceso seguirá la información genética, y no solo se pasarán enfermedades hereditarias sino incluso enfermedades serias no hereditarias también afectarán la salud de los descendientes, puesto que afecta el proceso hunhua de los padres. La herencia de un individuo recién nacido es el resultado de este hunhua entre los factores genéticos y los circunstanciales.

Los genes no lo deciden todo. El espermatozoide y el óvulo pueden contener la información genética general, pero cuando se fusionan no toda la información se presenta y, entonces, no hay un solo niño que herede todos y cada uno de los aspectos de sus padres. Los factores genéticos se inhibirán más debido a las circunstancias presentes en cada etapa del desarrollo y, entonces, no hay dos personas idénticas en el mundo, ni siquiera los gemelos son exactamente iguales.

La teoría hunhua de la optimización de la vida enfatiza una ciencia para un buen nacimiento y también una educación específica después del nacimiento, ya que esto optimiza el proceso general del desarrollo del hunyuan qi. Cada etapa en particular no puede representar el proceso general, que como una totalidad incluye la fertilización, el cuidado del embrión, el cuidado del feto, el nacimiento, el entrenamiento postnatal y la educación infantil. Dado que estas características regulan el desarrollo de los individuos, todas están enfocadas en una significativa optimización de la vida.

El proceso del desarrollo individual

La duración del desarrollo humano

En estructura y función, los humanos son los animales más avanzados en la tierra y necesitan el mayor tiempo para desarrollarse a partir de una sola célula hasta un adulto. En el nacimiento, los tejidos y los órganos del bebé son funcionales, pero no lo suficientemente maduros para vivir de manera independiente. Alrededor de los seis años, las funciones de cada tejido están inicialmente fijadas, aunque la consciencia aún no ha obtenido la capacidad del pensamiento lógico.

A los 16 años de edad, la actividad psicológica ha madurado, pero la consciencia moral está aún en una etapa temprana, y para la edad de 25 ya se ha formado el ego fijo o el ser limitado. Algún tiempo después de esto, el estado común de la habilidad normal alcanza su máximo. La gente continúa desarrollándose a lo largo de su camino de vida, pero bajo la guía del ser limitado su progreso solo tiende a fijar más fuertemente el ego, y cualquier cambio usualmente se da dentro de esta esfera. Un practicante de Zhineng Qigong puede seguir una ruta diferente, continuando su desarrollo en la base del ser limitado, pero eventualmente superando la limitación a través del desarrollo de habilidades especiales. En su momento, alcanzarán el yiyuanti perfecto en términos de consciencia, el Dao De social libre en términos de valores de la vida y un ser verdaderamente libre y consciente en términos de psicología, todo lo cual costaría décadas, o incluso una vida completa para poder lograrlo.

El desarrollo individual es un proceso hunhua guiado por la completud de la estructura de la información

Si el desarrollo individual parece ser un proceso largo, entonces imaginemos cuánto más milagroso es para un solo óvulo fertilizado el desarrollarse en un ser humano. En el pasado, este proceso se ha explicado a través de las propiedades y las funciones de los genes, pero esta explicación es incompleta. Por ejemplo, las células son idénticas cuando están en la etapa de 2 células, 4 células y 8 células, pero después de la etapa 8 células empiezan a diferenciarse en forma y función de acuerdo con su localización en el embrión. Al final, estas células se multiplican para formar los diferentes órganos y tejidos, pero este desarrollo no está decidido exclusivamente por el ADN.

La teoría de la completud Hunyuan afirma que el desarrollo de cualquier organismo es un proceso de hunhua entre el hunyuan qi genético y el hunyuan qi externo. El desarrollo de los órganos, por lo tanto, resulta de la guía del hunyuan qi de la completud de la estructura tempo-espacial. El qi de los órganos hará hunhua con el qi circundante, formando el qi de una nueva etapa y así sucesivamente. De esta manera el cambio hunhua continúa. Y entonces las células son las mismas en las etapas de 2 células, 4 células y 8 células, puesto que sus circunstancias internas y externas son idénticas, lo cual significa que el proceso de hunhua es también idéntico.

Pero después de esta etapa, las circunstancias externas de las células empiezan a cambiar conforme interactúan entre sí de manera diferente, creando nuevas circunstancias para el hunyuan qi y, por lo tanto, diferentes reacciones hunhua dentro de las células. De esta manera empieza la diferenciación de las células.

Así, el desarrollo de un embrión es el resultado del hunhua entre el hunyuan qi del óvulo fertilizado y el hunyuan qi de las circunstancias. El material genético en el mismo no puede desarrollarse por sí mismo para formar un feto sin el citoplasma del óvulo. El desarrollo es el resultado de la interacción entre el hunyuan qi del núcleo fertilizado y el hunyuan qi del citoplasma del óvulo. De la misma manera, cuando se forma el feto, el hunyuan qi del feto junto con la placenta y el útero también harán hunhua. El proceso natural de desarrollo del hunhua siempre sigue y trabaja con la información genética inicial.

El desarrollo del niño en adulto también sigue la información genética. La consciencia se forma durante este periodo como una representación de la naturaleza esencial humana y el carácter social humano. El desarrollo del humano naturalmente instintivo comienza con el óvulo fertilizado y se combina con las circunstancias del hunyuan qi. Pero el desarrollo del humano socialmente consciente empieza a partir de yiyuanti, basado en las células nerviosas del cerebro.

Yiyuanti es un desarrollo puro, estable y de alto nivel del hunyuan qi que puede recibir y procesar la información del mundo objetivo. Después de que yiyuanti ha recibido y reflejado la información social del mundo, la consciencia individual puede formarse. Sin la guía de la consciencia social, una consciencia individual no puede desarrollarse por completo, dado que la capacidad de las células nerviosas del cerebro se verá afectada y limitada. Este es el caso de los "niños salvajes", o casos similares, donde han llevado vidas aisladas desde etapas tempranas y han tenido poca o ninguna experiencia del cuidado humano y el comportamiento social.

La consciencia humana es la actividad más compleja y avanzada en el universo. Se forma en el mundo que fue establecido por sus antepasados, ya sea el ambiente nacional, social, cultural, artístico o cualquier otro. Al establecerse la consciencia del niño recién nacido, afectará y alterará a su vez las circunstancias sociales presentes, creando así las condiciones a seguir por la siguiente generación.

A través del desarrollo del niño natural e instintivo hacia el humano socialmente conducido, la consciencia establece la maestría en los procesos de la vida

Aun con lo avanzados que son los humanos, no pueden vivir de forma independiente tan pronto como los animales. Esto es resultado de la evolución humana. Mientras que los simios tienen el mismo cerebro avanzado, ellos no han formado una verdadera consciencia conceptual y, por lo tanto, sus actividades de vida permanecen en el nivel del sistema nervioso.

La consciencia humana que se forma a través de las relaciones sociales después del nacimiento del niño, gradualmente dominará y dirigirá todos los procesos de vida. Así es como los seres humanos aprenden acerca de sus potenciales y capacidades. Aunque la morfología humana está completa durante el periodo fetal, sus funciones solo se llevan a cabo a través del aprendizaje postnatal, a partir de que el niño aprende el uso de su cuerpo con la guía de un comportamiento y lenguaje adultos.

Puesto que la mayor parte de las actividades se aprenden después del nacimiento, hay muy pocos reflejos no condicionados en la vida humana. El yiyuanti de un bebé recién nacido ya tiene su propia base material en el cerebro para la formación de la consciencia, mucho antes de que se establezcan los reflejos condicionados y de que se reciba la información del lenguaje y el comportamiento adultos. Todo esto intensifica y fortalece las conexiones entre la actividad de vida física y la actividad de la consciencia. Por ejemplo, cuando los adultos le enseñan al bebé a pararse y caminar, ellos no solo levantan al bebé, sino que también le hablan la información ("párate, párate") y entonces el bebé sigue su propio movimiento, así como del apoyo de la instrucción de sus padres. La consciencia y las funciones del cuerpo están ahora combinadas, en donde la consciencia controla y guía la actividad de la vida.

Lo que es importante comprender es que la consciencia afectará de manera importante incluso los microcampos de la actividad de la vida, incluso en el nivel celular o atómico. Tanto la teoría de la consciencia como la teoría del Dao De han hablado de esto, pero se menciona aquí de nuevo para enfatizar que una consciencia fija y limitada realmente guía los procesos de la vida humana.

Puesto que la información genética de un individuo incluirá toda la historia del desarrollo humano, deberíamos estar funcionando a toda nuestra capacidad, incluyendo las habilidades y potenciales de nuestra raza. El que éste no sea el caso, es el resultado de una limitación artificial. Cuando se encuentra en un verdadero balance, la actividad de vida humana depende tanto de la forma visible de las cosas como de la invisible. Cuando estamos en equilibrio, nos nutren los alimentos y el qi, de la misma manera en la que los humanos son naturalmente capaces de usar sus habilidades, tanto normales como especiales. No hay una división real, salvo aquella que resulta de una consciencia fija y limitada.

Puesto que los niños normalmente son educados por personas con habilidades normales, forman una actividad de consciencia proporcional a ese espectro y continúan guiando la vida humana hacia el estado limitado. Cuando la gente tiene hambre, es de sentido común el que deban tomar alimentos. Pero esto puede realmente no ser cierto. Puede ser una creencia que solo existe debido a la consciencia distorsionada en control de la vida humana. Si esta limitación pudiera controlarse, entonces los seres humanos podrían tener una vida normal incluso sin alimentos. Los largos ayunos de qigong son prueba de esto.

Los aspectos de la inteligencia humana etiquetados dentro de las "habilidades especiales" permanecen ocultos, puesto que no reciben ninguna guía para emerger. En experimentos donde a los niños se les dio entrenamiento que incluye estas "súper" funciones, las habilidades latentes emergieron. Los adultos pueden también desarrollar su inteligencia potencial con la guía de una consciencia apropiada.

Optimizar cada etapa de la vida

Optimizar el potencial de cada etapa de la vida es obtener el máximo desarrollo. El proceso sucede paso a paso y se enfoca en cada etapa conforme va llegando. El cómo se alcanza la vida óptima en estas etapas decide la calidad general de la vida. La evolución ha estado optimizando a la humanidad a través del proceso de selección natural, pero ahora, en la era de la ciencia, la gente es libre de elegir conscientemente mejorarse a sí misma. La ciencia genética, cuando mucho, puede tan solo remover lo que considera desfavorable o anormal, no puede optimizar la vida humana en general. En contraste, la teoría de la completud Hunyuan, al exponer las leyes que regulan la formación del hunyuan qi humano, provee la base teórica para una vida mejor. A continuación, damos algunos consejos para cada etapa de la vida.

Optimizar el hunyuan qi del óvulo fertilizado

El hunyuan qi óptimo del óvulo fertilizado se decide por un buen espermatozoide, un buen óvulo y por las circunstancias alrededor de la fusión de ambos.

El tener un buen espermatozoide y un buen óvulo significa, en primer lugar, tener una adecuada cantidad de información (principalmente del espermatozoide). La teoría de la completud Hunyuan sugiere que la información genética de un individuo está principalmente relacionada a sus padres, aunque también tendrá relación con su ascendencia cercana. La fuerza de la información de un individuo usualmente incrementará con su experiencia de vida. Así, los antiguos chinos decían que si un hombre de edad avanzada concebía un hijo, el hijo sería inteligente. Esto solo puede ser una verdad parcial, puesto que los genes proveen solo una pieza del rompecabezas; sin embargo, la cantidad de información genética está también relacionada con la inteligencia.

El segundo factor para un buen espermatozoide y óvulo es una adecuada vitalidad (principalmente del óvulo). Esto se mide en términos simples de un cuerpo en general fuerte y saludable. Usualmente, una salud robusta es señal suficiente de que un espermatozoide y un óvulo tendrán una vitalidad adecuada.

Por lo tanto, los principios para la optimización de la vida en esta etapa serían: no tener hijos antes de que los padres no sean maduros, y no tener hijos cuando los padres tengan una salud pobre. Un punto final sería que los padres deberían ajustar su vitalidad al mejor estado posible y evitar tener una vida sexual muy frecuente cuando están esperando concebir. Esto es porque la producción de espermatozoides requiere de tiempo. Si el padre eyacula frecuentemente, sus espermatozoides inmaduros, que tienen una baja vitalidad, dañarán la optimización de la concepción.

En relación a las circunstancias de la fertilización, la ciencia moderna ha demostrado una serie de cambios durante el proceso que requieren, todos, circunstancias específicas para que la concepción sea exitosa. Cuando dos células se fusionan en una sola, hay transformación química, física y biológica. Todo lo que rodea a la energía de este cambio lo afectará en mayor o menor medida. Las influencias son casi ilimitadas. Las más cercanas incluirán el estado físico y emocional de los padres y de la relación entre ellos. Otras influencias incluirán el ambiente circundante entero, la hora del día o la noche, del día del año, etcétera.

La ciencia también ha desarrollado técnicas de fertilización *in vitro*, donde la inseminación artificial ocurre en un ambiente controlado en lugar de en un ambiente natural. Esto da un control de las circunstancias, pero también produce defectos en las condiciones del embarazo. Solo cuando se despiertan la vitalidad del hombre y la mujer en sexo amoroso, las circunstancias de la fertilización pueden ser optimizadas.

Optimización de la etapa embrionaria

Esta es la etapa entre las 2 y las 8 semanas, cuando el hunyuan qi tiene una gran intención de expandirse hacia fuera. El primer paso hacia el sistema nervioso central es la formación del tubo neural alrededor de las 4 semanas. Solo cuando se forma éste, el hunyuan qi comienza a retraerse. Esta es una etapa de gran energía, donde las células se abren, crecen, se expanden, para después cerrarse y asentarse. En esta etapa, la madre puede promover la expansión hacia afuera del hunyuan qi para hacer un mejor hunhua con el qi externo. El abrir y cerrar del método La Qi es una manera de hacer esto, así como una apertura general de la mente. La madre también puede elegir salir y conectarse con la belleza de la naturaleza. Será benéfico para promover el regreso del hunyuan qi una vez que el tubo neural esté formado y cerrado. Para una mejor comprensión de los tiempos, se le debería aconsejar a la pareja que se refieran a un conocimiento detallado del proceso de crecimiento fetal. También es muy recomendable no tomar medicamentos durante esta etapa, para no afectar la apertura y cierre del qi. Practicar para promover la apertura y cierre del qi es un método muy efectivo de optimización de vida.

Etapa fetal

El yiyuanti del feto se forma en el séptimo mes. Para este momento, se recibe suficiente información para formar una consciencia preliminar. La supervivencia de los bebés sietemesinos ha ilustrado esto. No obstante, las circunstancias del feto en el vientre hacen que sea incapaz de recibir información fortalecida y en forma repetida, entonces la actividad de la conciencia verdadera no aparece aún. Sin embargo, una vez que yiyuanti se forma, la actividad de vida del feto dentro del vientre se refleja espontáneamente en yiyuanti, formando así el fundamento base del marco de referencia. Esta es la base para la formación posterior de la consciencia y para el dominio de la misma sobre la actividad de vida.

En esta etapa, el hunyuan qi del feto existe dentro del estado innato de completud hunyuan. La madre embarazada debería tratar de mejorar el hunyuan qi del feto teniendo una adecuada nutrición y mandándole buena información a su bebé, información simple, obvia y repetitiva, y si la madre puede conscientemente mandarle qi al feto, cuánto mejor. Durante esta etapa, un ánimo calmado y alegre beneficiará yiyuanti, mientras que, por el contrario, un ánimo molesto, triste, de ira o ansiedad dañarán tanto el yiyuanti del feto como los procesos corporales.

Etapa de la infancia temprana

En este momento, el marco de referencia establecido de yiyuanti forma una conexión entre la consciencia y la actividad de vida del cuerpo que es de suma importancia. Este es el principio del humano social, cuando yiyuanti se fusiona en el ambiente tanto interno como externo a través del lenguaje de los adultos y las diversas actividades sensoriales de la vida. El marco de referencia aún no está formado, entonces la consciencia no tiene límites. Yiyuanti es capaz de recibir todo tipo de información pura directamente a través de la materia, la energía y la consciencia, a pesar de la parcialidad del lenguaje.

Cuando la gente cuida bien de un bebé en esta etapa con mucha buena información –tocarlo con amor es particularmente importante– y al mismo tiempo se le alienta a explorar el mundo, ayuda al niño a construir un marco de referencia temprano que reflejará de regreso estas cualidades posteriormente en la vida. Esta es la base de un desarrollo saludable. Los padres deberían poner atención al cultivo del movimiento sensorial, a la coordinación entre el cuerpo y la mente y al pensamiento imaginativo. Sería todavía mejor infundir qi e información de habilidades especiales hacia el bebé. Solo de esta manera se imprimirá información general en el marco de referencia todavía joven de yiyuanti que lo prevendrá de formar una consciencia distorsionada desde el principio.

El comportamiento y la mentalidad adultos circundantes tienen mucha mayor influencia ahora que en la etapa fetal, y este es el factor más importante para fundar el Dao De del niño o su consciencia moral. Si en esta etapa los padres pueden organizar un campo de qi para el niño y mandarle qi, guiando su desarrollo con fuerte información de consciencia y confiando que el niño tiene un potencial alto de habilidades, entonces el resultado será muy obvio. Por otro lado, si el niño solo recibe información común, entonces el sistema de referencia se distorsionará y consecuentemente esta forma distorsionada dominará las actividades de la vida, afectando de forma continua su vida posterior, que será muy difícil de cambiar.

Infancia

Tanto el cuerpo como la inteligencia se desarrollan rápidamente durante la infancia. Una buena educación en esta etapa deberá apuntar a cultivar la confianza en sí mismo, a fortalecer la voluntad y a desarrollar las habilidades tanto normales como especiales lo más posible. Al mismo tiempo, una educación en valores morales ayudaría en la comprensión de la relación entre trabajar para el bien de los demás, un corazón abierto y el reunir qi. El Zhineng Qigong es una manera efectiva y fácil de llevar a cabo estas tareas dentro de un marco de trabajo de salud y de mente óptimas.

A los niños se les debería enseñar a organizar su campo, a hacer sanaciones, a verter qi, a ver el qi y a ser capaces de sentir el hunyuan qi invisible alrededor del cuerpo. Desarrollar este tipo de habilidades especiales, tan pronto como sea posible, establecerá su uso como un hábito normal. La infancia es el momento en el que deberíamos ver el desarrollo completo de la inteligencia humana. El que los niños conozcan y estén familiarizados con las habilidades especiales en esta etapa ayudará a su desarrollo futuro.

Adolescencia

El despertar de la madurez sexual trae grandes cambios en la adolescencia. El hunyuan qi del individuo ahora contiene la información humana completa. Los adolescentes empiezan a dejar a sus familias y a entrar en la sociedad, formando su filosofía de vida y sus sueños, mientras que al mismo tiempo la vitalidad juvenil también alcanza una cima exuberante.

Lo que es importante en esta etapa es manejar correctamente los impulsos sexuales. Para poder lograrlo, los adolescentes deberían tener un conocimiento completo del sexo, reduciendo su curiosidad, y también deben ser advertidos de cómo el *jing* (精) humano difiere de los fluidos comunes del cuerpo al contener la información humana completa. La juventud no necesita preocuparse tanto de perder jing, pero incluso así, si los adolescentes tienen un entendimiento del hunyuan qi humano y son capaces de ver el sexo de una manera científica –y, por lo tanto, ahorrar su jing–, recibirán grandes beneficios en su vida.

También sería de gran ayuda para los adolescentes si cultivan su voluntad y virtudes y aprenden acerca de la teoría científica del qigong, lo cual beneficiará y expandirá una práctica de qigong.

Postadolescencia

Este es el momento en el que el enfoque de la vida tiende a dirigirse hacia la carrera, aunque la gente también debería estar consciente del valor de una práctica de qigong. Tomarse el tiempo para la optimización de la vida en esta etapa puede ayudar a incrementar la eficiencia, así como a prolongar una vida saludable.

La práctica de qigong no solo tiene que ver con el movimiento o con mantenerse calmo y silente, sino que tiene que ver con el cultivo de la estabilidad. La estabilidad mantiene el patrón preferible para la actividad de yiyuanti, como el patrón de abrir y cerrar, produciendo entonces la fuerza directora de la consciencia pura. De esta manera, la gente lentamente se transforma del estado común de consciencia a un súper estado que incluye las habilidades especiales.

Edad adulta

La llegada del deterioro físico hace que la gente dirija sus esfuerzos principalmente a cuidar y mantener su vida. Lo mejor es tratar de reducir los consumos en esta etapa, aunque también es un muy buen momento para practicar qigong. La gente mayor usualmente tiene una mente estable y es más tranquila y más atenta que las generaciones jóvenes, y usualmente tiene menos deseos y más tiempo de practicar.

Es de gran valor para la sociedad el que la gente cuya sabiduría ahora está en su cima, tenga la buena salud para ejercer su inteligencia. En la edad adulta, la gente debería tratar de mantener shen y nutrir su cuerpo. Mantener shen significa pensar que yiyuanti está en el estado de kong dang, huang hu, que se traduce imperfectamente como vacío mas no vacío, lleno de qi, pero sin forma o pensamiento. Nutrir el cuerpo significa mantener y ajustar el qi del cuerpo. Las formas dinámicas del Zhineng Qigong integran tanto el mantenimiento de shen como la nutrición del cuerpo, algo que ha probado ser un método muy efectivo de optimización de la vida durante la etapa adulta.

Declive

Esta es la etapa en la que la gente va a morir. El proceso de muerte, sin embargo, puede también optimizarse. Cuando la gente enfrenta la muerte, generalmente tiende a negarla o sentir ansiedad acerca de ella, o ira o decepción o arrepentimiento acerca de los errores de su vida, y aun así mueren silenciosamente al final. Pero si la persona ha prestado atención a la optimización de su vida, entonces la muerte resulta simplemente del agotamiento de la vitalidad, y una muerte así por lo general se presenta sin dolor. Lo mejor para esta etapa es que la gente alrededor cree buenas condiciones, y que use su consciencia para organizar un campo de qi calmo y natural y mandar qi hacia la persona.

Resumen

La meta de la teoría de la optimización de la vida del Zhineng Qigong es activar los potenciales, elevar la cultura humana y cambiar un instinto limitado humano a uno de sabiduría conscientemente despierta. Alienta a la gente a aprender la ciencia de vida del qigong para que consciente y libremente manejen su propia vida, fortaleciendo y desarrollando así sus habilidades tanto normales como especiales.

La actividad de vida normal del cuerpo humano se mantiene en balance no solo por el hunyuan qi de la sustancia material, sino también por el hunyuan qi que permanece sin forma e invisible. Para la sociedad, la teoría de la completud Hunyuan apunta a establecer una nueva manera de pensamiento, una nueva manera de vivir y una nueva manera de producción basada en la integración de las habilidades normales y las especiales. En ese momento, la gente será liberada de sus propias limitaciones para encarnar la esencia humana verdadera, y el mundo será equitativo y lleno de amor universal.

SECCIÓN DOS
La teoría médica Qigong Hunyuan

La teoría de la completud Hunyuan puede aplicarse a diferentes campos. Cuando se aplica en el campo médico se le llama teoría médica Qigong Hunyuan. Esta difiere de la medicina tradicional china y de la medicina occidental y tiene su propia teoría específica de fisiología, patología y diagnóstico. Antes de que hablemos de la medicina Hunyuan, veamos otros tres sistemas médicos.

Tres sistemas médicos diferentes

Medicina occidental

La ciencia de la medicina occidental tiene numerosas divisiones, con varios métodos de examinación y curación, pero conserva consistentemente el mismo patrón fundamental: la investigación de las partes del cuerpo sin tomar en cuenta la completud humana.

El tratamiento en la medicina occidental se basa en la diferenciación de las enfermedades. Hay ventajas en esto, tales como la examinación objetiva y un diagnóstico que es preciso y claro, que aporta un tratamiento adecuado para muchos pacientes con los mismos síntomas. Es su objetividad lo que hace de la medicina occidental una ciencia. Sin embargo, está lejos de ser una ciencia perfecta, dado que al enfocarse en la enfermedad ignora al paciente. Incluso las ramas de la medicina occidental que apuntan a mejorar la salud en general del paciente –tales como vitaminas, inmunidad o tratamiento con hormonas– aún se enfocan en los factores externos más que en las funciones internas humanas.

Medicina tradicional china

La medicina tradicional china se basa en el principio de que tanto los humanos como la naturaleza son parte de una completud. Aunque tiene divisiones, estas divisiones aún forman un todo orgánico. Un buen doctor de medicina china usualmente puede tratar enfermedades en varias divisiones, y ser sobre todo flexible y capaz de curar males de muchas maneras diferentes. La medicina tradicional china ve el cuerpo humano como una completud; una que es dominada por shen, centrada en las cinco vísceras y los seis órganos intestinales, y tiene meridianos que conectan y mantienen la operación general del cuerpo.

La enfermedad es vista como el resultado del cambio entre las funciones humanas normales y los factores patológicos invasivos. Durante este proceso, los elementos negativos patógenos luchan con los elementos positivos de las funciones de la vida. Cuando la fuerza de vida es más fuerte, la enfermedad será curada. Cuando los patógenos son más fuertes, habrá enfermedad o muerte.

Así como en la medicina occidental, la medicina tradicional china tiene una alta consideración por el diagnóstico, pero no le da tanta importancia a la enfermedad, en lugar de eso ve a ésta como lo que existe entre los elementos positivos y negativos. Sobre todo, se ocupa de rebalancear y de tratar la transformación de la enfermedad como una lucha entre elementos que pueden ser correctamente ajustados y guiados. La enfermedad no es un proceso fijo, sino uno cambiante bajo una combinación de factores.

La medicina tradicional china diagnostica de acuerdo con el síntoma –la lengua sucia, la condición del pulso, el color de la piel–, que lo hace un proceso dialéctico que toma en cuenta tanto los factores patológicos como la vida humana. El tratamiento incluye los medicamentos chinos, la acupuntura y el masaje. Estos métodos usan principalmente el *zheng qi* (正气) –el hunyuan qi humano puramente positivo– para suprimir o remover la causa patológica y permitir entonces que las funciones de la vida se recuperen.

La ventaja de la medicina tradicional china es que puede aportar un diagnóstico y tratamiento individual para cada paciente, y dado que se enfoca en el zheng qi, puede tratar casos incurables por la medicina occidental. Sin embargo, incluso con esta combinación de factores, tanto internos como externos, la medicina tradicional china tiene también deficiencias. Los métodos de diagnóstico, por ejemplo, son subjetivos, complejos y sutiles. Es común que distintos doctores obtengan distintos resultados en sus examinaciones y den distintos tratamientos. Especialmente los doctores famosos escriben recetas médicas muy flexibles. La impredecibilidad de la medicina tradicional china hace que sea difícil comprenderla, lo cual quiere decir que mucho depende de la calidad del doctor.

Qigong médico

En China, hay muchas ramas diferentes de qigong médico y cada una ofrece tratamientos con distintos métodos de práctica, distintas teorías y distintos principios de tratamiento, pero todos diagnostican y tratan la salud-enfermedad con qigong. El qigong tradicional está históricamente relacionado con la medicina china, entonces las dos materias se afectan y penetran entre sí. Ambas, por ejemplo, le dan importancia al qi y a los meridianos. Pero, aunque el qigong médico a veces es visto como una rama de la medicina tradicional china, no son lo mismo.

A pesar de una historia que data de miles de años, el qigong médico nunca se ha desarrollado como una materia independiente, probablemente porque el qigong tradicional ha apuntado en gran medida a mantener la salud y no a tratar la enfermedad. El qigong médico se enfoca por completo en las funciones humanas internas, con un énfasis en la correcta y abundante circulación del qi y la sangre, puesto que un flujo no adecuado de éstos causará enfermedad.

El qigong tradicional puede dar tratamientos distintos para distintos pacientes, pero se enfoca principalmente en la función del zheng qi en el cuerpo humano en lugar de en las propiedades de la enfermedad. Se dice que, si el zheng qi es lo suficientemente fuerte, entonces la causa patológica no tendrá efecto. Un texto clásico de qigong, el *Song Shan Tai Wu Xian Sheng Qi Jing*, afirma que "los sabios decían que el hombre está en el qi y el qi en el hombre. Uno no puede dejar al otro. El hombre vive en el qi, y si ese qi se dispersa, él morirá. Si él practica y ajusta el qi, él vivirá. La decisión de vivir o morir siempre es qi".

El qigong médico trata las enfermedades en el nivel del *yuan qi* (元气) humano, el qi innato del cuerpo. Es diferente de la medicina occidental y también de la medicina tradicional china, que trata el zheng qi basado en la diferenciación de los síntomas.

La medicina Qigong Hunyuan

La teoría médica Qigong Hunyuan también puede ser llamada medicina Qigong Hunyuan o solo medicina Hunyuan. Se basa en la teoría de la completud Hunyuan y sus tratamientos médicos son los del Zhineng Qigong, que utiliza el qi externo para mantener la salud y una vida óptima. Esta parte importante de la ciencia del Zhineng Qigong ha sido elaborada a partir del qigong médico.

La medicina Hunyuan difiere de la medicina occidental, de la medicina tradicional china y también del qigong médico general. Se enfoca en la unión del qi interno humano y el qi externo de la naturaleza, y también en los cuatro patrones de movimiento del hunyuan qi humano: abrir/cerrar, salir/entrar, reunir/dispersar y transformar. Uno de los objetivos de la medicina Hunyuan es mejorar el hunyuan qi humano al nivel de *ling tong hunyuan* (灵通混元). En este nivel, el qi tanto externo como interno pueden movilizarse y transformarse. La medicina Qigong Hunyuan tiene tres ventajas sobre los otros sistemas médicos.

Primera, puede sanar las enfermedades tanto hereditarias como las adquiridas, mientras que la medicina occidental solo puede tratar enfermedades adquiridas. Segunda, puede tratar enfermedades físicas, emocionales y mentales, mientras que la medicina tradicional china solo puede tratar al cuerpo y las emociones. Tercera, puede tratar todo tipo de enfermedades, más allá de las limitaciones del qigong médico general y, por lo tanto, puede denominarse ling tong hunyuan o fusión y transformación efectiva.

La teoría fisiológica de la medicina Hunyuan

La teoría de la medicina Hunyuan enfatiza la importancia del hunyuan qi humano, que se compone de jing, qi y shen. En contraste, la medicina tradicional china y el qigong tradicional ponen el énfasis principalmente en los órganos, las vísceras y los meridianos. Pero puesto que el cuerpo humano es qi reunido, y puesto que la consciencia es en esencia la cualidad más pura de ese qi, entonces podemos decir, como los antiguos daoístas, que tanto jing como shen son en esencia qi. El énfasis daoísta es siempre en el qi puesto que de todas maneras incluye a jing y a shen.

   La teoría de la medicina Hunyuan también subraya la importancia del hunyuan qi, pero pone mucho más énfasis en la consciencia. La consciencia es el qi más sutil, puro, despierto y efectivo del hunyuan qi humano y, por lo tanto, puede activamente cambiar toda la información y dominar toda la actividad de vida. Un texto de qigong daoísta, el *Yuan Qi Lun*, registra: "Si el shen es abundante, entonces el qi será abundante. Si el qi es abundante, entonces el cuerpo estará lleno. Si el cuerpo está lleno, entonces estará fluyendo dentro en todas partes y el qi negativo no logrará entrar".

   En la teoría de la medicina Hunyuan, toda actividad de vida humana es la formación y transformación del hunyuan qi humano. La teoría de la completud Hunyuan ya ha afirmado que el mantenimiento de la vida humana depende de un intercambio con el mundo externo, que es el hunhua de la materia, energía e información. El practicante de qigong necesita hacer hunhua en estos tres niveles.

   De cualquier manera, el objetivo del cultivo del Zhineng Qigong es el de gradualmente permitir que la energía y la información tomen el lugar de la materia. Es por esto que la teoría de la medicina Hunyuan no da tanta importancia a los órganos, vísceras o meridianos, puesto que estas funciones solo pueden mantener la vida en el nivel de consciencia llamado habilidad normal.

El hecho de que algunas personas pueden vivir una vida normal sin comida, demuestra que la vida humana se puede mantener a sí misma sin un intercambio de sustancias visibles. También ha sido demostrado que cuando se alcanzan los más altos niveles de qigong tradicional, la sangre, el qi y los meridianos dejan de trabajar. Esto demuestra que los meridianos operan en la vida solo en una consciencia común.

De acuerdo con la teoría de la medicina Hunyuan, los doce canales meridianos de la medicina tradicional china no están compuestos de conductos o vasos. A diferencia de los vasos para la circulación de la sangre, los meridianos realmente no tienen ninguna clase de límite. La medicina Hunyuan ve la esencia de los meridianos como una concentración de qi reunido a partir del hunyuan qi de los tejidos internos.

Sabemos que el hunyuan qi se reúne alrededor de los tejidos del cuerpo, y desde ahí forma concentraciones de qi en direcciones de operación específicas. El qi de estas concentraciones es mucho más fuerte que en otras regiones del cuerpo y altera el tejido biológico junto al cual pasa. Los practicantes de qigong deben ser capaces de sentir esto, que también ha sido detectado por aparatos científicos. El flujo de qi en estas columnas concentradas de qi se ve afectado por la sangre y el hunyuan qi de la sangre, por la linfa y el hunyuan qi de la linfa, y por el movimiento de las señales nerviosas y la actividad de vida entera.

De cualquier manera, el hunyuan qi dentro de los canales meridianos de cada tejido no fluye por sí mismo. El sentido de circulación correspondiente se relaciona con el hunyuan qi de la sangre, la linfa y las señales nerviosas, cuyo movimiento es tan variado que podrían presentarse direcciones de movimiento diferentes en un meridiano. Esto ha sido probado por experimentos de acupuntura en la sensibilidad de los meridianos.

La medicina tradicional china también ve los meridianos como separados de la circulación sanguínea, pero mientras que la teoría tradicional entiende los canales meridianos como qi que fluye en su propia dirección, los meridianos son de hecho concentraciones de qi que siempre están cambiando con el cuerpo y las circunstancias. Por lo tanto, la teoría médica del Zhineng Qigong es diferente de la teoría clásica de la medicina china, que a su vez se basa en la práctica de antiguos practicantes de qigong.

En la antigüedad, el lenguaje escrito de la ciencia era limitado y no podía describir adecuadamente los más sutiles estados de lo amorfo. Esta dificultad ha causado muchos conflictos, incluso en los trabajos clásicos como el *Huang Di Nei Jing*. Algunas de las opiniones en los trabajos clásicos simplemente no son correctas. Pero, aun así, también hay una gran cantidad de contenido similar a las propuestas de la teoría de la completud Hunyuan.

En la teoría de la completud Hunyuan, la actividad normal de la vida humana se compone de tres partes. La primera es la actividad de consciencia, la segunda es la actividad de vida biológica y la tercera es la conexión entre ambas, o cómo la consciencia afecta al qi y al cuerpo. De esto se ha hablado en detalle en el capítulo del hunyuan qi humano. En este apartado, podemos ver más allá en el nivel de actividad de vida biológica, que en sí mismo tiene otras tres capas de interacción y todas tienen que ver con el intercambio de sustancias; "sustancia" aquí se refiere a materia, energía e información.

En primera instancia, el intercambio de sustancia toma lugar en los límites entre el mundo humano y el mundo externo. Esto quiere decir la piel y el cuerpo externo, pero también los pulmones y los intestinos: todas las áreas que entran en contacto con sustancias externas y en donde el intercambio tiene lugar. Segundo, el intercambio de sustancias toma lugar a nivel celular de una manera muy similar, en las áreas donde las células tienen interacción con el mundo externo. Y tercero, el intercambio de sustancias también tiene lugar dentro del sistema circulatorio del cuerpo.

Estos tres niveles de intercambio son actividades que pertenecen al campo de la biología y son todos rasgos que compartimos con los animales. Sin embargo, estos procesos se hacen más especializados en el cuerpo humano puesto que son afectados no solo por materiales genéticos sino también por la consciencia. El Zhineng Qigong apunta a incrementar la habilidad de la consciencia para afectar estos procesos, con el objetivo de que la gente pueda lograr un control libre de su actividad de vida.

La teoría de la completud Hunyuan afirma que la actividad de vida humana depende de que el qi interno se conecte y se combine –o se fusione y se transforme– con el qi externo y, entonces, el cultivo del Zhineng Qigong fortalece este proceso, que ocurrirá fácil y naturalmente cuando el qi interno sea abundante. Si de todos modos el qi es deficiente y este intercambio no ocurre, entonces es difícil mantener una vida saludable.

La teoría patológica Hunyuan (o por qué las personas se enferman)

En la teoría del qigong tradicional, el yuan qi humano se genera todos los días, pero la gente simplemente no sabe cómo mantenerlo y nutrirlo. Consecuentemente, dos factores patológicos consumen el yuan qi. El primero es el qi adverso, ya sea que llegue en forma de viento, frío, calor o humedad. Y el segundo es la emoción: ira, tristeza, preocupación o incluso felicidad en exceso. Ambos factores patógenos son enemigos del yuan qi y tienen la capacidad de perjudicarlo en cualquier momento. Pueden, al final, debilitar el yuan qi hasta crear enfermedad o muerte.

La teoría de la medicina Hunyuan afirma que todas las enfermedades resultan de un movimiento anormal del hunyuan qi (abrir/cerrar, salir/entrar, reunir/dispersar o transformar). La enfermedad, entonces, se manifiesta de diferente manera en el cuerpo, qi o consciencia. Los materiales genéticos innatos pueden causar enfermedades, los factores físicos pueden dañar el cuerpo, las sustancias biológicas y químicas pueden causar desórdenes en el qi y los desbalances emocionales también consumirán qi y causarán problemas. A continuación, se examinan estos cambios como cinco factores de enfermedad.

Cómo las sustancias biológicas y químicas causan el cambio patológico del qi

El hunyuan qi humano cambia a cada momento, la materia del cuerpo y el qi invisible se transforman entre sí continuamente. Durante estos procesos, la sustancia externa puede transformarse en hunyuan qi humano después de que ha sido asimilada en el cuerpo y ha pasado por el proceso de hunhua. La sustancia externa debe descomponerse en unidades pequeñas para ser asimilada. Si esto no es posible, entonces la sustancia no puede formar parte del hunyuan qi humano y mantiene sus propiedades originales. El hunyuan qi de la sustancia, por lo tanto, contrasta con el hunyuan qi humano. Si una sustancia externa no puede asimilarse y se acumula en el cuerpo en un grado crítico, entonces el hunyuan qi humano se verá afectado junto con la actividad de la vida, y se presentará un estado patológico. Así es como los patógenos biológicos –virus, gérmenes, parásitos– u otras sustancias venenosas causan enfermedades.

Cómo los factores externos causan enfermedad

Los factores externos son aquellos que perjudican directamente el cuerpo humano, tales como implementos, objetos, temperaturas extremas, electricidad, radiación, etcétera. Parecería que estos factores causan el cambio patológico al atacar directamente al cuerpo, pero en realidad no es así. El qi siempre está en el centro de cada cambio. El detonador externo es, de hecho, el efecto destructivo que provoca el hunyuan qi externo sobre el campo de qi del cuerpo humano, causando primero el cambio en el campo de qi y finalmente en el cuerpo. Si el campo de qi no cambia, entonces no habrá cambio morfológico.

Es importante entender que el cambio en el campo de qi está estrechamente relacionado con la actividad de la consciencia humana. En ocasiones, cuando las personas no están conscientes –probablemente sonámbulos o alcoholizados– y se caen, incluso de lugares altos, normalmente no se lastiman. También, cuando una persona se encuentra en una situación de emergencia y piensa "*hun yuan ling tong*" (混元灵通), normalmente puede transformar la mala suerte en buena suerte. Por ejemplo, había una instructora de Zhineng Qigong en Beijing, de 73 años de edad, que caminaba por una calle cuando fue atropellada por un camión que transitaba a exceso de velocidad. En el momento en que las llantas le pasaban por encima, ella pensó "hun yuan ling tong" y salió ilesa.

¿Cómo puede ser esto posible? La teoría de la completud Hunyuan afirma que la consciencia puede guiar y dominar el movimiento del qi, y que cuando la consciencia está muy atenta puede formar un gran campo de qi. Las llantas, aunque son pesadas, no son tan invasivas como otros factores externos, y el correspondiente campo de qi permanece sin alteraciones y el cuerpo sale ileso. De manera similar, hay maestros de qigong que pueden enterrarse un cuchillo, retirarlo y no dejar ninguna herida ni sangre.

También existe el caso de un practicante de Zhineng Qigong que se quemó con agua hirviendo y silenciosamente pensó "hun yuan ling tong" en ese momento y también salió ileso. Tal cosa es posible cuando hun yuan ling tong es el primer pensamiento desde un nivel más profundo que el miedo, cuando la información viene no de la mente sino de la completud. Conocemos hun yuan ling tong, confiamos en hun yuan ling tong, nos hemos entrenado con hun yuan ling tong, y, entonces, la completud confía totalmente en la efectividad del qi y organiza el campo de qi.

Otras afectaciones al hunyuan qi humano vienen del clima externo, como el viento, el frío, el calor o la humedad. La medicina tradicional china ha descrito estos efectos y la manera en la que trabajan en el hunyuan qi de las membranas (los límites del cuerpo biológico), desordenando los patrones de movimiento del hunyuan qi humano. La enfermedad se presenta cuando el flujo natural del qi se hace irregular. No obstante, en un clima pobre, es posible organizar tranquilamente un campo de qi y prevenir las enfermedades. Existen registros de los antiguos chinos que demuestran que la gente organizaba su campo de qi antes de visitar zonas con epidemias, una práctica que prevenía eficazmente la infección.

Cómo la consciencia puede ser un factor de enfermedad

Esto se divide en dos situaciones. En primer lugar, como ya se ha afirmado, los cambios emocionales causarán cambios en el qi. La medicina tradicional china ha descrito el proceso cuando dice: "La ira eleva el qi, la alegría alenta el qi, la tristeza dispersa el qi, el miedo congela el qi y el pensamiento estanca el qi". El segundo factor es cuando yiyuanti no está suficientemente claro. Si no está claro, entonces no puede reflejar y manejar la información externa, y entonces los patógenos pueden entrar.

Si shen no es lo suficientemente fuerte, jing y qi serán deficientes. Si este es el caso, cuando los patógenos externos existan, la enfermedad se presentará. Cuando shen es deficiente, los estímulos externos desequilibran fácilmente el espíritu y causan más irregularidades en el hunyuan qi humano. Esta debilidad de shen no es lo mismo que la enfermedad provocada por el desorden directo del hunyuan qi.

Hay otra situación de enfermedad que también puede ser causada por yiyuanti, donde el mismo marco de referencia fijo afecta los procesos de la vida. El contenido del marco de referencia de yiyuanti es generalmente tanto benéfico como dañino para individuos con habilidades normales. Los métodos de pensamiento que se equiparan con la personalidad –especialmente aquellos relacionados con el marco de referencia de Dao De– intensificarán la contradicción en yiyuanti. Conforme entra la nueva información, el marco de referencia viejo y fijo emergerá y luchará. Este es el momento de persistir en la práctica. Una buena práctica de qigong continuará purificando yiyuanti, incrementando su sensibilidad y habilidad para reflejar, como un espejo, el mundo circundante.

Si mejoramos el sistema de referencia distorsionado, entonces la gente se molestará por cosas muy pequeñas. La enfermedad de este tipo no puede ser tratada guiando el qi, ya sea uno mismo u otros, puesto que la información que se guía aún está bajo el control del yiyuanti limitado. La única manera de sanar problemas de esta naturaleza es mejorar la pureza y claridad de yiyuanti, y entonces formar una gran estabilidad que erradicará la información de la enfermedad.

Consumo de hunyuan qi

Dos factores principales consumen el hunyuan qi humano. El primero es el cansancio excesivo. El segundo es el consumo excesivo del jing reproductivo, que disminuye el campo de qi de los riñones y afecta directamente las áreas membranosas de los intestinos y el estómago. Cuando la capacidad digestiva del cuerpo se ve afectada, no crea efectivamente el qi adquirido que viene de la absorción y asimilación del material nutricional.

Enfermedad genética

La enfermedad genética es una deficiencia del hunyuan qi en un individuo recién nacido causada por una deficiencia heredada. La ciencia moderna no tiene un tratamiento efectivo para estas enfermedades. El tratamiento con hunyuan qi ha probado ser efectivo en algunos casos. La hemofilia, en particular, se ha curado con éxito.

El principio de la teoría de la medicina Hunyuan es muy simple: se enfoca en la esencia de la enfermedad. Aun cuando la enfermedad pueda diferir a nivel del cuerpo, el qi o la consciencia, todos al final son mediados por el qi y dominados por shen. La medicina Hunyuan es efectiva, puesto que aún en el caso de infecciones o cuando un desorden del qi altera el cuerpo, la raíz de todo sigue siendo un cambio en shen y en qi.

Curar con medicina Hunyuan

La aplicación medicinal de la teoría de la completud Hunyuan difiere de la medicina tradicional china, la medicina occidental y el qigong médico u otras ramas de qigong. La medicina Hunyuan se enfoca en el movimiento del hunyuan qi humano, con el propósito de regular los desórdenes del hunyuan qi, pero no se enfoca en la enfermedad. Por lo tanto, es un tratamiento que no se basa en la diferenciación de la enfermedad, sino un tratamiento basado en dirigir el qi al epicentro de la enfermedad y desbloquear ahí el qi, en el punto donde se origina. Cuando el qi y la sangre fluyen bien en esa área, la enfermedad curará naturalmente.

Además, la medicina Hunyuan enfatiza la importancia del tratamiento de shen. Puede utilizarse la palabra hablada durante el tratamiento para estabilizar el ánimo y el espíritu del paciente, para infundir confianza en que la enfermedad puede ser curada y en el poder de la medicina Hunyuan. A esto se le llama tratamiento hablado. Es importante para tratar la enfermedad tanto psicológica como del cuerpo, ya que el estado mental de una persona dictará a final de cuentas su habilidad para recuperarse y permanecer saludable. Durante una práctica o una curación de qigong, si shen puede ajustarse, entonces la enfermedad será más fácil de curar. Si el estado mental no puede mejorar, entonces será difícil. El *Han San Yu Lu*, un texto clásico de qigong, lo describe así:

> La enfermedad del cuerpo puede curarse, pero la enfermedad del corazón/mente es más difícil de curar. El problema externo puede ser resuelto; el problema interno es más difícil de resolver. Como doctor, hago mi mejor esfuerzo para tratar la enfermedad en los corazones de las personas y conquistar su demonio interior. Una vez que se cura la enfermedad en el corazón y la mente, los demonios internos desaparecen y el qi externo negativo no tendrá efecto. Si no se cura el corazón y la enfermedad es severa, entonces el paciente está en peligro, puesto que el qi negativo tendrá efecto.

¿Por qué es tan importante el ajuste de shen? Porque la consciencia es quien gobierna el qi. El texto daoísta *Tai Shang Dao Yin Yang Shen Jing* decía:

> El qi es determinado por el corazón. Si el corazón está enfermo, el qi está enfermo. Si el corazón está saludable, el qi está saludable. El movimiento de las extremidades viene desde el corazón de la misma manera en la que lo hacen las emociones. El qi es dominado por la consciencia. La consciencia sigue al corazón. Por lo tanto, si el qi es abundante y fluye bien, entonces el cuerpo estará saludable. Pero si el qi se extingue, entonces shen se extinguirá y el cuerpo morirá.

Estos textos clásicos demuestran que en el qigong tradicional el ajuste de shen también era considerado de la más alta importancia.

La teoría de la medicina Hunyuan afirma que todas las enfermedades pueden curarse. Esto es porque la enfermedad es esencialmente el resultado de un cambio anormal del hunyuan qi dentro de los diferentes niveles del cuerpo, qi o mente. Puesto que la enfermedad es provocada por un hunhua anormal del hunyuan qi humano y el hunyuan qi externo, entonces la enfermedad puede eliminarse por el hunhua normal de ese mismo qi. O, en otras palabras, la teoría de la medicina Hunyuan afirma que todas las enfermedades pueden ser revertidas.

La medicina Hunyuan tiene dos métodos de tratamiento: la práctica de qigong y enviar qi externo para curación. El mecanismo de estos dos métodos es el mismo que guía a shen para dominar el hunyuan qi y entonces conquistar la enfermedad. Estos métodos pueden curar una gran cantidad de enfermedades usualmente en muy poco tiempo. Millones de practicantes han comprobado esto.

Sin embargo, la medicina Hunyuan no puede sanar todas las enfermedades. Esto es porque el efecto del tratamiento depende directamente del estado del espíritu del paciente. Si éste no está en un buen estado, especialmente si tiene una gran carga psicológica, entonces el tratamiento normalmente no tendrá un buen efecto entre pacientes seriamente enfermos. Aquellos con síntomas más suaves podrían mejorar, sobre todo dentro de un campo de qi fuerte. Los tumores y los tejidos grasos, por ejemplo, como el *ateroma* o *lipoma*, normalmente desaparecen inmediatamente después de organizar el campo de qi. Un mal estado psicológico, por otra parte, causará por sí mismo enfermedades.

Otro texto clásico de qigong, el *Xing Ming Gui Zhi*, afirma: "Un problema en el corazón/mente causará un problema en el cuerpo, y la salud en el corazón/mente causará un cuerpo saludable". La efectividad de un tratamiento solo puede saberse después de un periodo de sesiones de curación y práctica dedicada y profunda.

Se piensa a veces que el qigong solo puede curar enfermedades que son incurables de otra manera. Pero, ¿por qué tendría que ser así? ¿Por qué la medicina qigong no podría ser capaz de curar enfermedades contra las cuales otros sistemas médicos son también efectivos? De hecho, no hay ninguna razón. La medicina qigong ha probado ser efectiva para todos los tipos de enfermedades frecuentemente encontradas.

El tratamiento de enfermedades mencionado anteriormente es lo que se conoce como medicina Hunyuan especializada. En general, el efecto del Zhineng Qigong apunta a tratar los desórdenes del espíritu humano, así como los del cuerpo. El nivel básico de práctica de qigong puede mejorar la salud tanto del corazón como de la mente. Un nivel de práctica más alto puede mejorar el sistema de referencia del individuo al remover sus limitaciones, lo cual es también un tratamiento de la enfermedad en el corazón humano y, por lo tanto, la labor más importante de la ciencia del Zhineng Qigong. Este problema no puede ser resuelto ni por la medicina china ni por la occidental.

En otro texto de qigong, el *Yang Zhen Ji*, está escrito que "los doctores famosos curan la enfermedad del cuerpo, y los sabios curan la enfermedad del corazón". La enfermedad del corazón no se refiere simplemente a problemas emocionales, sino a aquellos estados psicológicos dañinos para el cultivo del espíritu. La enfermedad del corazón es la mentalidad que nos impide elevarnos a una vida mejor. En la ciencia del qigong, las personas ajustan su consciencia para inspirar buenos pensamientos, que a su vez reúnen energía de manera que pueda despertar un estado espiritual saludable. Un corazón sin guía o un estado mental negativo es una consciencia distraída que consume energía y que permite la aparición de estados patológicos. La práctica de qigong ayuda a la gente a quitar las distracciones de la consciencia y manifestar un estado saludable, de manera que la gente pueda liberarse a sí misma y tener una vida verdaderamente libre y consciente.

Para ambos métodos de tratamiento –enviar qi externo y practicar qigong– la teoría de la completud Hunyuan enfatiza la importancia de organizar un campo de qi efectivo.

Dao

DAOHEART (CORAZÓN DAO)

El corazón de Harmonious Big Family

Dao es la fuente del universo; nutre y desarrolla todo, y trae el nacimiento y la muerte a todo a través del tiempo y el espacio. Todo cuanto existe viene del Dao. En Zhineng Qigong llamamos a esto la fuente del universo, el hunyuan qi original.

Heart (corazón) se refiere a nuestro ser verdadero, nuestro corazón puro y nuestra verdadera naturaleza como seres humanos. La naturaleza de este estado es pura y pacífica y está llena de amor. Aquellos conscientes de su ser verdadero viven en un estado de corazón verdadero, y experimentan la libertad interior y la felicidad sin fijaciones. Cuando nuestro corazón puro se fusiona con el Dao, forma una completud hunyuan armoniosa dentro del universo. Llamamos a esta completud *Daoheart* (*corazón Dao*).

Como fuente del universo, el Dao es un estado invisible de equilibrio, refinado y puro, que ocupa todo el tiempo y el espacio y transforma todo en el universo. En chino llamamos a este estado *kong kong dang dang huang huang hu* (vacío pero no vacío).

El corazón puro o ser verdadero es la fuente de la consciencia. Como el Dao, es extremadamente puro y balanceado, trasciende el tiempo y el espacio. El ser verdadero funciona para crear nuestra vida y el mundo objetivo a través de recibir, guardar, procesar, recuperar y enviar información. Si una persona permanece en un estado de corazón verdadero, naturalmente se fusionará con el Dao y será uno con él. Cuando esto sucede, nuestra experiencia del universo como algo diferenciado cesa y comprendemos la unidad de todo cuanto existe como un todo y una completud armoniosa.

Un gran potencial emerge del estado de ser verdadero. Las leyes de la vida y la naturaleza del universo como información se reflejan naturalmente en el ser verdadero sin ninguna obstrucción. El viejo y limitado sistema de referencia se rompe y es reemplazado por un marco de referencia de alto nivel que reconoce todo objetivamente. Este nuevo sistema acepta todas las realidades y trabaja activamente de acuerdo con las leyes de la vida para crear un estado de vida de alto nivel.

El corazón Dao es la completud última en el universo. Los seres humanos trascienden todo sufrimiento en este estado –toda preocupación, confusión, conflicto, temor, deseo y enfermedad– y viven en el momento presente conscientes del armonioso ser verdadero. La compasión y el amor universal fluyen naturalmente a partir de este estado para formar el mundo, trayendo incondicionalmente bienestar y armonía para la humanidad.

El maestro Pang nos iluminó y enseñó teorías y métodos para que logremos el estado de corazón Dao. Dijo que el siglo XXI será una época en la cual las metas de las personas cambiarán de la acumulación de bienes materiales hacia trabajar activamente para conocer y reconstruir su propia consciencia. La teoría de la completud Hunyuan nos ilumina en cuanto a las leyes de consciencia, dándonos el conocimiento que puede ayudar a la gente a crear mejores vidas para sí mismos. El propósito del estado de corazón Dao es traer el mayor beneficio posible a los seres humanos. Nuestro grupo de instructores trabaja unido con esta finalidad, al aportar un buen campo de qi para los practicantes de todo el mundo. Nuestra idea es que la gente que vive a un cierto nivel de corazón Dao o trabaja por un estado de corazón Dao, pueda permanecer en nuestro centro o conectar con su campo de consciencia alrededor del mundo. De esta manera, somos muchos corazones puros o seres verdaderos juntos. A esto lo llamamos *Harmonious Big Family* (La gran familia armoniosa).

Creemos que, si de corazón a corazón dedicamos nuestras vidas a crear un campo de consciencia de alto nivel en el universo, entonces una vida y un mundo armoniosos y bellos se harán realidad.

Breve cronología

1981	El doctor Pang comienza a enseñar Zhineng Qigong al público.
1988	Se funda el primer centro de Zhineng Qigong
1992	El Centro de Entrenamiento Huaxia abre sus puertas en Qinhuangdao.
1995	Se establece el Centro de Curación Huaxia en Fengrun.
1996	Aproximadamente, seis millones de personas practican Zhineng Qigong en China.
1997	El Zhineng Qigong fue reconocido como el método más importante de qigong en una publicación del Gobierno de China de métodos para el cuidado de la salud.
1998	La administración de deportes del gobierno chino designó el Zhineng Qigong como el mejor método de qigong y lo promovió a lo largo de todo el país.
2018	El doctor Pang continúa escribiendo libros en Beijing.

Contactos con Harmonious Big Family:
www.daohearts.com
daohearts@qq.com

Contacto con las traductoras:
completudhunyuan@gmail.com

La teoría de la completud Hunyuan
El fundamento de la ciencia del qigong

Impreso en los talleres de
Litográfica Ingramex S. A. de C. V.
Centeno 195, Col. Valle del Sur,
Alc. Iztapalapa, C. P. 09819,
Ciudad de México.

es un sello editorial asociado a:

neisa
GRUPO EDITORIAL

www.neisa.com.mx